신시대 사회주의 문화강국 건설

"13.5"국가 중점 출판물 출판계획 프로젝트

시진핑 신시대 중국특색 사회주의 사상 학습총서

명예 총괄 편집 | 왕웨이광 王偉光

총괄 편집 | 셰푸잔 謝伏瞻

편집 | 왕징칭 王京清 차이팡 蔡昉

총괄 기획 | 자오젠잉 趙劍英

시진핑 신시대
중국 특색
사회주의 사상
학습 총서

신시대 사회주의 문화강국 건설

장장(張江) 지음

최경화(崔京花) 옮김

정용준 감수

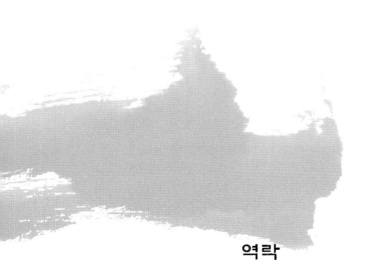

역락

JIAN SHE XIN SHI DAI SHE HUI ZHU YI WEN HUA QIANG GUO

建設新時代社會主義文化強國 by 張江 ZHANG JIANG

Copyright © 2019 by China Social Sciences Press

All rights reserved.

Original Chinese edition published by China Social Sciences Press

Korean translation rights © 2022 YOUKRACK PUBLISHING CO.

시대정신의 정수
위대한 실천의 지침

———

셰푸잔(謝伏瞻)[1]

시진핑 총서기는 "마르크스주의는 끊임없이 발전하고 있는 개방적인 이론으로 항상 시대의 선두에 있다"고 지적했다.[2] 시진핑 신시대 중국 특색 사회주의 사상은 시대와 함께 나아가는 마르크스주의의 품격을 더욱 확대·발전시켰을 뿐 아니라 시대의 발전에 순응하고, 시대의 관심에 호응함으로써 '새로운 시대에 어떠한 중국 특색 사회주의를 어떻게 유지·발전시킬 것인가'라는 중대한 시대적 과제에 과학적으로 답을 했으며, 마르크스주의 중국화에서 새로운 비약을 실현했다. 시진핑 신시대 중국 특색 사회주의 사상은 마르크스주의, 중국 특색 사회주의, 국정운영 및

———

1   저자는 중국사회과학원 원장, 당조 서기이자 학부주석단 주석직을 맡고 있다.

2   시진핑, 「마르크스 탄생 200주년 기념 대회 연설」(2018년 5월 4일), 인민출판사, 2018년판, 9면.

당 통치와 관리에 있어 새로운 지평을 연 현대 중국 마르크스주의이자 21세기 마르크스주의이며, 시대정신의 본질이자 위대한 실천지침이라 할 수 있다.

1. 시대와 인민의 질문에 과학적으로 답을 했다

마르크스는 "문제는 시대의 격언이고, 시대가 스스로의 내면 상태를 가장 실질적으로 나타내는 목소리이다."라고 언급한 바 있다.[3] 시진핑 총서기 역시 "시대에 입각해 특정한 시대적 문제를 해결해야만 시대의 사회진보를 추진할 수 있고, 시대에 따라 그 시대의 구체적인 목소리에 귀를 기울여야만 사회 조화를 촉진하는 시대의 호각을 불 수 있다"는 심오한 의견을 피력했다.[4] 시진핑 신시대 중국 특색 사회주의 사상은 시대의 질문과 인민의 물음에 과학적으로 답을 했고, 시대와 인민이 제기한 중대한 이론과 현실 문제에 답을 하고 해결하는 가운데 마르크스주의 중국화의 최신 성과를 형성하여 신시대 중국 특색 사회주의의 위대한 승리를 쟁취하는 과학적 지침이 되었다.

---

3   『마르크스엥겔스 전집』, 제1권, 인민출판사, 1995년판, 203면.

4   『지강신어』에 실린 시진핑의 「문제는 시대의 슬로건이다」(2006년 11월 24일), 저장(浙江)인민출판사, 2007년판, 235면.

(1) 현 시대의 본질과 특징을 깊이 분석해 '인류가 어디로 나아가야 하는가'라는 중요한 문제에 과학적으로 답을 했다

시진핑 총서기는 "지금 우리가 처한 시대는 마르크스의 시대에 비해 심오한 변화를 보이고 있지만, 500년 세계 사회주의의 관점에서 보면 우리는 여전히 마르크스가 규정한 역사적 시대에 처해 있다."[5]라고 지적했다. 자본주의의 기본적인 모순에 대한 마르크스와 엥겔스의 분석과 자본주의는 반드시 소멸하고 사회주의가 승리한다는 역사유물론은 구시대적인 관점이 아니다. 이는 마르크스주의에 대한 우리의 굳건한 믿음이고, 사회주의는 반드시 승리한다는 신념에 대한 과학적인 근거이다.

시대의 본질은 바뀌지 않았지만 당대 자본주의는 새로운 특징을 보여주고 있다. 한편으로 자본주의의 생산성 수준은 오늘날에도 여전히 세계에서 앞서가고 있고, 계층 갈등 완화, 자체 조정 및 체제 복구 능력이 여전히 강하며, 위기를 넘기고 극복할 수 있는 능력과 공간을 가지고 세계 경제와 정치 질서에 대해서도 여전히 강한 통제력을 가지고 있다. 반면 현재 자본주의에도 새로운 변화들이 많이 일어나면서 새로운 문제들이 많이 생겼다. 시진핑 총서기가 지적했듯이 "많은 서방 국가 경제의 지속적인 침체, 양극화 및 사회 갈등 심화는 자본주의의 고유한 생산 사회화와 생산 수단의 사적 소유 사이의 갈등이 여전히 존재하지만 그 표현 형태와 특성은 다소 다르다."[6] 현 시대의 본질과 단계별 특성으로 인해 일련의 중대한 세계적인 문제가 나타났다. 세계적으로 빈부 격차가 점점 심각해지고 있고,

---

5   『시진핑, 국정운영을 논하다』, 제2권, 외문출판사, 2017년판, 66면.

6   시진핑, 「철학과 사회과학업무 간담회 연설」(2016년 5월 17일), 인민출판사, 2016년판, 14면.

글로벌 경제 성장의 모멘텀이 심각하게 부족하다. 패권주의와 강권정치가 여전히 존재하고 있고, 지역의 핫 이슈들이 잇달아 발생하고 있으며, 테러, 사이버 안보, 심각한 전염성 질병, 기후변화와 같은 비전통적 안보 위협이 계속 만연해 세계 평화와 발전에 위협이 되고 있다. 이와 함께 세계 다극화, 경제 글로벌화, 사회 정보화와 문화적 다양성이 더욱 발전함에 따라 패권주의와 강권정치에 반대하는 평화세력이 빠르게 발전했으며, 세계 거버넌스 체계와 국제 질서의 변혁이 가속화되고 있다. 비합리적인 세계 경제 정치 질서가 지속되기는 어려워지면서 인류 사회는 대변혁과 발전 및 중요한 조정의 시기로 들어서며 '백 년에 한 번 있을까 말까 한 미증유의 대변혁'에 직면하게 된다. 새로운 시대적 조건에서 인류가 직면한 중대한 글로벌 도전에 어떻게 대처하고, 인류를 어두운 전망을 가진 미래가 아닌 밝은 미래로 어떻게 이끌어 가야 하는가라는 중대한 문제에 대해 과학적으로 답을 해야 한다. 이는 '인류가 어디로 나아가야 하는가'와 관련된 중요한 시대적 과제이다. 시진핑 총서기는 전 인류의 입장에 서서 이 중요한 질문에 과학적으로 답을 하고, 새로운 사상과 새로운 관점을 제시하며, 인류 사회의 발전 법칙에 대한 이해를 심화시키고, '세상에 어떤 문제가 있고, 우리가 어떻게 해야 하는가'라는 해결이 시급한 현실적인 문제에 대하여 구체적인 답을 내놓았다.

(2) 세계 사회주의 운동의 새로운 상황과 특징에 대한 분석을 통해 '사회주의가 어디로 나아가야 하는가'에 대한 중대한 문제에 과학적으로 답을 했다

시진핑 총서기는 다음과 같은 깊이 있는 관점을 내놓았다. "사회주의

는 처음 등장한 후 현재에 이르기까지 500여 년의 역사를 가지고 있다. 공상에서 과학으로, 이론에서 실천으로, 한 나라에서 여러 나라로의 발전을 이룩했다". 특히 10월혁명의 위대한 승리는 과학적 사회주의를 이론에서 실천으로, 이상에서 현실로 이끌어 인류 역사 발전의 신기원을 열었다. 제2차 세계대전 이후 많은 사회주의 국가들이 나타났으며, 세계 사회주의 운동이 왕성하게 발전했다. 그러나 1980년대 말 90년대 초 소련과 동유럽에 급격한 변화가 발생하면서 세계 사회주의 운동은 심각한 좌절을 맛보며 침체에 빠졌다.

21세기 들어 서구 자본주의 국가들이 심각한 위기를 겪으면서 세계에서의 영향력이 계속 감소했다. 반면, 중국 특색 사회주의는 눈부신 성과를 거두었고, 다른 국가와 지역의 사회주의 운동과 진보 역량들도 다소 발전했다. 하지만, 당분간 두 시스템이 협력하고 경쟁하는 상황은 오랫동안 존재할 것이기 때문에 세계 사회주의 발전은 여전히 갈 길이 멀다. 이런 배경과 조건에서 세계 사회주의 운동이 수렁에서 벗어나 발전하고 활성화할 수 있을 것인지, '서양은 지고 동양이 떠오르고', 사회주의가 약화되고 자본주의가 강세를 띠는 전반적인 상황을 바꿀 수 있을 것인가에 대한 중대한 질문에 반드시 답을 해야 한다. 이는 '사회주의가 어디로 나아가야 하는가'와 관련된 중대한 문제이기 때문이다. 시진핑 총서기는 역사와 현실 그리고 미래에 대한 철저한 이해를 통해 이러한 중대한 질문에 과학적으로 답하고, 사회주의 발전 법칙에 대한 이해를 심화시켰으며, 과학적 사회주의 발전을 강화했다. 신시대 중국 특색 사회주의의 발전은 세계 사회주의의 새로운 발전을 이끄는 기치이자 중요한 기둥이 되었다.

(3) 당대 중국의 새로운 역사적 위치와 새로운 문제에 대한 심층 분석을 통해 '중국이 어디로 나아가야 하는가'라는 문제에 과학적으로 답을 했다

세계 사회주의 운동이 심각한 도전에 직면하고, 침체된 상황에서 중국은 중국 특색 사회주의 노선을 따라 흔들림없이 개척해 나가면서 오랜 노력 끝에 경제, 과학기술, 국방 등 분야에서 세계 선두로 올라서며 국제적 위상을 드높이는 새로운 모습으로 세계 민족의 숲에 우뚝 서게 되었다. 중국 특색 사회주의가 신시대에 들어선 것은 '중화인민공화국 발전사와 중화민족 발전사에서 중요한 의미를 가지고, 세계 사회주의 발전 및 인류사회의 발전 역사에서도 큰 의의를 가진다'.[7]

중국 특색 사회주의는 새로운 시대로 접어 들었고, 중국은 점점 더 세계무대의 중심에 다가가고 있으며 그 영향력과 호소력 및 지도력이 끊임없이 향상되어 마르크스주의와 사회주의를 믿는 사람들이 많아지고 있다. 이렇게 두 사회제도의 세력 균형 또한 마르크스주의와 사회주의에 유리한 방향으로 심오한 변화가 일고 있다. 때문에 서구 자본주의 국가들이 중국에 대한 침투와 공격을 계속 늘리고 있으며, 중국 내 '화평연변(Peaceful Evolution)'[8]과 '색깔혁명'[9]과 같은 위험도 끊임없이 커지고 있다. 따라서 새로운 시대에 어떻게 새로운 역사적 특징을 갖는 위대한 투쟁을 전개할지,

---

7   시진핑, 「샤오캉사회 전면실현의 결정적인 승리를 이룩하고 신시대 중국 특색 사회주의의 위대한 승리를 거두자-중국공산당 제19차 전국대표대회(이하 19차 당대회라고 약칭함) 보고」(2017년 10월 18일), 인민출판사, 2017년판, 12면.

8   옮긴이 주: 서방 국가들이 비폭력적 수단과 방법으로 변화를 유도하여 사회주의국가를 와해시키는 전략.

9   옮긴이 주: 비폭력 형식으로 정권교체를 실현하는 사회운동.

새로운 시대에서 나타날 수 있는 국내의 주요 사회 갈등을 어떻게 잘 해결할지, 국제적으로 국가 안보와 주권 그리고 발전 이익을 어떻게 수호하고, 새로운 시대 중국 특색 사회주의의 승리를 쟁취해 중화민족의 위대한 부흥을 실현할지와 같은 문제에 대해 과학적인 사고로 답을 해야 할 필요가 있다. 이는 '중국이 어디로 나아가야 하는가'와 직결된 중대한 문제이다. 시진핑 총서기는 새로운 역사적 입장을 바탕으로 과학적으로 이 중요한 질문에 답을 함으로써 중국 특색 사회주의 건설 법칙에 대한 인식을 심화시켰다. 아울러 이는 마르크스주의 중국화의 역사적 진전에 있어서 이정표적 의미를 갖는다.

(4) 새로운 시대 중국공산당이 직면한 리스크와 도전을 깊이 분석해 '중국공산당이 어디로 나아가야 하는가'라는 중대한 문제에 과학적으로 답을 했다

중국공산당은 중국 노동자계급의 선구자이자 중화민족과 중국 인민의 선봉대로써 위대한 자아혁명과 사회혁명을 끊임없이 추진해왔다. 중화민족은 일떠서고 부유해지고 강해지기까지의 위대한 비약을 했고, 중화민족의 위대한 부흥이라는 밝은 미래를 맞이하였다. 그러나 장기집권과 개혁개방이 지속적으로 심화되고, 외부 환경이 복잡하게 변화하고 있는 새로운 역사 여건 속에서 당에도 큰 변화가 일어났다. 장기집권, 개혁개방, 시장경제 및 외부환경으로부터의 '4가지 시련'은 오랫동안 복잡하게 변했고, 해이한 정신, 능력부족, 민심이반, 부패만연과 같은 '4가지 위험'이 극심해졌다. "우리 당은 복잡한 집권 환경에 직면해있다. 뿐만 아니라 당의 진보성에 영향을 주고 당의 순수성을 약화시키는 요소들도 복잡하게 얽혀 있으며, 당내 존재하는 불순한 사상과 조직, 불순한 작태와 같은 두드러진 문제들이 아직 해결되지 않고 있다"[10]고 지적한 시진핑 총서기의 말처럼 중국 공산당이 전대미문의 시련과 위험을 견디고 자신의 진보성과 순수성을 항상 유지할 수 있는지, 시대의 최전선에서 인민의 중추로써 항상 강한 지도 핵심 역량이 될 수 있는지 여부와 관련된 중요한 문제에 대해 과학적으로 답을 해야 한다. 이는 '중국 공산당이 어디로 나아가야 하는가'와 관련된 중요한 문제이다. 도전과 위험을 충분히 감당할 용기를 가진 시진핑 총서기는 이 중요한 질문에 과학적으로 대답하고, 공산당 집권법칙에 대한 이해의 깊이를 더함으로써 마르크스주의 집권당 건설을 새로운 차원으로 추진했다.

요컨대 인류가 어디로 나아가고, 사회주의가 어디로 나아가며, 당대 중국이 어디로 나아가고, 중국공산당이 어디로 나아가야하는지와 같은 시대적 질문과 인민의 질문, 이러한 중대한 이론과 현실적인 문제가 하나로 집중된 것이 바로 시대의 중요한 과제인 '새로운 시대에 어떠한 중국 특색 사회주의를 어떻게 견지하고 발전시킬 것인가'라는 문제이다. 시진핑 동지를 대표로 하는 중국공산당은 이론과 실천의 결합을 통해 이러한 중요한 시대적 과제에 대해 체계적으로 답하면서 시진핑 신시대 중국 특색 사회주의 사상을 창안했다. 이러한 마르크스주의 중국화의 최신 성과는 중국의 것일 뿐 아니라 세계의 것이며, 중국 인민의 행동 지침이자 전 인류의 사상적 공동 자산이다.

---

10   시진핑, 「샤오캉사회 전면실현의 결정적인 승리를 이룩하고 신시대 중국 특색 사회주의의 위대한 승리를 거두자-19차 당대회 보고」(2017년 10월 18일), 인민출판사, 2017년판, 61면.

2. 풍부한 이념적 의미, 엄격한 이론적 체계

시진핑 신시대 중국 특색 사회주의 사상은 이념적 의미가 풍부하고, 개혁, 발전, 안정, 내정, 외교, 국방, 당과 국가 관리 및 군 관리와 같은 모든 분야를 총망라한 체계가 완전하고 논리적으로 치밀하고 상호 연계된 사상 이론 체계를 구축했다.

(1) 신시대 중국 특색 사회주의의 고수와 발전은 시진핑 신시대 중국 특색 사회주의 사상의 핵심 요지이다

중국 특색 사회주의는 우리 당이 중국의 현실과 긴밀하게 연계하고, 심층적인 탐구와 혁신을 통해 거둔 근본적인 성과이자, 개혁개방 이후 당의 모든 이론과 실천의 주제이다. 중화인민공화국 수립 후, 마오쩌둥(毛澤東) 동지를 중심으로 한 1세대 중앙 지도부는 당 전체와 인민의 단합을 이끌며 중국 정세에 적합한 사회주의 건설의 길을 모색하기 시작했다. 개혁개방 이후, 덩샤오핑(鄧小平) 동지를 핵심으로 한 2세대 중앙 지도부, 장쩌민(江澤民) 동지를 위시한 3세대 중앙 지도부, 후진타오(胡錦濤) 동지가 총서기로 있을 당시의 당 중앙은 중국 특색 사회주의 견지와 발전이라는 주제를 중심으로 '사회주의가 무엇이며 어떻게 사회주의를 건설할 것인가', '어떤 당을 어떻게 건설할 것인가', '어떤 발전을 어떻게 이룰 것인가'와 같은 중대한 문제를 깊이 분석하고, 과학적으로 답을 하고 중국 특색 사회주의 건설에 대한 인식을 끊임없이 심화시켜 덩샤오핑 이론, '3개 대표론[三個代表]'[11]

---

11   옮긴이 주: 선진 생산력(자본가), 선진문화 발전(지식인), 광대한 인민(노동자·농민)의 근본 이익을 대표해야 한다는 이론.

이라는 중요한 사상과 과학발전관을 확립함으로써 중국 특색 사회주의 이론 체계를 끊임없이 풍부하게 만들었다.

18차 당대회 이후 시진핑 동지를 핵심으로 한 당중앙은 일관되게 이 주제를 고수하고, 새로운 시대적 여건과 새로운 실천 요구를 긴밀하게 결합하여 새로운 비전을 가지고 '새로운 시대에 어떠한 중국 특색 사회주의를 어떻게 고수하고 발전시켜야 하는가'라는 중요한 시대적 과제를 둘러싸고 과학적으로 답을 하여 시진핑 신시대 중국 특색 사회주의 사상을 창시함으로써 신시대 중국 특색 사회주의의 본질적인 특징, 발전 법칙과 건설 경로를 심도 있게 명시하고 신시대에 중국 특색 사회주의를 고수하고 발전시키기 위한 과학적인 지침과 기본적인 준수사항을 제시했다.

(2) '명확하게 해야 하는 8가지[八個明確]'[12]는 시진핑의 신시대 중국 특색 사회주의 사상의 주요 내용이다

시진핑 총서기는 마르크스주의의 기본 원리와 당대 중국의 구체적

---

12   옮긴이 주: ①사회주의 현대화와 중화민족의 위대한 부흥을 실현하기 위해 중국 특색 사회주의를 고수하고 발전시키는 것을 명확하게 한다. ②새로운 시대의 중국 사회의 주요 갈등은 아름다운 생활에 대한 늘어나는 인민들의 수요와 불균형하고 충분치 못한 발전 사이의 갈등임을 명확하게 한다. ③중국 특색 사회주의는 '오위일체'를 일반적인 배치로 삼고, '4가지 전면'을 전략적 배치로 삼을 것을 명확하게 한다. ④전면적인 개혁 심화의 목표는 개발도상국의 사회주의 제도를 완비하고 발전시키고, 국정 운영 체계와 운영 능력의 현대화를 추진하는 것임을 명확하게 한다. ⑤법치 추진의 목표는 중국 특색 사회주의 법치 체계와 사회주의 법치국가를 건설하는 것임을 명확하게 한다. ⑥새로운 시대 강군에 대한 당의 목표는 당의 지휘에 따라 싸움에서 승리하고, 우수한 기풍의 인민군대를 건설해 세계 최고 군대로 만드는 것임을 명확하게 한다. ⑦중국 특색의 대국 외교가 새로운 국제관계와 인류 운명공동체 구축을 추진하는 것임을 명확하게 한다. ⑧중국공산당 지도가 중국 특색 사회주의의 가장 중요한 특징을 명확하게 한다.

실천을 창의적으로 통합하여 새로운 시대에 중국 특색 사회주의를 고수하고 발전시키기 위한 일반 목표와 임무, 전반적인 배치와 전략적 포석 및 발전 방향, 발전 방식, 발전 동력, 전략적 절차, 외부조건, 정치적 보장과 같은 일련의 기본적인 문제를 체계적으로 구체화했다. 아울러 '명확하게 해야 하는 8가지'를 상세하게 요약함으로써 시진핑 신시대 중국 특색 사회주의의 사상의 주요 내용을 구성했다. 첫 번째, 국가 발전의 관점에서 중국 특색 사회주의를 유지하고 발전시키는 전반적인 목표와 과제 및 전략적 단계를 분명하게 했다. 두 번째, 인간과 사회 발전의 관점에서 새로운 시대 중국 사회의 주요 모순을 분명히 하고 해결함으로써 사람의 전면적인 발전과 모두가 함께 부유해질 수 있는 사회적 이상을 명확하게 했다. 세 번째, 총체적인 배치와 전략적 포석의 관점에서 새로운 시대 중국 특색 사회주의 사업의 발전 방향과 정신 상태를 명확하게 했다. 네 번째에서 일곱 번째까지는 개혁, 법치, 군대, 외교 분야로 각각 나누어 새로운 시대 중국 특색 사회주의 고수와 발전을 위한 개혁의 모멘텀, 법치 보장, 군사 안보 보장 및 외부 환경 보장 등을 명확하게 했다. 여덟번째, 가장 본질적인 특징과 최대의 장점, 최고 정치 지도력의 관점에서 새로운 시대에 중국 특색 사회주의를 유지하고 발전시키기 위한 근본적인 정치적 보장을 명확하게 했다.

'명확하게 해야 하는 8가지'는 새로운 시대에 중국 특색 사회주의를 고수하고 발전시키기 위한 가장 핵심적이고 중요한 이론과 함께 실천 문제를 포함하고 있다. 즉, 중국 특색 사회주의의 가장 본질적인 특성뿐 아니라 당과 국가의 앞날과 운명을 결정하는 근본적인 힘을 포함한다. 중국이 시대를 따라 잡기 위한 법보와 함께 중국의 모든 문제를 해결할 수 있는 기반과 열쇠도 포함되어 있다. 사회주의 정치 발전의 필연적인 요구뿐 아니라 중국 특색 사회주의의 본질적인 요구와 중요한 보장도 담겨있다. 국가와 민족 발전을 위한 깊이 있고 근본적이며 지속적인 힘과 공동 발전이라는 근본적인 목적도 포함하고 있다. 중화민족의 영속적인 발전을 위한 천년대계뿐 아니라 우리 당의 국정운영에 대한 중요한 원칙도 포함되어 있다. '두 개의 백 년' 분투목표 실현을 위한 전략적 지지와 함께 중화민족의 위대한 부흥 실현을 위한 필연적인 요구사항도 포함하고 있다. 중국몽(中國夢) 실현을 위한 국제환경과 안정적인 국제 질서를 포함하고, 우리 당의 가장 뚜렷한 품격이 담겨 있다. 이런 내용들은 논리적인 단계성을 갖추고, 내용적으로 상호보완을 이루어 시진핑 신시대 중국 특색 사회주의 사상의 체계성, 과학성, 혁신력을 중점적으로 보여주었다.

(3) '견지해야 하는 14가지[十四個堅持]'는 새로운 시대에서 중국 특색 사회주의를 고수하고 발전시키기 위한 기본 방략이다

'견지해야 하는 14가지'는 시진핑 신시대 중국 특색 사회주의사상의 중요한 구성 부분으로 신시대 중국 특색 사회주의를 고수하고 발전시키기 위한 기본적인 방략이다. 주요 내용은 다음과 같다. 모든 일에 대한 당의 지도력, 인민 중심의 입장, 전면적인 개혁 심화, 새로운 발전 이념, 인민의 주인 역할, 전면적인 법치, 사회주의 핵심 가치 체계, 발전 중 민생 보장과 개선, 인간과 자연의 조화로운 공존, 전반적인 국가 안보관, 인민군에 대한 당의 절대적인 지도력, '일국양제(一國兩制)'와 조국 통일 추진, 인류 운명공동체 구축 추진, 전면적인 종엄치당 등을 견지해야 한다.

'견지해야 하는 14가지'의 기본 방략은 전방위적 발전 요구를 포함한 중국 특색 사회주의 실천 요구를 바탕으로 공산당 집권 법칙, 사회주의 건설 법칙, 인류사회의 발전 법칙에 대한 이해를 심화시켰다. 모든 업무에 대한 당의 지도를 견지하고, 전면적인 종엄치당의 최고의 중요성을 구현하면서 중국공산당이 현재 중국의 최고 정치 지도 역량이라는 것을 단단히 틀어쥐고 각별히 초점을 맞추었다는 것을 보여주었다. 인민 중심의 기본 입장을 고수하고 전면적인 개혁 심화를 견지하는 기본 방법을 충분히 구현했다. 중국 특색 사회주의 '오위일체'라는 전반적인 포석과 '4가지 전면'이라는 전략적 배치의 기본 요구를 포함하고, 핵심적이고 특수한 분야에서의 기본적인 요구를 강조했다. 즉, 전반적인 국가 안보관의 견지를 통해 국가 안보 분야의 기본적인 요구를 구현했다. 인민군에 대한 당의 절대적인 리더십 견지를 통해 군대와 국방 건설 분야에서의 기본적인 요구를 구현했다. '일국양제'의 견지와 조국 통일 추진을 통해 홍콩, 마카오, 타이완 업무에 대한 기본 요구 사항을 구현했다. 인류 운명공동체 구축 추진에 대한 견지를 통해 외교 업무 분야의 기본적인 요구사항을 구현했다. 전반적으로 '견지해야 하는 14가지'라는 기본 방략은 행동 강령과 중요한 대책 조치의 측면에서 볼 때, 경제, 정치, 법치, 과학기술, 문화, 교육, 민생, 민족, 종교, 사회, 생태문명, 국가안보, 국방과 군대, '일국양제'와 조국 통일, 통일 전선, 외교, 당 건설 등 모든 분야에 걸쳐 과학적으로 답을 하고, 전략적인 배치를 하여 실천성과 운영성을 가진 근본적인 요구를 이루었다. 이는 '두 개의 백 년' 분투목표와 중화민족의 위대한 부흥인 중국몽 실현을 위한 '로드맵'과 '방법론'이고 과학적인 행동 강령과 실천지침이다.

(4) 시진핑 신시대 중국 특색 사회주의 사상은 엄격한 이론 체계이다

시진핑 신시대 중국 특색 사회주의 사상은 마르크스주의의 기본 입장과 관점 및 방법을 고수하며 중국 특색 사회주의의 생생한 실천에 뿌리를 두고 있다. 시대적 과제에 초점을 맞추고, 시대를 위한 청사진을 그리며, 시대의 악장을 연주함으로써 체계가 완벽하고 논리가 치밀하고 내재적으로 통일된 과학적 이론 체계를 구축했다. 시진핑 신시대 중국 특색 사회주의사상은 인민의 입장과 과학적인 논리가 뚜렷하고, 풍부한 사고와 함께 이행 방법들을 담고 있다. 아울러 마르크스주의를 견지하고 발전시키는 변증법적 통일을 구현하고 사물 발전의 객관적 법칙성을 파악하고 인간의 주관적 능동성을 발휘하는 변증법적인 통일을 구현했으며, 중국 국정에 입각하는 것과 세계 발전 대세를 파악하는 것과의 변증법적인 통일을 보여줌으로써 마르크스주의 발전의 새로운 장을 열었다.

풍부한 내용을 담고 있는 시진핑 신시대 중국 특색 사회주의 사상은 과학적인 이론 지침이자 근본적인 행동 강령이다. '명확히 해야 하는 8가지'는 새로운 시대에 어떠한 중국 특색 사회주의를 고수하고 발전시켜 나갈 것인가에 대한 문제에 초점을 맞추어 신시대 중국 특색 사회주의 발전에서의 생산력과 생산 관계, 경제 기초와 상부 구조, 발전 목표와 실천 프로세스 등의 변증법적 관계를 과학적으로 설명했고, 경제건설, 정치건설, 문화건설, 사회건설, 생태문명 건설 및 국방, 외교, 당 건설의 각 분야를 망라한 것으로 이 과학 이론체계 구축을 위한 기본 골자라 할 수 있다. '견지해야 하는 14가지'는 새로운 시대에 중국 특색 사회주의를 어떻게 유지하고 발전시킬 것인가에 대한 문제에 편중하고, 새로운 시대의 실천 요구에 따라 리더십, 발전 사상과 근본 경로, 발전이념과 정치제도, 국정운영, 사상문화, 사회민생, 녹색발전, 국가 안보, 군대 건설, 조국통일, 국제관계, 당 건설 등 분야에 대해 이론적 분석의 깊이를 더하고, 정책적 지도를 명확하게 했다. 이는 시진핑 신시대 중국 특색 사회주의 사상의 이론적 정수와 핵심 요지를 구체적으로 펼친 것으로써 당의 기본 이론 및 노선과 함께 당과 인민사업 발전에서 근본적으로 따라야 하는 사항이다.

한마디로 시진핑 신시대 중국 특색 사회주의 사상은 역사와 현실, 미래를 관통하고, 중국 땅에 뿌리를 내리고, 인민의 염원을 반영하고 시대의 진보와 발전 요구에 부응하는 과학 이론 체계이다. '현실에 입각한 실사구시'를 견지하고, '문제 지향적 원칙'을 고수하며, '시대의 목소리'에 귀를 기울이고, 우리가 지금 하고 있는 일을 중심으로 인민이 가장 관심을 가지는 직접적이고 현실적인 이익 문제 해결에 주안점을 두고, 중국 특색 사회주의의 대업을 순조롭게 추진했다. 항상 당과 국가사업의 장기적인 발전에 맞춰 전면적인 샤오캉사회 건설에서 기본적인 현대화 실현을 거쳐 전면적인 사회주의 현대화 강국을 건설하는 전략적 포석을 이루었고, 중화민족의 위대한 부흥인 중국몽을 실현하기 위한 가장 강한 목소리를 냈다.

3. 마르크스주의 발전에 독창적인 공헌을 했다

시진핑 총서기는 "신중국 창건 이후, 특히 개혁개방 이후 중국에는 심각한 변화가 일어났다. 이러한 거대한 역사 변화속에서 중국인은 그 속에 내포되어 있는 역사 경험과 발전 법칙을 더 잘 보여줄 수 있는 능력과 자격을 갖추었고, 중국은 마르크스주의 발전을 위해 독창적인 기여를 했다"[13]고 지적했다. 시진핑 신시대 중국 특색 사회주의 사상은 마르스크주의를 혁신적으로 발전시킨 모델이다. 마르크스주의 철학, 정치경제학, 과학적 사회주의에 대한 철저한 이해를 통해 마르크스주의의 기본 원리와 당대 중국의 구체적 현실과의 유기적인 결합을 구현했고, 우수한 중화 전통문화와 인류문명의 성과에 대한 계승과 발전을 보여주었으며, 마르크스주의에 실천적, 이론적, 민족적, 시대적 특성을 부여했다. 이는 당대 중국 마르크스주의와 21세기 마르크스주의이며 마르크스주의의 융성한 발전을 위해 중국은 독창적인 공헌을 했다.

(1) 변증법적 유물론과 역사유물론에 새로운 의미를 부여했다

시진핑 총서기는 "변증법적 유물론과 역사유물론은 마르크스주의의 세계관이고 방법론이며, 모든 마르크스주의 이론의 초석이다. 마르크스 철학은 공산주의의 비장의 무기이다. 마르크스주의의 철학적 지혜의 자양분을 끊임없이 받아들여야 한다"고 강조했다.[14] 시진핑 신시대 중국 특색 사회주의 사상은 변증법적 유물론과 역사유물론을 당과 국가의 모든 업무에 창조적으로 운용함으로써 마르크스주의 철학을 풍부히 하고 발전시켰다. 예를 들어 시진핑 총서기는 인류 사회 발전 법칙과 관련한 사상을 배우고 실천해야 한다고 강조하고, 공산주의의 원대한 이상과 신념이 공산당원들의 정치적 영혼이자 정신적 지주이고, 공산주의의 실현은 단계적 목표를 하나하나 이루는 역사적 과정이며 "지금 우리의 노력과 미래 세대의

---

13 『시진핑, 국정운영을 논하다』, 제2권, 외문출판사, 2017년판, 66면.
14 시진핑, 「변증법적 유물론은 중국공산당의 세계관이자 방법론이다」, 구시, 2019년 제1기.

지속적인 노력은 모두 공산주의 실현이라는 위대한 목표를 향해 나아간 다",[15] 공산주의의 원대한 이상을 중국 특색 사회주의의 공통된 이상과 통 합시키고, 우리가 하고 있는 일과 통일시켜야 한다고 제기했다. 인민의 입 장을 고수하는 것과 관련한 사상을 배우고 실천해야 한다고 강조하고, 항 상 인민의 입장을 근본 입장으로 삼고, 인민을 위한 행복 도모를 근본 사 명으로 삼아 성심성의껏 인민을 섬기는 근본 취지를 유지하고, 대중 노선 을 관철하고, 인민의 주체 지위와 개척 정신을 존중하고, 항상 인민들과 깊 은 연대 관계를 유지하고, 일치단결하는 위대한 힘을 모으고, 인민을 이끌 고 단합시켜 역사적 위업을 창조하고, 사람과 사회의 포괄적인 발전과 진 보를 끊임없이 추진해야 한다고 제기했다. 생산력과 생산관계와 관련한 사상을 배우고 실천해야 한다고 강조하고, 사회 진보를 추진하는 가장 활 동적이고 혁명적인 요소는 생산력이고, 사회주의의 근본적인 임무는 생산 력을 해방하고 발전시키는 것이기 때문에 발전을 최우선으로 두고, 생산 관계 조정을 통해 사회 생산력 발전을 위한 활력을 자극하고, 상부구조를 완비함으로써 경제기초 발전의 요구를 만족시켜 중국 특색 사회주의가 보 다 규칙적으로 발전해 나갈 수 있도록 해야 한다고 제기했다. 새로운 시대 중국 사회의 주요 갈등은 날로 증가하는 더 나은 삶에 대한 인민들의 수요 와 불균형하고 불충분한 발전 사이의 모순임을 밝혔다. 사회 모순 운동 이 론의 적용을 강조하고, 유물변증법의 기본 방법을 배우고 숙지하고, 마르 크스주의 방법론을 풍부하게 만들고 발전시켜야 한다고 강조하고, 전략적

---

15 『18대 이후 중요 문헌 선집』(상)에 실린 시진핑 「중국 특색 사회주의를 견지하고 발전시키 는데 대한 몇 가지 문제」(2013년 1월 5일), 중앙문헌출판사, 2014년판, 115면.

사고와 역사적 사고, 변증적 사고와 혁신적 사고, 법적 사고력과 마지노선 사유[16]의 능력을 강화했다. 이러한 새로운 사상과 관점, 새로운 방법은 새로운 시대의 여건에서 변증법적 유물론과 역사유물론의 기본 원리와 방법론에 새로운 시대적 의미를 부여함으로써 마르크스주의 철학의 실천적 품격을 빛내고, 마르크스주의 철학의 창조적 운용을 새로운 경지로 끌어올렸을 뿐 아니라, 중국 인민이 세계를 이해하고 변화시키는데 강한 정신적인 힘을 제공하고, 세계를 변화시키는 진리의 위대한 힘을 발휘시켰다.

(2) 마르크스주의 정치 경제학의 새로운 장을 열었다

시진핑 총서기는 "마르크스주의 정치경제학의 기본 원리와 방법론을 잘 배우면 과학적인 경제 분석 방법을 익히고 경제 운영 과정을 이해하고, 경제와 사회의 발전 법칙을 파악하고 사회주의 시장 경제를 제어하는 능력을 향상하고, 중국 경제 발전의 이론과 실천 문제에 답하는데 도움이 된다"고 지적했다.[17] 시진핑 총서기는 중국 국정과 발전 관행을 바탕으로 세계와 중국 경제가 직면한 새로운 상황과 문제에 대한 심층적인 연구를 통해 마르크스주의 정치경제학의 기본 원리를 새로운 시대 중국 경제 및 사회 발전 현실과 결합하여 중국 경제 발전을 위한 실천의 규칙적인 성과를 다듬고 요약했으며, 실천 경험을 체계화된 경제학 이론으로 승화시켜 시진핑 신시대 중국 특색 사회주의 경제 사상을 이루었다. 예를 들어 발

---

16   옮긴이 주: 최악을 상정하고 준비하여 최고의 결과를 얻어내자는 사고방식.

17   시진핑, 『전면적인 개혁 심화 견지를 논하다』에 실린 「시진핑, 당대 중국 마르크스주의 정치경제학의 새로운 경지를 끊임없이 열자」(2015년 11월 23일), 중앙문헌출판사, 2018년판, 187면.

전은 인민을 위한 것이라는 마르크스주의 정치경제학의 기본 입장을 견지하고, 인민 중심의 발전 사상을 고수하고 모두가 잘 사는 공동 번영의 길을 향해 변함없이 나아가고, 전 인민이 함께 누리고, 포괄적으로 공유하며, 함께 만들고 공유하고, 점진적으로 공유하는 것을 추진함으로써 전 인민의 공동 번영을 실현할 것을 제기하여 사회주의 생산 본질과 목적에 관한 마르스크주의 이론을 발전시켰다. 중국 경제와 사회 발전의 법칙에 대한 우리 당의 이해가 깊어졌음을 반영하는 혁신, 조정, 녹색, 개방, 공유의 새로운 발전 개념을 창의적으로 제시하고 실천하여 마르크스주의 발전관을 혁신했다. 중국 사회주의의 기본적인 경제제도와 분배제도를 유지하고 보완하고, 공유제 경제를 확고하게 다지고 발전시키고, 비공유제 경제의 발전을 적극적으로 장려하고 지원하고 유도하고, 노동에 따른 분배를 주체로 여러 분배 방식이 병존하는 분배제도를 완비하고, 이를 통해 개혁 발전의 성과를 모든 인민들에게 공평하게 돌아가게 만들고, 효율성과 공정성의 유기적인 통일을 실현할 것을 제기함으로써 마르크스주의 소유제이론과 분배이론을 발전시켰다. 사회주의 시장경제 체제 완비를 통해 자원 분배에서 시장이 결정적 역할을 하도록 하고, 정부의 역할이 더욱 잘 발휘될 수 있도록 함으로써 중국 특색 사회주의 건설 법칙에 대한 우리 당의 인식에 혁신적인 진전을 가져오고, 사회주의 시장경제 발전이 새로운 단계로 진입했음을 상징적으로 보여주었다. 고속 성장 단계에서 질적 발전 단계로 전환하는 중국 경제의 중대한 변화에 착안하여 경제발전의 뉴노멀에 능동적으로 적응을 하고, 파악하고 이를 이끌고, 품질제일, 효율과 이익 우선을 위해 공급측 구조 개혁을 메인으로 경제 발전의 질적·효율적 변혁과 함께 원동력의 변혁을 추진하고, 현대화 경제체계를 구축하여 사회주의 경제 건설 이론을 발전시켰다. 전면적인 샤오캉사회 실현과 중화민족의 위대한 부흥인 중국몽 실현을 위한 전략적 측면에서 빈곤퇴치 난관돌파를 국정운영에서 중요한 위치에 두고, 정확한 빈곤구제와 정확한 빈곤퇴치와 같은 중요한 사상을 내놓아 중국이 추진한 빈곤감소 사업은 큰 성과를 거두고 세계 빈곤 감소에 중대한 공헌을 했다. 대외개방의 기본 국가 정책을 유지하면서 더 고차원적인 개방형 경제를 발전시키고, 적극적인 글로벌 경제 거버넌스 참여와 함께 '일대일로' 건설 추진을 제기하여 사회주의 대외개방 이론을 심화시켰다. 이러한 일련의 새로운 사상과 이념, 새로운 논단은 마르크스주의 정치경제학의 기본 원리와 방법론을 창조적으로 발전시키고 유지함으로써 중국 특색 사회주의 정치경제학의 학술 체계, 담론 체계, 방법론 체계에 대한 혁신적인 발전을 실현했다. 아울러 당대 중국 사회주의 정치경제학, 21세기 마르크스주의 정치경제학의 새로운 장을 펼쳤을 뿐 아니라 국제경제학 분야에서 교조적인 서구 경제학 이론과 개념, 방법과 담론을 깨뜨려 마르크스사회주의 정치 경제학 발전에 큰 기여를 했다.

(3) 과학적 사회주의의 새로운 경지를 열었다

시진핑 총서기는 "과학적 사회주의의 기본원칙을 잃어버려서는 안 된다. 잃어버린다면 사회주의가 아니다"[18]라고 지적했다. 과학적 사회주의에 대한 이론적 사고와 경험에 대한 요약, 중국 특색 사회주의 견지와 발전에 대한 책임과 탐구는 시진핑 신시대 중국 특색 사회주의 사상이 형성되

---

18   『18차 당대회 이후 중요 문헌 선집』(상)에 실린 시진핑 「중국 특색 사회주의를 견지하고 발전시키는데 대한 몇 가지 문제」(2013년 1월 5일), 중앙문헌출판사, 2014년판, 109면.

고 발전하는 모든 과정에서 나타났다. 시진핑 신시대 중국 특색 사회주의 사상은 과학적 사회주의의 기본원칙에 입각해 이론과 실천, 제도와 문화를 비롯한 각 분야의 혁신을 추진하고, 과학적 사회주의에 관한 일련의 새로운 사상을 제시했다. 예를 들어 과학적 사회주의의 기본원칙을 중국의 구체적인 현실, 역사와 문화 전통, 시대적 요구와 결합해 '중국 특색 사회주의는 그 어떤 다른 주의가 아닌 사회주의이다'[19]를 제시했는데, 이는 과학적 사회주의 이론 논리와 중국 사회 발전과 역사 논리와의 변증법적인 통일이고, 중국에 뿌리를 두고, 중국 인민의 염원을 반영하며, 중국과 시대의 발전진보 요구에 부응하는 과학적 사회주의이다. 중국 특색 사회주의 사업의 총체적 배치는 '오위일체'이고, 전략적 배치는 '4가지 전면'임을 확인하고, 확고한 '4가지 자신감[四個自信]'[20]을 강조하고 전면적인 개혁 심화가 중국 특색 사회주의를 유지하고 발전시키는 근본적인 원동력임을 확인한 것은 사회주의의 포괄적 발전에 관한 마르크스주의 인식을 풍부히하고 발전시켰다. 과학적 사회주의의 기본원리를 적용해 당대 중국의 실질적 문제를 해결하고 중국 특색 사회주가 새로운 시대에 들어섬과 동시에 사회주의 현대화 강국을 건설할 데 관한 사상을 창조적으로 제시하여 사회주의 발전단계 이론을 풍부히 하고 발전시켰다. 중국 특색 사회주의 제도 유지와 보완, 지속적인 국가 통치 체계와 통치 능력의 현대화 추진에 관한 사상을 창조적으로 제시함으로써 국가 통치 체계와 통치 능력 현대

---

19 『18차 당대회 이후 중요 문헌 선집』(상)에 실린 시진핑, 「중국 특색 사회주의를 견지하고 발전시키는데 대한 몇가지 문제」(2013년 1월 5일), 중앙문헌출판사, 2014년판, 109면.

20 옮긴이 주: 노선 자신감(道路自信), 이론 자신감(理論自信), 제도 자신감(制度自信), 문화 자신감(文化自信).

화에 대한 참신한 과학적 사회주의 이론을 창안했고, 마르크스주의 국가 이론과 사회 통치 이론을 풍부히 하고 발전시켰다. 인류 역사 발전의 관점에서 국제 정세의 심오한 변화를 정확하게 파악하고, 평화와 발전, 협력과 상생의 시대 조류에 따라, 미래에 대한 비전을 가지고 인류 운명공동체 구축에 관한 중요한 사상을 제시했다. 즉, 평화가 지속되고 보편적으로 안전하며, 공동으로 번영하고 개방적이고 포용적이며 깨끗하고 아름다운 세계를 구축함으로써 미래 사회 발전에 관한 마르크스주의 이론을 풍부히 하고 발전시켰다. 중국 특색 사회주의의 가장 본질적인 특징과 중국 특색 사회주의제도의 최대 장점은 중국 공산당의 지도력이고, 당은 최고 정치 지도 역량이며, 새로운 시대 당 건설에 대한 총체적인 요구와 새로운 시대 당의 조직 노선, 당 건설에서 정치 건설의 중요함을 부각시키고, 전면적인 종엄치당을 항상 견지하는 등 중대한 사상을 창조적으로 제기하여 마르크스주의 집권당이 장기 집권에서 직면하게 되는 일련의 중대한 문제들에 대해 과학적으로 답을 하고, 공산당 집권 법칙에 대한 이해를 심화함으로써 마르크스주의 정당 건설 이론을 풍부히 하고 발전시켰다. 이러한 중요한 이론적 관점은 세계 사회주의 500여 년의 역사, 과학적 사회주의의 170여 년의 역사, 특히 근 70년 동안의 중화인민공화국 사회주의 건설에서의 긍정적인 경험과 부정적인 경험에 대한 총결산을 통해 얻은 중요한 결론으로써 21세기에 어떻게 과학적 사회주의를 견지하고 발전시킬 것인가와 같은 중대한 이론과 실천에 대한 질문에 답하고, 과학적 사회주의의 기본 원리를 풍부히 하고 발전시켰으며 과학적 사회주의의 살아있는 생명력을 충분히 보여주고, 사회주의의 위대한 기치를 중국 대지에 높이 휘날리게 하고 과학적 사회주의를 새로운 발전 단계로 끌어올렸다.

실천은 끝이 없고, 이론 혁신에도 끝이 없다. 시진핑 총서기는 "세계는 시시각각으로 변하고 있고, 중국도 마찬가지로 시시각각 변화하고 있다. 우리는 이론적으로 시대에 발맞추어 끊임없이 법칙을 이해하고, 이론적 혁신, 실천적 혁신, 제도적 혁신과 문화적 혁신을 포함한 모든 분야의 혁신을 지속적으로 추진해야 한다"고 지적했다.[21] 오늘날의 시대 변화, 중국 발전의 폭과 깊이는 마르크스주의 고전작가들의 당시의 상상을 훨씬 능가한다. 이는 우리들에게 마르크스주의로 시대를 살피고, 이해하고 이끌어 가고, 생생하고 풍부한 당대 중국의 실천을 통해 마르크스주의의 발전을 추진할 것을 요구하고 있다. 이는 보다 넓은 안목으로 당대 발전을 위한 마르크스주의의 현실적인 기초와 실천적 필요를 살펴가면서 21세기 마르크스주의를 계속 발전시키며, 마르크스주의 발전의 새로운 경지를 끊임없이 열어 마르크스주의가 더 찬란한 진리의 빛을 발산하게 해야 한다.

4. 시진핑 신시대 중국 특색 사회주의 사상으로 철학과 사회과학 업무를 이끌어야 한다

시진핑 총서기는 "마르크스주의의 지침을 따르는 것은 당대 중국 철학과 사회 과학이 다른 철학 및 사회과학과 구분되는 근본적인 지표로써

---

21   시진핑, 「샤오캉사회 전면실현에서 결정적인 승리를 이룩하고 신시대 중국 특색 사회주의의 위대한 승리를 거두자-19차 당대회 보고」(2017년 10월 18일), 인민출판사, 2017년판, 26면.

반드시 기치 명확하게 견지해야 한다"[22]고 지적했다. 마르크스주의 지침을 따르지 않게 되면 철학과 사회과학이 영혼과 방향을 잃고 궁극적으로 해야 할 역할을 발휘할 수 없게 된다. 시진핑 신시대 중국 특색 사회주의 사상은 진리를 빛내고 시대의 정수를 응축한 당대 중국 마르크스주의로써 새로운 시대 철학과 사회과학의 최대 성과이다. 시진핑 신시대 중국 특색 사회주의 사상을 고수하는 것이 마르크스주의를 진정으로 유지하고 발전시키는 것이다. 시진핑 신시대 중국 특색 사회주의 사상으로 정신을 무장하고, 실천을 지도하며, 업무를 추진하는 것은 모든 일을 잘 하기 위한 중요한 전제 조건이다. 시진핑 신시대 중국 특색 사회주의 사상의 지도를 견지하면 중국 철학과 사회과학은 기준과 근간을 가지게 되고 철학과 사회과학 연구는 올바른 정치 방향과 학술적 지향점 및 가치관을 보장할 수 있고, 시대와 보조를 맞추어 사람들과 함께 분발정진하며 철학과 사회과학의 번영과 발전을 실현할 수 있다.

(1) 시진핑 신시대 중국 특색 사회주의 사상을 철저히 배우고 이해하고 이행해야 한다

시진핑 신시대 중국 특색 사회주의 사상을 배우고, 홍보하고 실천하는 것은 철학과 사회과학계의 첫 번째 정치적·이론적 과제이다. 새로운 시대가 부여한 중국 특색을 가진 철학과 사회과학을 구축하는 숭고한 사명을 가지고 다음과 같이 행동해야 한다. 첫째, 배우고 익혀야 한다. 이 사상이 내포하고 있는 핵심 요지, 풍부한 의미와 중대한 가치를 깊이 배우고 이

---

22 시진핑, 「철학과 사회과학 업무 간담회 연설」(2016년 5월 17일), 인민출판사, 2016년판, 8면.

해하며, 마르크스주의 이론의 보물 창고를 풍부히 하고 발전시키는데 기여한 독창성을 깊이 깨닫고, 철학과 사회과학 업무에 대한 지도적 의미를 잘 파악해야 한다. 둘째, 정통해야 한다. 시진핑 신시대 중국 특색 사회주의 사상에 일관된 입장과 관점 및 방법을 배워야 하고 철저하게 이행하려면 왜 그러한지 알아야할 뿐 아니라 그러한 까닭도 알아야 한다. 시진핑 총서기가 그렇게 언급한 이유가 무엇이며 어떤 시각에서 그것을 언급했는지를 깨달아야 한다. 셋째, 이행해야 한다. 철학과 사회과학업무간담회에서 시진핑 총서기의 중요한 연설과 중국 사회과학원 창립 40주년 및 중국사회과학원 역사연구원 설립 축전 정신을 철저하게 이행하고, 시진핑 신시대 중국 특색 사회주의 사상을 철학과 사회과학의 모든 분야와 부분에서 실행해야 한다. 학술 연구, 교실 수업, 성과 평가, 인재양성 등 모든 부분에 걸쳐 당의 혁신 이론을 다양한 학문과 개념, 범주에서의 통합을 촉진함으로써 당의 중요한 이론과 혁신 성과를 철학과 사회과학에 잘 융합되도록 해야 한다. 그리하여 체계성과 학리성을 함께 중시하고, 투철한 이론과 활발한 문체를 겸비한 높은 수준의 연구 성과를 내놓고, 당대 중국 마르크스주의와 21세기 마르크스주를 연구하고 해석하는 학술경전을 펴내어 마르크스주의 중국화·현대화·대중화를 촉진하기 위해 새로운 기여를 하여야 한다.

(2) 새로운 시대 중대한 이론과 현실적 문제를 연구하고 답을 찾는 것을 주요 공략 방향으로 삼아야 한다

문제는 시대의 목소리이다. 시진핑 총서기는 "당대 중국의 위대한 사회 변혁은 단순하게 중국 역사 문화를 이어가는 마더보드가 아니고, 마르크스주의 고전 작가의 생각을 원용한 것이 아니며, 다른 나라의 사회주의 실천을 재판하거나 국외 현대화 발전의 복사판도 아니기 때문에 기성의 교과서를 찾는 것은 불가능하다"고 재차 강조했다.[23] 중국의 특색과 풍격, 중국의 기개를 갖춘 철학과 사회과학을 구축하기 위해서는 중국의 현실에 기반을 두고, 우리가 하고 있는 일에 중점을 두어야 한다. 문제 지향적으로 당과 국가의 전반적인 사업에 주안점을 두고, 새로운 시대에서의 중대한 이론과 현실적 문제, 대중이 주목하는 관심사와 어려운 문제, 당 중앙이 관심을 두는 전략과 전술 문제에 초점을 맞추어야 한다. 특히 시진핑 총서기가 언급한 일련의 중대한 문제에 초점을 맞추어야 한다. 예를 들어 사상적으로 마르크스주의의 지도적 입장을 다지고, 사회주의의 핵심 가치관을 육성하고 실천하며, 당 전체와 전국의 모든 민족과 인민이 단결해 노력할 수 있는 공통의 사상적 기반을 다지는 방법, 새로운 발전 이념을 이행하고 공급측 구조 개혁을 가속화하며 경제 발전 모드 전환을 통한 발전의 질과 효율성 제고 방법, 보다 나은 민생 보장과 향상을 통한 사회 공정성과 정의를 증진시키는 방법, 개혁 정책 결정의 수준을 높이고 국가 거버넌스 체계와 능력의 현대화를 추진하는 방법, 사회주의 문화 강국 건설을 가속화하고, 문화 소프트파워를 증강시키며 국제적으로 중국의 발언권을 향상시키는 방법, 당의 지도력과 지배력을 향상시키고 반부패와 변화 및 리스트 저항 능력 강화 방안 등 이러한 문제들에 대한 연구에 크게 이바지해야 한다. 이를 통해 중앙의 의사 결정에 중요한 참고가 되고, 사업 발전에 중요한 추진 역할을 할 수 있는 우수한 성과를 내며, 중국의 사회발전과 인류 사회

---

23   시진핑, 「철학과 사회과학업무 간담회 연설」(2016년 5월 17일), 인민출판사, 2016년판, 21면.

신시대 사회주의 문화강국 건설

발전의 위대한 논리 흐름을 밝힘으로써 중화민족의 위대한 부흥이라는 중국몽 실현을 위한 지적인 지원을 제공해야 한다.

(3) 중국 특색 철학과 사회과학의 학과·학술·담론 체계 구축에 박차를 가해야 한다

철학과 사회과학의 특징과 스타일, 기개는 일정한 단계까지의 발전에 의해 만들어진 결과로써 성숙도의 지표이자 실력의 상징이며 자신감의 발현이다. 중국 특색 철학과 사회과학 구축은 새로운 시대에 중국 철학과 사회과학의 번영과 발전을 위한 고귀한 사명이며, 많은 철학과 사회과학자들의 신성한 의무이다. 철학과 사회과학 학계는 높은 정치·학술적 의식을 가지고, 강한 책임감과 절박함과 담당정신으로 '3대 체계' 건설 가속화를 위해 더 강한 조치를 취하고, 실질적인 진전과 함께 큰 성과를 거두어야 한다. 시진핑 총서기의 철학과 사회과학 업무 간담회 연설에서 제시한 요구에 따라 중국에 기반을 두고 외국으로부터 배우고, 역사 발굴을 통해 현 시대를 파악하고, 인류를 생각하고 미래를 향한 사고를 가지고 민족성과 계승성을 보여주고, 창조력과 시대정신, 체계성과 전문성을 구현해야 한다. 이를 바탕으로 중국 철학과 사회과학의 학과 체계, 학술 체계, 담론 체계를 구축함으로써 모든 분야와 요소를 아우르는 포괄적인 철학과 사회과학 체계를 이루어 중국 특색과 풍격, 중국의 기개를 담은 철학과 사회과학 건설을 위한 토대를 마련해야 한다. 아울러 중국 철학과 사회과학연구의 국제적인 영향력을 강화하고, 국가 문화의 소프트파워를 향상시켜 '학술 속의 중국', '이론 속의 중국', '철학과 사회과학 속의 중국'을 전 세계에 알려야 한다.

(4) 이론과 실제가 연계된 마르크스주의 학풍을 발양해야 한다

　중국 철학과 사회과학의 번영과 발전을 위해 학풍 문제를 잘 해결하고 학풍 건설을 강화해야 한다. 시진핑 총서기는 "실천에서 벗어난 이론은 경직된 도그마가 되어 그 생명력과 활력을 잃게 된다"고 지적했다.[24] 철학 및 사회과학 종사자들은 이론과 실제를 연계해야 한다. 수작을 숭상하고, 신중하게 학문에 임하고, 성실함과 책임을 추구하는 우수한 학풍을 적극 발양하기 위해 노력함으로써 바르고 공정하고, 서로를 배우면서 긍정적으로 발전할 수 있는 학술 생태를 조성해야 한다. 좋은 학문 윤리를 확립하고, 의식적으로 학문 규범을 준수하여 널리 배우고 자세히 묻고, 신중하게 생각하고 판단하며 성실하게 이행하는 것에 주의를 기울여야 한다. '학자로서 도를 넓히'는 가치에 대한 추구를 통해 사람됨과 일, 학문을 진정으로 통일해야 한다. '학문을 하는데 있어서는 오로지 진리만을 추구하고, 글을 쓰는데 있어서는 반드시 근거가 있고 절대로 빈말을 해서는 안 된다'는 신념을 고수하고, 외로움과 유혹을 견디고, 마지노선을 지킴으로써 큰 학문과 진정한 학문에 뜻을 세워야 한다. 사회 책임을 최우선으로 두고, 학술 연구의 사회적 영향을 진지하게 고려하고, 사회주의 핵심 가치관을 의식적으로 실천해야 한다. 선과 아름다움, 진실을 추구하고 전하는 사람으로서 깊은 학문적 수양을 통해 존중을 얻고, 고매한 인격과 매력으로 분위기를 이끌어야 한다. 조국과 인민을 위해 덕을 세우고, 입언(立言)을 하는 가운데에 자아 성취를 하고 가치를 실현함으로써 선진 사상의 옹호자이자 학술 연구의 개척자, 사회 풍조의 선도자, 중국공산당 집권의 확고한 지지

24　시진핑, 「변증법적 유물론은 중국공산자의 세계관이자 방법론이다」, 『구시』, 2019년 제1기.

자가 되어야 한다.

(5) 철학과 사회과학에 대한 당의 전면적인 리더십을 유지하고 강화해야 한다

철학과 사회과학 사업은 당과 인민의 중요한 사업이고, 철학과 사회과학 전선은 당과 인민의 중요한 전선이다. 철학과 사회과학 사업에 대한 당의 전반적인 리더십을 강화하고 개선하는 것은 수준 높은 성과를 내고 우수한 인재를 배출하고 '3대 체계' 구축에 박차를 가하는 근본적인 정치적 보장이다. '4가지 의식(四個意識)'[25]을 확고하게 수립하고, '4가지 자신감'을 확고히 하고, '수호해야 할 두 가지[兩個維護]'[26]를 꿋꿋하게 지켜내야 한다. 사상적, 정치적, 행동적으로 시진핑 동지를 위시로 한 당 중앙과의 고도의 일치를 흔들림 없이 유지하고, 당 중앙과 전체 당에서 시진핑 총서기의 핵심 지위를 확고부동하게 수호하며, 당 중앙의 권위와 중앙 집중화된 통합 리더십을 흔들림 없이 수호함으로써 철학과 사회과학이 항상 중심에 초점을 맞추고, 전반적인 상황에 부합하도록 보장해야 한다. 정치적 리더십과 업무 지도를 강화하고, 철학과 사회과학 발전 법칙을 존중하며, 철학과 사회과학을 지도하는 업무 능력을 향상시키고 번영과 발전, 유도와 관리라는 두 마리 토끼를 모두 꽉 잡아야 한다. 지식인에 대한 당의 정책을 성실하게 이행해야 한다. 노동, 지식, 인재 및 창조를 존중하며, 정치적으로 충분히 신뢰하고 사상적으로 적극적으로 이끌며, 업무적으로 여건

---

25   옮긴이 주: 정치의식, 대국 의식, 핵심 의식, 일치의식.
26   옮긴이 주: 당 중앙과 당 전체에서의 총 서기의 핵심적 지위 수호, 당 중앙의 권위와 중앙 집중 통일 지도 수호.

을 마련하고, 생활적으로 관심을 가지고 보살피며 그들을 위해 실질적이고 좋은 일을 하고, 그들의 어려움을 해결해 주어야 한다. 평등하고 건전하고 충분히 이치를 말할수 있는 학술적 논쟁을 활기차게 펼치고, 학술적 관점과 스타일이 다른 학파들이 함께 연구하고 평등하게 토론하는 백화제방과 백가쟁명의 방침을 확실하게 이행해야 한다. 학문적 문제와 정치적 문제를 정확히 구분하되 일반적인 학술 문제를 정치 문제로 삼아서는 안 되고, 정치 문제를 일반적인 학술 문제로 취급해서도 안 된다. 학술연구를 내세워 학문적 도덕 및 헌법과 법률에 위배되는 가짜 학술행위를 하는 것과 학술 문제와 정치 문제를 혼동하고 학문적 문제를 정치적 문제에 대한 해결책으로 처리하는 단순한 관행도 반대한다.

이백의 시구 중에 '여러 인재들이 아름답고 밝은 시대에 속하게 되어 시운을 타고 함께 도약하였다[群才屬休明, 乘運共躍鱗]'라는 말이 있다. 중국 특색 사회주의는 새로운 시대로 접어들었다. 지금은 철학 및 사회과학의 번영과 발전의 시대이자 철학과 사회과학 종사자들의 전도가 유망한 시대이기도 하다. 많은 철학 및 사회과학 종사자들은 시진핑 신시대 중국 특색 사회주의 사상에 관한 지침을 고수하며 분발하여 신시대의 철학 및 사회과학 발전을 위한 새로운 장을 써내려감으로써 '두 개의 백 년' 분투 목표와 중화민족의 위대한 부흥인 중국몽 실현을 위해 새로운 큰 공헌을 해야 한다.

　　18차 당 대회 이후 시진핑 동지를 대표로 하는 중국공산당은 시대의 발전에 따라 당과 국가사업 발전 전반에 걸쳐 중국 특색 사회주의의 유지 및 발전을 둘러싸고 이론과 실제를 결합하여 '새로운 시대에 어떠한 중국 특색 사회주의를 어떻게 유지하고 발전시킬 것인가'라는 중대한 시대적 과제에 대해 체계적인 답을 함으로써 시진핑 신시대 중국 특색 사회주의 사상을 확립했다. 풍부한 내용과 심오한 사상을 가지고 있는 시진핑 신시대 중국 특색 사회주의 사상은 생산력과 생산 관계, 경제 기반과 상부구조의 모든 부분과 연관되어 있고, 경제 건설, 정치 건설, 문화 건설, 생태 문명 건설, 당 건설 및 국방과 군대 건설, 외교 업무 등 분야를 포함함으로써 완벽한 체계와 논리 정연한 과학 이론 체계를 형성했다. 시진핑 신시대 중국 특색 사회주의 사상은 마르크스-레닌주의, 마오쩌둥 사상,

덩샤오핑 이론, '3개 대표'의 중요 사상, 과학발전관을 계승하고 발전시킨 마르크스주의 중국화의 최신 성과일 뿐 아니라 당대 중국의 마르크스주의, 21세기의 마르크스주의이며, '두 개의 백 년'이라는 분투 목표와 중화민족의 위대한 부흥을 실현하기 위해 전체 당과 인민들이 따라야 하는 행동 지침이다. 시진핑 신시대 중국 특색 사회주의 사상에 대해 깊이 배우고 열심히 연구하고 과학적으로 해석하는 것은 새로운 시대가 중국 철학과 사회과학 종사자들에게 부여한 숭고한 사명이자 책임이다.

2015년 말, 시진핑 총서기의 일련의 중요 연설의 정신과 국정운영에 대한 새로운 이념과 사상, 새로운 전략을 깊이 배우고, 철저하게 이행하기 위해 중국사회과학출판사 자오젠잉(趙劍英) 사장은 「시진핑 총서기의 일련의 중요 연설 정신 및 국정운영에 대한 새로운 이념과 사상 및 새로운 전략 학습 총서」를 집필하고 출판하는 사업을 조직하고 계획했다. 중국사회과학원 당조는 강한 정치의식, 대국의식, 핵심의식, 일치의식으로 이 작업에 큰 중요성을 부여하고, 중앙의 관련 배치와 요구에 따라 우수하고 유능한 과학 연구팀을 꾸려 시진핑 총서기의 일련의 중요 연설 정신과 국정운영에 대한 새로운 이념과 사상, 새로운 전략과 관련하여 집중적인 공부와 심층적인 연구, 과학적인 해석을 하면서 총서 집필 작업에 매진했다.

2016년 7월, 전국철학사회과학업무판공실의 비준을 거쳐 「시진핑 총서기의 일련의 중요 연설 정신 및 국정운영에 대한 새로운 이념과 사상 및 새로운 전략 학습 총서」의 집필과 출판은 18차 당 대회 이후 국정운영에 대한 당 중앙의 새로운 이론과 사상, 새로운 전략 연구를 위한 국가사회과학기금의 특별 프로젝트 중 하나로 정립되었고, 당시 중국사회과학원 원장 겸 당조 서기였던 왕웨이광(王偉光) 동지가 수석 전문가를 맡았다. 2016

년 4월에 설립된, 18차 당 대회 이후 국정운영에 대한 당 중앙의 새로운 이론과 사상, 새로운 전략 연구를 위한 국가사회과학기금 특별 프로젝트는 정치, 경제, 문화, 군사 등 13개 중점 연구 방향을 포함하고 있다. 이 과제는 특별 프로젝트에서 군사학과를 제외한 12개의 연구 방향에 대해 유일하게 다방면에 걸쳐 진행된 다각적인 학제 간 연구 과제로써 그에 상응하는 12개의 하위 프로젝트팀을 구성했다.

연구팀은 19차 당 대회를 앞두고 19차 당 대회를 위한 헌정 프로젝트로 1차 원고를 완성해 중앙선전부에 제출하여 승인을 받았다. 19차 당 대회 이후, 연구팀은 시진핑 총서기의 최신 중요 연설과 19차 당 대회 정신을 바탕으로 중앙선전부의 검토 의견에 따라 여러 차례 수정해 다듬고, 책명을 「시진핑 신시대 중국 특색 사회주의 사상 학습 총서」로 정했다.

중국사회과학원 원장 겸 당조 서기인 셰푸잔 동지가 본 프로젝트에 대한 연구와 총서 저작과 수정 사항을 명확하게 지시하고, 서문을 작성했다. 왕웨이광 동지는 연구팀의 수석 전문가로서 전체 연구 과제와 서브 연구 과제의 기본 틀과 요구사항 및 실시 계획 수립을 총괄했다. 중국사회과학원 부원장 겸 당조 부서기 왕징칭(王京淸) 동지는 본 총서의 연구와 집필에 항상 지대한 관심을 가지고 출판 작업을 지도했으며, 중국사회과학원 부원장 차이팡(蔡昉) 동지가 과제 연구와 글쓰기에 대한 구체적인 조율 및 지도 책임을 담당했다. 중국사회과학원 과학연구국 국장 마위엔(馬援) 등 동지들의 프로젝트 보고와 경비 관리 분야에 대한 강력한 지원이 뒷받침되었다. 중국사회과학원출판사는 프로젝트 책임부서로써 본 총서를 총괄 기획하고, 당 위원회 서기 겸 사장인 자오젠잉(趙劍英) 동지의 지도하에 높은 정치 책임 의식을 가지고 사회과학원의 당조와 연구팀 전문가들이 과제 연구 관리, 프로젝트 운영 및 편집 출판 업무에 성실하게 임할 수 있도록 협조를 아끼지 않았다. 중국사회과학출판사 총편집 보조 왕인(王茵) 동지, 중대 프로젝트 출판센터 주임 보조 쑨핑(孫萍) 동지가 프로젝트 관리와 운영에 많은 노력을 보태주었다.

　　3년이 넘는 기간 동안 100명에 가까운 연구팀의 전문가와 학자들이 시진핑 동지가 부동한 역사시기에 발표했던 중요 연설과 저술을 깊이 학습하고, 깊이 연구한 후 정성들여 원고를 집필했다. 수십 차례의 이론 세미나, 전문가의 원고 심사 회의를 거치면서 여러 차례 수정을 거쳤다. 시진핑 신시대 중국 특색 사회주의 사상의 시대적 배경, 이론적 기원, 실천적 기반, 주제, 주요 관점 및 핵심 요지에 대한 체계적인 해석을 시도했고, 시진핑 신시대 중국 특색 사회주의 사상이 내재하고 있는 이론적 논리와 정신적 본질을 전체적으로 파악하고, 당대 중국 마르크스주의 및 21세기 마르크스주의의 이론적 형태와 위대한 이론 및 실천적 의미를 완전하게 보여주기 위해 노력한 결과 전체 약 300만 자로 이루어진 「시진핑 신시대 중국 특색 사회주의 사상 학습 총서」 12권이 탄생하게 되었다.

　　⑴ 『당대 마르크스주의 철학의 새로운 경지를 열다』

　　⑵ 『새롭고 위대한 신시대 당 건설 프로젝트 심층 추진』

　　⑶ 『인민 중심의 새로운 발전 이념 고수』

　　⑷ 『신시대 중국 특색 사회주의 정치경제학 구축』

　　⑸ 『전면적인 법치를 통한 법치중국 건설』

　　⑹ 『신시대 사회주의 문화강국 건설』

　　⑺ 『신시대 중국 특색 사회주의 문예 역사적 사명 실현』

(8)『생태문명 건설 이론 확립 및 실천 모색』

(9)『중국 특색 사회주의 농촌 활성화의 길로 나아가다』

(10)『시진핑 신시대 중국 특색 사회주의 외교사상 연구』

(11)『시진핑 신시대 국정운영의 역사관』

(12)『전면적인 종엄치당에는 마침표가 없다』

시진핑 신시대 중국 특색 사회주의 사상은 심오하고 광범위하며, 풍부한 내용을 담고 있습니다. 집필진이 최대한의 노력을 기울였으나, 수준의 한계로 아직 배우고 체득하지 못한 부분이 있을 수 있기 때문에 연구와 해석에서 누락된 부분이 있을 수 있다. 개선과 보완을 위해 독자 여러분들의 귀중한 의견과 함께 지도 편달을 부탁드린다.

마지막으로 총서 집필과 출판 작업에 참여해주신 전문가 및 학자, 각급 지도자, 편집, 교정, 인쇄 등 모든 실무자들께 진심으로 감사의 뜻을 전한다.

「시진핑 신시대 중국 특색 사회주의 사상 학습 총서」연구팀
수석전문가 왕웨이광
중국사회과학출판사
2019년 3월

차례

제1장

문화적 자신감을 확고히 하고
문화강국을 건설하자

시진핑(習近平) 총서기는 중국공산당 제19차 당 대표대회 보고에서 오랜 시간 노력을 거쳐 중국 특색 사회주의가 새로운 시대에 진입하였고, 이는 중국이 새로운 역사적 방위(方位)를 발전한 것이라고 선포하였다. 중국 특색 사회주의가 새로운 시대에 진입한 것은 근대 이래 긴 시간 고난에 시달렸던 중화민족이 드디어 부강해졌고 위대한 비약을 이룩하였고 중화민족의 위대한 부흥을 실현할 밝은 미래를 맞이했음을 뜻한다. 그리고 과학사회주의가 21세기 중국에서 강력한 생기와 활력을 과시하면서 세계적인 범위에서 중국 특색 사회주의의 위대한 깃발이 높이 치솟았음을 뜻한다. 또한 중국 특색 사회주의의 노선, 이론, 제도, 문화가 지속적으로 발전하고 있고 개도국의 현대화 길을 확장했으며, 발전과 자체 독립성을 원하는 국가와 민족들에게 새로운 선택을 선사하였고, 인류 문제를 해결하는 데 중국의 지혜와 중국식 해법이 기여했음을 뜻한다.

　　중국 특색 사회주의의 새로운 시대는 중국공산당 18차 당 대표대회에서 시작되었다. 과거 5년간 사상문화건설에서 이룩한 성과에 대하여 시진핑 총서기는 공산당 제19차 당 대표대회에서 아래와 같이 정리하였다. "사상문화건설에서 중대한 진척을 이룩했다. 공산당 이데올로기 영역의 리더십을 강화했고, 공산당의 이론 혁신을 전면적으로 추진했으며, 이데올로기 영역에서 마르크스주의의 지도적 위치를 부각시키고 중국 특색 사회주의와 중국몽이 민심에 깊숙이 자리잡았고, 사회주의 핵심가치관과 중화민족의 우수한 전통문화를 널리 알리며 대중적인 정신문명 창조활동을 내실 있게 추진하였다. 공공 문화 서비스 수준을 지속적으로 향상시키고, 문예 창작을 지속적으로 번영시키며, 문화사업과 문화산업을 활성화하고, 인터넷 건설 관리와 운영을 지속적으로 완성시키며, 범인민적 건강 운동과 스포츠를 전면적으로 발전시켰다. 주도적인 사상 이념은 보다 선명하게, 긍정적인 에너지는 보다 강력하게, 문화적 자신감은 보다 부각되었으며, 국가 문화적 소프트 파워와 중화 문화의 영향력이 대폭 상승되었고, 전 당과 전 사회의 사상 결속력이 보다 견고해졌다."[1]

제18차 당대표 대회에서 제19차 당대표 대회에 이르기까지 시진핑 총서기는 당과 국가의 발전이라는 종합적인 시각에서 출발하여, 새로운 시대에 수호하고 발전시켜야 할 중국 특색 사회주의는 어떤 것이며, 방법은 무엇인지, 또한 문화 의식의 제고, 문화적 자신감 형성, 문화적 자강 추구 등 중요한 문제들을 전면적이고, 체계적이며 심도 있게 논술했다. 해당 논술은 시진핑 시대 중국 특색 사회주의 사상의 중요한 구성 부분이고, 중국 특색 사회주의 이론체계를 풍부히 하고 발전시킨 것이다. 이는 중국공산당이 문화의 중요한 지위와 역할에 대한 인식 및 사회주의 문화의 발전 규칙에 대한 인식이 새로운 경지로 올랐으며, 새로운 단계에 들어섰음을

---

1   시진핑: 『샤오캉사회 건설의 전면적 승리, 신시대 중국 특색 사회주의의 위대한 승리를 이룩하자-중국공산당 제19차 전국대표대회에서의 보고(決勝全面建成小康社會 奪取新時代中國特色社會主義偉大勝利-在中國共產黨第十次全國代表大會的 報告)』(2017년 10월 18일), 인민출판사, 2017, 4-5면.

나타낸다. 이는 새로운 시대 사회주의 문화의 번영과 흥성, 사회주의 문화 강국을 건설하는데 근본적인 지침을 제공했고, 앞으로 나아가야 할 방향을 제시하였다. 시진핑 총서기는 중국공산당 19차 당 대표대회 보고에서 다음과 같이 지적했다. "당대 중국공산당 당원과 중국인민은 새로운 문화 사명을 짊어져야 하고 능력도 갖고 있다. 창조를 실천하는 중에서 문화를 창조하고, 역사의 진보 속에서 문화의 진보를 실현해야 한다."[2] 이는 시진핑 총서기가 공산당과 인민 전체를 향한 약속이고, 중국공산당이 세계를 향한 정중한 선서이다.

제1절 문화의 중요한 지위와 역할

문화에 대한 정의는 수백 가지에 이른다. 그러나 어떤 정의를 막론하고 문화가 국가나 민족의 발전에 대한 중요한 역할과 지위를 차지한다는 점은 광범위하고 일관된 인식의 일치가 존재한다. 중화민족이 문화의 지위와 역할을 지극히 중시하고 있음은 분명하며 어떤 의미에서는 여타 국가와 민족은 도저히 비교가 될 수 없을 정도다. 중화 문명은 세계에서 유일하게 5,000년 간 중단되지 않고 연속된 문명의 형태로, 그 존재 자체가 강력한 증거와 설명이 된다.

---

2   시진핑: 『샤오캉사회 건설의 전면적 승리, 신시대 중국 특색 사회주의의 위대한 승리를 이룩하자-중국공산당 제19차 전국대표대회에서의 보고』(2017년 10월 18일), 인민출판사, 2017, 44면.

1. 문화는 한 국가와 민족의 혈맥과 정신력이다

인류사회 발전 역사는 인류가 번성하고 부를 창조하는 물질 문명의 발전 역사이다. 또한 인류 문화가 축적되고 문명이 전수되고 계승되는 정신 문명 역사이다. 인류 역사 전체는 문화의 역사, 즉 인류가 문화를 축적하고 발전시키며 창조와 승화를 거듭하는 역사라 해도 과언이 아니다. 중국과 세계 수천 년 역사는 문화가 한 국가와 민족의 혈맥이자 정신력이며 국가와 민족이 생존하고 발전하는 중요한 힘이었음을 보여주었다. 인류사회의 도약과 인류문명의 승화는 모두 문화의 역사적 진보를 수반하고 있었고 문화 발전의 낙인이 깊이 찍혀있다.

어떤 국가와 민족이든 문화는 자국과 해당 민족이 세계와 스스로에 대한 역사적 인식과 현실적 감수를 내포하고 있고 해당 국가와 민족의 가장 깊은 곳에 있는 정신적 욕구를 보여준다. 과거부터 현재까지 문화는 국가와 민족의 세계관, 인생관, 가치관에 자양분을 공급해 왔으며 국가와 민족의 사고 방식, 행위 방식, 거래 방식에 영향을 미쳐왔다. "문화로서 국민의 혼을 바꾸어가고, 문화로 국가의 정신을 세운다." 2013년 11월 26일, 시진핑 총서기는 공부(孔府)와 공자연구원을 찾아 한 국가와 민족의 강성은 문화 중흥을 버팀목으로 삼고 있으며 중화민족의 위대한 부흥은 중화문명의 발전과 번영이 전제 조건이라고 강조했다. 역사 문화, 특히 선대로부터 전해 내려온 도덕 규범은 오늘에 맞게 구분하여 받아들이고 계승해야 한다. 중국공산당 19차 당 대표대회에서 시진핑 총서기는 "문화는 한 국가와 민족의 정신력이다, 문화가 발전하면 국운이 번창하고 문화가 강성하면 민족이 번성한다. 높은 문화적 자신감이 없으면 문화 번영과 부흥이 있을 수 없으며 중화민족의 위대한 중흥도 있을 수 없다"[3]고 재삼 강조했다.

시진핑 총서기는 문운(文運)과 국운(國運), 문맥(文脈)과 국맥(國脈)을 나란히 세워 한 국가와 민족의 발전 과정에서 문화의 중요한 지위와 역할, 그리고 문화의 국가와 민족 간 혈연적 연결성을 부각시켰다. 시진핑 총서기는 "문운은 국운과 연결되고, 문맥은 국맥과 연결된다"고 강조했다.[4] 작금의 시대에 문화는 나날이 민족의 응집력과 창조력의 중요한 원천으로 자리를 잡아가고 있으며 국가전체 경쟁력의 중요한 요소가 되고 있고 경제사회 발전의 중요한 버팀목이 되고 있다. 어떤 국가나 민족, 어떤 사회적 조건과 역사적 시대를 막론하고 문화는 모두 마치 공기와 같은 존재로 어느 곳이나 항상 존재하고 있다. 그러므로 문화 발전의 전략적 고지를 차지한 자가 치열한 국제경쟁에서 주도권을 차지할 수 있는 것이다.

1940년, 마오쩌둥 주석은 "일정한 문화(이데올로기로 간주된 문화)는 일정한 사회의 정치 및 경제를 반영하고 일정한 사회의 정치와 경제에 위대한 영향과 역할을 미친다."라고 지적한 바 있다.[5] 시진핑 총서기는 "문명, 특히 사상 문화는 한 국가와 민족의 정신력이다. 어느 나라, 어떤 민족을 불문하고 사상 문화를 스스로 귀중히 여기지 않고 사상 문화라는 혼(魂)

---

3   시진핑: 『샤오캉사회 건설의 전면적 승리, 신시대 중국 특색 사회주의의 위대한 승리를 이룩하자-중국공산당 제19차 전국대표대회에서의 보고』(2017년 10월 18일), 인민출판사, 2017, 40-41면.

4   시진핑(習近平): 『중국문학예술계연합회 제10차전국대표대회, 중국작가협회 제9차전국대표대회 개회식에서의 연설(在中國文聯十大, 中國作協九大開幕式上的講話)』(2016년 11월 30일), 인민출판사, 2016, 5면.

5   마오쩌둥: 『신민주주의론(新民主主義論)』(1940년 1월), 『마오쩌둥 선집(毛澤東選集)』제2권, 인민출판사, 1991, 663-664면.

을 내버릴 경우, 그 나라와 민족은 굴기할 수 없다."[6]고 한 바 있다. 문화절대론에 동의하지 않고 문화결정론도 인정하지 않는다. 다만 정치, 경제, 사회, 생태 등 거의 모든 분야에서 나타나는 문제들 모두 문화 속에서 그 근원과 요인을 찾아낼 수 있음을 인정해야 한다.

2. 문화는 한 나라, 한 민족이 자립하는 정신적 기둥이다

고금의 역사를 살펴보면 문화는 인류의 문명 발전에 지대한 영향을 미쳤다. 세계의 보편적인 인정과 존경을 받는 나라 혹은 민족은 결코 영토가 넓고, 인구가 많아서가 아니고 경제력이나 군사력이 뛰어나서도 아니다. 오랜 문화 전통과 탄탄한 문화의 축적이 있었기 때문이며 뛰어난 문화 품격과 문화적 매력을 보유하고 있었기 때문이다. 오직 군사력 등 이른바 '하드파워'에 의존하여 흥기한 국가 혹은 민족은 결국 몰락의 운명을 벗어날 수 없음을 세계 발전 역사는 거듭 증명해 주고 있다. 수천 년의 역사 속에 이와 같은 사례들이 수없이 많다. 나폴레옹은 세상에 보검과 사상이라는 두 가지 힘이 있고, 시간에 있어서 보검은 항상 사상에 패하고 말았다고 말한 바 있다. 나폴레옹이 뼈 속 깊이 느낀 경험을 바탕으로 내린 결론일 수 있다.

문화가 갖고 있는 영향력과 소프트파워는 경제, 군사 등 하드 파워와

---

6   시진핑: 『공자 탄신 2565주년 기념 국제학술세미나 및 국제유학연합회 제5회 회원대회 개회식에서의 연설』(2014년 9월 24일), 인민출판사, 2014, 9면.

52   ——   신시대 사회주의 문화강국 건설

상호의존하고 상호 촉진하는 관계이다. 예로부터 지금까지 중화민족이 세계적으로 지위가 있고 영향력이 있었던 것은 무력을 휘둘러서도 대외 확장을 해서도 아니며 세계의 앞선 경제적 지위에서 비롯된 것도 아닌 중화 문화의 강력한 감화력과 매력으로 비롯된 것이다. 중화민족의 선조는 일찍부터 '먼 곳의 백성이 귀순하여 따르지 않으면 학문과 덕을 쌓아 불러와야 한다(遠人不服, 則修文德以來之).'는 이치를 터득하고 있었다. 덕(德)으로 사람을 이끌고 문화로 사람을 바꾸어 간다는 사고방식은 중화민족의 천성, 특징, 정신 등을 해석함에 있어서 빠질 수 없는 부분이다.[7] 수천 년의 역사 변화 속에서 중화 민족은 결코 순풍에 돛단배처럼 순탄한 길만 걸어온 것은 아니다. 오히려 수많은 어려움을 겪었다. 하지만 모두 이겨내고 오늘까지 발전해 온 것이다. 그 중 중화민족의 자손들이 대대손손 육성하고 발전시켜온 중화 문화는 어려움을 딛고 끊임없이 성장하고 번성하는 튼튼한 정신적 버팀목이었다. 역사와 현실은 이미 중화민족이 강력한 문화 생명력과 문화 창조력을 갖고 있는 민족임을 증명하였다. 역사의 중요한 전환점에서 중화 문화는 언제나 국운의 변화를 느끼고, 시대에 앞장 서서 목소리를 냈으며, 억만 민중과 위대한 조국을 응원해 왔다. 중화 문화는 민족의 근간을 튼실히 지키고 시대의 발전과 그 맥을 함께 하면서 중화민족이 신시대 사회주의 문화강국을 건립하는 민족적 자신감과 강력한 복원력을 유지시켜 주었다. 또한 중화민족의 공통 정서와 가치관, 같은 꿈과 정신력을 유지하는 힘이었다.[8]

7　시진핑: 『문예사업좌담회에서의 연설(在文藝工作座談會上的講話)』(2014년 10월 15일), 인민출판사, 2015, 3면.

8　시진핑: 『문예사업좌담회에서의 연설』(2014년 10월 15일), 인민출판사, 2015, 5면.

문화적 신뢰만이 한 나라, 한 민족이 지속가능하게 가질 수 있는 신뢰이다. 즉 문화적 차원의 신뢰만이 진정한 신뢰이다. 경제 융합, 정치적 상호신뢰, 통상(通商)의 상호신뢰, 전략적인 상호 신뢰 등은 문화의 상호신뢰를 전제로 한다. 10여 년 전 라파랑 프랑스 전직 총리는 중국 외교학원에서 개최한 외교포럼에서 중국이 세계경제 분야에서의 중요성이 인정받을 경우, 21세기 세계 사상의 발전에 대하여 중국의 중요한 입지 역시 자명하게 될 수 밖에 없다고 말한 바 있다. 20세기에는 대항의 이념이 주류를 이루었고 대항만이 진정한 활력을 만들어낼 수 있었다. 하지만 21세기는 화합이 주류 이념으로 대두되고 있다. 현재 프랑스의 다수 학자들이 주장하는 복잡성 이론은 정치사상 분야에서 반드시 부정적, 대립적, 충돌적 요소들을 포용해야 한다고 보고 있다. 이와 같은 사유는 결과적으로 극복과 화합의 사고라고 보아야 한다. 중국의 고대문명은 세계의 화합 사상의 발전을 위해 탁월한 기여를 했다. 라파랑은 중국과 프랑스 간의 관계를 두고, 프랑스의 중국에 대한 신뢰는 단순히 물질적 차원이 아닌 문화 차원의 신뢰라고 말했다. 바로 이와 같은 원인으로 말미암아 프랑스의 중국에 대한 신뢰는 지속 가능한 신뢰라고 보았다. 프랑스는 중국과의 경제협력을 강화를 매우 기대하지만 단순한 경제적 원인을 넘어설 여지가 충분하고 이는 중국에 대한 프랑스 신뢰의 바탕에 문화에 대한 신뢰가 깔려 있기 때문이다.[9] 라파랑은 작금의 세계 평화는 중국인의 지혜에 의존해야 하고, 세계 평화는 문화, 철학, 대화가 필요하며 또한 이와 같은 시각에서 바라볼 때

---

9   쑨이(孫奕) 정리: 「중국의 이익은 세계의 이익-라파랑 프랑스 전 총리가 외교학원에서 한 연설 요약(中國的利益中国的利益就是世界的利益———法国前总理拉法兰外交学院演讲摘录)」, 『시야(视野)』 2006, 제7기.

중국이 갖고 있는 힘을 결코 무시할 수 없다고 강조한 바 있다. 세계는 중국이 필요하다. 중국이 세계에서 가장 빠르게 성장하는 국가이기 때문이다. 아울러 우리의 세계는 중국의 문화와 문명을 필요로 한다.[10]

　　항일전쟁 승리 후 서남연합대학을 결성했던 북경대학, 청화대학, 남개대학 등은 각각 원 위치로 복귀하면서 유명 철학가 풍우란(馮友蘭)선생에게 '국립서남연합대학' 기념비의 비문을 써줄 것을 부탁하였다. 비문에는 "盖并世列强, 虽新而不古; 希腊罗马, 有古而无今。惟我国家, 亘古亘今, 亦新亦旧。(현재 세계를 누비는 대국은 통상 신흥 국가로 역사가 없다. 고대 그리스와 로마는 역사 속에는 있었지만 현 시대에는 존재하지 않고, 오직 중국만이 옛날부터 지금까지 옛 것과 새로움을 함께 하고 있다.)"고 적혀 있다. 중화 문명과 중화 문화의 생명력, 창조력을 가장 분명하게 반영한 문구이다. 중화 문명은 세계에서 가장 오래된 문명은 아니지만 문화의 흐름이 끊어진 바 없이 오늘까지 이어온 것은 오로지 중국 뿐이다.

　　영국의 역사학자 아놀드 토인비 역시 세계 문명을 비교 연구한 후, 풍우란 선생과 비슷한 결론을 내렸다. 아놀드 토인비는 6,000년 가까운 인류 역사에서 26개 문명 형태가 나타난 바 있고, 그 중 중국의 문화 체계만이 오늘까지 전해졌고 중단된 바 없다고 했다. 중국인은 문화와 문명의 힘만이 문화 정서를 연결고리로 억만의 백성들을 천하주의와 세계주의를 문명의 기준으로 하는 국가 속에 편입시킬 수 있음을 기나긴 역사 속에서 이미 증명했다. 토인비는 중화문명의 세계적 가치와 세계주의(천하주의) 정신

10　　『나는 중국과 프랑스 사이의 그 줄표-라파랑 프랑스 전직총리 인터뷰(我是中法中間那個破折號-專訪法國前總理拉法蘭)』, 『남방인물주간(南方人物週刊)』, 2010년 제5기.

그리고 인문주의 가치관 등을 충분히 인정하였다. 또한 중화 문명이 미래 수백 년 간 세계 대동의 정신적 사명을 짊어지고 세계문명의 희망과 미래가 있을 곳이 될 것이라 보았다. 이케다 다이사쿠와 진행했던 인류문명에 대한 대담에서 토인비는 중국은 21세기에 굴기할 것이며, 세계의 미래는 중국에 있고, 인류의 출로는 중국 문명에서 찾을 수 있다고 예단했다.[11]

3. 문화 번영과 흥성은 국가 굴기와 민족 부흥의 중요한 지표

한 나라의 굴기, 한 민족의 부흥은 문화 번영과 흥성을 수반하기 마련이다. 하나의 국가, 하나의 민족은 물질적인 빈곤도 불가하겠지만, 정신적인 빈곤은 더욱 불가하다. 물질과 정신적으로 모두 풍요로워야만 강대한 생명력과 결집력, 밝은 미래를 가진 국가와 민족이 될 수 있다. 시진핑 총서기는 이와 관련하여 다음과 같이 지적했다. "중화 문화의 번영과 흥성이 없다면 중화민족의 위대한 부흥이 있을 수 없다. 한 민족의 부흥은 강력한 물질적 힘 뿐만 아니라 강력한 정신적 힘을 필요로 한다. 선진문화의 능동적인 선행이 없다면 인민 정신세계의 최대한의 풍요로움이 없고, 민족의 정신적 힘의 지속적인 증강이 없으며, 국가와 민족은 세계 민족의 숲 속에 당당히 설수 없다."[12] 한마디로 한 나라의 굴기 혹은 민족의 부흥은 일

---

11 류타오(劉濤): 「토인비의 예언: 중국문명은 21세기를 비추어 줄 것이다(湯因比的預言: 中國文明將照亮21世紀)」, 『사회관찰(社會觀察)』, 2013년 제3기.

12 시진핑: 『문예사업좌담회에서의 연설(在文藝工作座談會上的講話)』(2014년 10월 15일), 인민출

종의 경제 현상일 뿐 아니라 문화 현상이기도 하다. 경제라는 '하드' 지표 뿐만 아니라 문화라는 '소프트' 지표도 필요하다. '육체'와 '영혼'에 비유하여 설명한다면, 경제는 '육체'이고, 문화는 '영혼'이다. 문화라는 '소프트' 지표의 중요성을 잘 알 수 있는 대목이다. 수천 년 인류문명 역사가 증명하듯 깊이가 없는 문화에 지속적인 혁신이 있을 수 없고, 선진문화의 적극적인 선도가 없으면 인민들 정신세계에 대한 최대한의 풍요로움이 있을 수 없으며, 민족의 정신적 힘이 끊임없이 강화되지 않으면 나라와 민족은 발전하기 어려우며 또한 세계의 선두를 달릴 수 없다.

중화민족의 위대한 부흥을 실현하는 것은 근대 이후 가장 위대한 꿈이다. 중화민족의 위대한 부흥을 실현하는 것은 물질 문명이 최대한으로 발전되는 것이 필요할뿐더러, 정신 문명이 최대한으로 발전하는 것이 필요하다.[13] 일찍이 혁명전쟁의 시대, 마오쩌둥(毛澤東)은 전체 공산당원을 향하여 민족적, 과학적, 대중적인 중화민족의 새로운 문화를 건설할 것을 누차 강조한 바 있다. 《신민주주의론(新民主主義論)》에서 마오쩌둥은 "공산당원들은 중국의 정치 혁명과 경제 혁명을 위해 분투했을 뿐더러 중국의 문화혁명을 위해 다년간 분투했다. 이 모든 것은 중화민족의 새로운 사회와 새로운 국가를 건설하는 데 목적을 두고 있다. 새로운 사회와 새로운 국가에는 새로운 정치, 새로운 경제가 있을 뿐더러 새로운 문화도 있다. 즉, 정치적으로는 압박을, 경제적으로는 착취를 당하는 중국을 정치적으로 자유를 누리고, 경제적으로 번영하는 중국으로 발전시키며 낡은 문화통치로

판사, 2015, 5면.

13   시진핑: 『중국문학예술계연합회 제10차전국대표대회, 중국작가협회 제9차전국대표대회 개회식에서의 연설』(2016년 11월 30일), 인민출판사, 2016, 3면.

인해 우매하고 낙후된 중국이 새로운 문화통치를 받아 문명하고 선진적인 중국으로 변하게 한다. 한마디로, 우리는 새로운 중국을 만들고자 한다. 중화민족의 새로운 문화를 건립하는 것은 문화 영역의 목적이다."[14] 중화인민공화국 건립 직전, 마오쩌둥은 "경제건설의 고조와 더불어 문화 건설의 고조가 불가피하게 나타나게 될 것이다. 중국인의 비문명 시대는 이미 지났고, 높은 수준의 문화를 갖춘 민족으로 세계에 모습을 드러낼 것이다."라고 예언한 바 있다.[15]

중국공산당은 문화 건설과 정신문명 건설을 매우 중시해 왔다. 마오쩌둥을 중심으로 몇 대를 이어 성장한 중국 공산당원은 국가건설에서 일관적인 이념을 고수해 왔다. 우리가 건설하고자 하는 사회주의 국가는 높은 물질 문명을 갖추고 있을 뿐더러 높은 수준의 정신 문명을 갖추어야 한다. 역사 속 기타 사회 제도와 사회 형태와 비교하여 사회주의의 우월성은 경제정치에서 반영되어야 할 뿐더러 높은 물질 문명과 제도 문명을 창조하는데 반영되어야 하고, 사상 문화에서 반영되어야 하며, 고도의 정신 문명을 창조할 수 있는데 반영되어야 한다. 덩샤오핑(鄧小平)은 "경제 발전과 더불어 정신문명 건설에 유념하지 않으면 큰 위험이 있다."고 지적한 바 있다.[16] "정신문명 건설을 강화하지 않을 경우 물질 문명 건설도 파괴를 입게 되고 굽은 길을 걷게 된다. 물질 조건에만 의지하면 우리의 혁명과 건설

---

14   마오쩌둥: 『신민주주의론』(1940년 1월), 『마오쩌둥 선집』 제2권, 인민출판사, 1991, 663면.

15   마오쩌둥: 「중국인은 이로부터 일어섰다(中國人從此站立起來了)」(1949년 9월 21일), 『마오쩌둥문집(毛澤東文集)』제5권, 인민출판사, 1996, 345면.

16   덩샤오핑: 『1982년 4월 7일 미얀마공산당중앙대표단 회견시의 담화(會見緬甸共産黨中央代表團時的談話)』, 『덩샤오핑 연보(鄧小平年譜, 1975—1997)』(하), 중앙문헌출판사, 2004, 813-814면.

은 승리할 수 없다.[17]" 또한 가난은 사회주의가 아니고, 공허한 정신생활, 어지러운 사회 풍조도 결코 사회주의가 아니라고 거듭 강조했다. 중국은 고도의 물질 문명을 건설함과 동시에 민족 전체의 과학문화 수준을 향상시키고, 고상하고 다양한 문화생활을 발전시키며 고도의 사회주의 정신문명을 건설해야 한다.[18]

시진핑 총서기는 물질문명과 정신문명 건설의 조화로운 발전을 줄곧 중시했다. 푸젠(福建) 닝더(寧德)에서 일하는 동안 빈곤에서 벗어나 부유해지는 것과 정신문명 건설의 관계 즉 물질문명 건설과 정신문명 건설의 관계에 대하여 정확히 인식할 것을 제기한 바 있다. "인류의 삶은 물질에 대한 수요와 정신에 대한 수요 두 가지 수요가 있다. 사람들은 삶을 영위하면서 두 가지 분야에서 즉 물질 생산과 정신 생산 분야에 세계를 알아가고 세계를 개조하는 활동을 펼친다. 그러므로 물질문명과 정신문명을 추구하는 것은 사회가 발전하는 내적 추동력이다." 시진핑 총서기는 다음과 같이 강조했다. "진정한 사회주의는 생산력을 고도로 발전시키는 것으로만 이해할 수 없고, 고도로 발전된 정신 문명도 함께 있어야 한다. 인민이 부유한 삶을 누림과 동시에 인민의 사상도덕수준과 과학문화수준을 향상시키는 것만이 진정으로 가난에서 벗어나 부유해 지는 것이다." "가난에서 벗어나 부유해 지는 것은 객관적 세계를 개조하고, 물질 문명을 건설하는 과정일 뿐만 아니라 주관적 세계를 개조하고 정신문명을 건설하는 과정이기

---

17 덩샤오핑: 「중국공산당 전국대표회의에서의 연설(在中國共産黨全國代表會議上的講話)」(1985년 9월 23일), 『덩샤오핑문선(鄧小平文選)』제3권, 인민출판사, 1993, 144면.

18 덩샤오핑: 『중국문학예술실무자제4차대표대회에서의 축사(在中國文學藝術工作者第四次代表大會上的祝辭)」(1979년 10월 30일), 『덩샤오핑문선』제2권, 인민출판사, 1994, 208면.

도 하다."[19]

18차 당대표 대회 이후, 시진핑 총서기는 중화인민공화국 건국 70년 특히는 개혁개방 40년의 경험과 교훈을 심도 있게 정리하고 중화민족의 위대한 부흥, 중국몽이라는 전략적 높이에서 물질문명 건설과 정신문명건설 및 이의 상호관계를 체계적으로 명백하게 논술했다. 2013년 4월, 시진핑 총서기는 전국노동모범대표좌담회에서 "우리의 발전 목표를 실현하려면 물질적으로 강해져야 할 뿐더러 정신적으로 강해져야 한다."고 지적했다.[20] 2013년 5월, 우수청년대표좌담회에서는 "중국 특색 사회주의는 물질문명과 정신문명을 전면적으로 발전시키는 사회주의이다. 정신적인 힘이 없는 민족은 자립하고 자강할 수 없으며, 문화적 토대가 없는 사업은 장구히 지속될 수 없다."라고 강조했다.[21] 같은 해 8월, 시진핑 총서기는 전국선전(宣傳)사상실무회의에서 "오로지 물질문명과 정신문명을 모두 건설해야만 나라의 물질적 힘과 정신적인 힘이 증강될 것이며, 전국 여러 민족 인민들의 물질 생활과 정신생활이 모두 개선될 것이며, 중국 특색 사회주의가 순조롭게 앞으로 전진할 수 있다."라고 보다 명쾌하게 지적했다.[22] 5,000여 년의 빛나는 역사를 가진 문명고국으로서, 인민의 아름다운 생활에 대한 소망

---

19 시진핑: 「빈곤지역의 정신문명을 훌륭히 건설하자(建設好貧困地區的精神文明)」(1989년 12월), 『빈곤을 벗어나(擺脫貧困)』, 푸젠인민출판사, 1992, 53-58면.

20 시진핑: 「실천만이 꿈을 이룰 수 있다(實幹才能夢想成員)」(2013년 4월 28일), 『시진핑 국정운영을 논함(習近平談治國理政)』, 외문출판사, 2014, 46면.

21 시진핑: 「중국꿈을 실현하는 생동한 실천속에서 청춘의 꿈나래를 펼친다 (在實現中國夢的生動實踐中放飛青春夢想)」(2013년 5월 4일), 『시진핑 국정운영을 논함』, 외문출판사, 2014, 52면.

22 시진핑: 「전국 선전사상실무회의에서의 연설(在全國宣傳思想工作會議上的講話)」(2013년 8월 19일), 『시진핑 샤오캉사회 전면건설 논술 발췌(習近平关于全面建成小康社会论述摘编)』,중앙문헌출판사, 2016, 103면.

은 더 이상 선인들이 말씀하시던 '곡식이 가득 찬 곳간'과 '넉넉한 의식(衣食)'뿐만 아니라 '예의를 알고' '영욕을 아는' 것이 필요하다. 물질문화 생활 수준이 향상되어야 할 뿐더러 사상 도덕 경지의 지대한 도약이 필요하다. 이것은 바로 오늘날에도 중국이 굳건히 지키고 풍부하게 발전시키고 있는 '화합사회(Harmonious Society)'와 '샤오캉(小康)사회'이념의 본질이다.

중화민족의 위대한 부흥을 실현하는 중국몽은 시진핑 총서기를 중심으로 한 공산당중앙이 운영하는 탑 레벨 디자인이고, 신세대 중국 특색 사회주의의 핵심 목표이다. 중국 인민들은 중화민족 위대한 부흥의 중국 꿈을 실현하기 위해 분투하고 있다. 시진핑 총서기는 중화민족 위대한 부흥의 중국 꿈을 실현하는 것은 국가의 부강, 민족의 진흥, 인민의 행복을 실현하는 것이라고 지적한 바 있다. 이는 오늘날 중국인들의 꿈을 심도 깊게 보여주었고, 자고로 진보를 위한 노력을 게을리하지 않았던 영광의 전통을 잘 보여주었다. 문화강국을 건설하는 것은 민족 부흥의 중요한 지표이다. 중화민족의 위대한 부흥은 단지 경제 지표의 도약을 목표로 해서는 안 되고, 반드시 문화강국을 영혼으로 해야 한다. 문화와 경제, 정치, 사회 등의 동시적 발전만이 진정한 번영과 강성을 실현할 수 있다. 중화민족의 위대한 부흥을 실현하는 중국몽은 물질적 부를 최대한으로 실현하는 것만이 아닌 정신적 부의 최대한 다양화도 포함이 된다. 2014년 3월, 유네스코 본사에서 시진핑 총서기는 "중국몽을 실현하는 것은 물질문명과 정신 문명이 균형적으로 발전하고 상호 촉진한 결과이다. 문명의 승계와 발전이 없고, 문화의 고양과 번영이 없다면 중국몽은 이루어 질 수 없다."[23]라고 했

---

23   시진핑: 『유네스코 본사에서 한 연설(在聯合國教文組織總部的演講)』(2014년 3월 27일), 『제3

다 중화민족의 조상들은 일찍부터 물질 생활이 충실하고 걱정 없으며, 도덕의 경지가 충분히 승화된 대동세계(大同世界)를 갈망해 왔다. 중화 문명은 예로부터 정신생활을 삶과 사회 이상 속에 포함시켜 왔다. 그러므로 중국몽을 실현하는 것은 물질문명과 정신 문명이 나란히 발전하는 과정이라고 할 수 있다. 물질문명과 정신 문명이 모두 성숙해야 중화민족의 위대한 부흥을 실현하는 요구에 본질적으로 부합되는 것으로 볼 수 있다. 중국 경제 사회의 지속적인 발전과 더불어 중화 문명 역시 새로운 시대에 보다 활발한 생명력을 빛내게 될 것이다.

모든 문명은 나라와 민족의 정신적 혈맥을 계승한다. 대대로 전해주고 지켜주는 것이 필요할 뿐만 아니라, 시대와 함께 발전하고 과감하게 혁신하는 것이 더욱 필요하다. 유네스코 본부에서 있었던 스피치에서 시진핑 총서기는 세계를 향하여 "중국인들은 중국몽을 이루는 과정에서 시대의 진보에 따라 중화문명의 창조적 전환과 혁신적인 발전을 추진하며 그의 생명력을 불러일으킬 것이다. 시공을 넘고, 국가를 초월하여 영원한 매력과 당대의 가치를 가진 문화 정신을 선양시킬 것이다. 박물관에 소장되어 있는 문물, 광활한 대지에 진열되어 있는 유산, 고서적에 적혀있는 문자를 살아 움직이게 하여 중화 문명이 세계 각국의 풍부한 문명과 함께 인류를 위해 정확한 정신적 지침과 강력한 정신 동력을 제공하게 한다"는 것을 알렸다.[24]

회 핵안보정상회의 참가 및 유럽4국 방문과 유네스코본부, 유엔본부 방문시의 연설(出席第三屆核安全峰會并訪問歐州四國和聯合國教文組織總部, 歐盟總部時的演講)』, 인민출판사, 2014, 16-17면.

24 시진핑: 『유네스코 본사에서 한 연설』(2014년 3월 27일), 『제3회 핵안보정상회의 참가 및 유

역사 경험은 우리에게 한 민족의 굴기와 부흥이 민족문화의 부흥과 민족정신의 굴기를 우선으로 하고 있음을 알려주었다. 한 민족의 몰락 혹은 소멸은 흔히 민족문화의 퇴폐와 민족정신의 황폐를 전조로 한다. 어떤 국가나 민족을 막론하고, 문화가 물질과 자본에 비해 강력한 힘을 보여주어야만 보다 높은 수준, 보다 빠른 진보를 실현할 수 있다. 한 국가, 한 민족은 경제발전 과정에서 스스로 문화의 품격과 매력을 충분히 보여주어야만 기타 국가와 민족으로부터 진정한 인정과 존중을 얻을 수 있다. 물질적 부유함과 경제, 군사상 강대함은 있지만 번영하고 발전하는 문화가 없고 혹은 문화에서 타락과 후퇴가 나타난다면 굉장한 부는 갖고 있지만 생각이 건조하고 의취란 찾아볼 수 없는 갑부 혹은 졸부에 지나지 않아 받아들이기 어렵고 친근함이나 매력을 느낄 수 없다.

　　레닌은 문화가 없는 국가에서는 공산주의가 수립될 수 없다고 예단한 바 있고 마오쩌둥은 "문화는 없어서는 안될 것으로 문화가 없으면 어떤 사회도 세워질 수 없다."고 지적한 바 있다.[25] 한 국가 혹은 민족의 진정한 진보는 물질적 부와 정신문화가 모두 발전한 것이고, 경제·정치·문화·사회가 함께 발전한 것이 분명할 것이다. 흘러온 역사의 GDP 성장과 물질적 부의 증가는 비록 국가의 굴기 혹은 민족 부흥의 중요한 조건임이 분명하나 사회 발전의 유일한 목표 혹은 궁극적인 목표는 결코 아니라는 것을 우리에게 일깨워 주고 있다. 유네스코는 문화의 사회 변혁에 대한 역할을

　　럽4국 방문과 유네스코본부, 유엔본부 방문시의 연설」, 인민출판사, 2014, 17면.

25　마오쩌둥: 「산간닝변구의 문화교육문제와 관련하여(關於陝甘寧邊區的文化敎育問題)」(1944년 3월 22일), 『마오쩌둥문집』제3권, 인민출판사, 1996, 110면.

보다 중시해야 하고, 문화 창조력은 인류 진보의 원천이며, 미래 세계 경쟁은 문화 혹은 문화 생산력의 경쟁이며, 문화는 21세기 가장 핵심적인 화제의 하나임을 제기한 바 있다. "발전은 궁극적으로는 문화 개념을 사용하여 정의를 내려야 하고, 문화의 번영은 발전의 최고목표이다."[26] 한 국가의 굴기, 한 민족의 부흥은 물질적 부의 성장 뿐만 아니라 문화 실력 및 문화 영향력의 증대를 요구하며, 동 국가의 핵심가치관은 자국 인민 및 기타 국가와 민족의 광범위한 인정을 받아야 한다. 작금의 시대에서 문화는 나날이 민족의 응집력과 창조력의 중요한 원천이 되고 있고, 종합국력 경쟁의 중요한 요소가 되고 있으며, 경제사회 발전의 중요한 버팀목 그리고 인민 정신 생활의 질에 대한 중요한 지표로 각인되고 있다.

지난 40년 개혁개방을 거쳐, 특히 중국공산당 제18대 이후 5년간의 조정과 발전 그리고 향상을 거쳐, 중국은 점차 세계 무대의 중심과 가까워졌고, 인류를 위해 보다 큰 기여를 하고 있다. 이는 공산당의 몇 대에 이어진 집단 영도 특히 시진핑 총서기를 핵심으로 한 당 중앙이 중국 인민들을 영도하여 어려운 분투와 개척 진취를 거듭하여 취득한 결과이고, 동시에 세계역사 발전의 거스를 수 없는 필연적 추세이다. 수십 년간, 많은 외국 정계 요인과 유명학자들이 중국 굴기의 필연성을 두고 긍정적인 예언을 한 바 있다. 혹자는 국가와 국가 그리고 민족과 민족 사이에서 10년 단위로는 경제를 비교하고 50년으로는 제도를 비교하고 100년으로는 문화를 비교한다고 하였다. 문화야말로 한 국가 혹은 민족이 발전하는 내적 동

---

26 윈싸(雲杉), 「문화자각, 문화자신감, 문화자강(文化自覺 文化自信 文化自强)」, 『홍기문고(紅旗文稿)』, 2010 제15기.

력이기 때문이다. 미국의 저명학자인 엘빈 토플러(Alvin Toffler)는 《제3의 물결》에서 "문화가 있는 곳에는 결국 경제 번영이 있게 될 것이고, 경제가 번영하는 곳은 문화가 보다 빠르게 이전되게 되어 있다. 즉, 작금의 시대에서 국가 간 경쟁은 경제경쟁에서 문화경쟁으로 전향되고, 물질 자원의 쟁탈에서 문화자원의 쟁탈로 전향되게 된다."고 예단한 바 있다. 20년전 카터(Jimmy Carter)정부의 브레진스키(Brzezinski) 국가안보담당 보좌관은 "중국은 단시간 내 국제사무에서 확고하고 자신감 있는 제스처를 취할 가능성이 있다."[27] Brzezinski를 제외하고 많은 정부 브레인과 석학들이 중화 문화로 무장된 중국 리더십이 나름의 전략적 이념을 갖고 있다고 보았다. 그 이념은 이상과 현실, 예민함과 내성, 강인함과 융통성, 자기 방어와 충분한 메모리 용량을 두루 갖추었다. 이것이 가능하게 된 것은 중국의 리더들이 넓고 심오한 중화 문화에 뿌리를 두고 있기 때문이다. 오늘날 중국공산당은 세계 발전 트렌드와 국가 발전 제반의 전략적 높이에서 문화 발전의 맥락과 방향을 파악하고, 넓고 심오한 중화의 우수한 문화에서 국정운영과 이론 혁신의 사상적 자양분을 섭취하게 되었다. 중국 특색 사회주의 문화 발전의 길을 걸을 결심과 신심이 더욱 단단해 졌고, 글로벌 거버넌스를 위해 보다 많은 중국 이념, 지혜, 솔루션을 제공하고 있다. 중국공산당은 세계 중심에 꿋꿋이 서있는 거대 국가, 거대정당이 짊어져야 할 역사적 사명의식을 잘 보여주고 있다. 이는 수십년 간 중국 및 중국공산당과 관련한 여러 긍정적 혹은 소극적 예언에 대한 가장 훌륭한 답안일 것이다.

---

27 왕멍(王蒙), 「문화적 자신감의 역사경험과 책임(文化自信的歷史經驗與責任)」, 『광명일보(光明日報)』, 2016년 9월 22일, 11면.

제2절 문화 자신감의 기본 내포와 이론적 의의

시진핑 총서기를 중심으로 하는 중국공산당 중앙이 이론 혁신과정에서 특히 문화 건설 실천 중에서 표지적 의미를 지닌 중요한 개념으로 제기한 '문화적 자신감'은 기본적인 내포를 갖고 있다. 더불어 이념적 자신감, 이론적 자신감, 제도적 자신감과 비해 대등하거나 보다 중요한 지위를 문화적 자신감에 부여했다. 이는 신세대 중국 특색 사회주의를 견지하고 발전시키는데 중요한 이론적 의의와 현실적 의의가 있다.

1. 문화적 자신감의 기본 내포

한 국가와 민족을 놓고 보면, 문화는 자각에서 자신 그리고 자강에 이르는 발전 과정을 거친다. 문화적 자신감을 언급하면 자각과 자강이라는 두 개념을 언급하지 않을 수 없다. 문화의 자각, 문화의 자신감, 문화의 자강은 긴밀하게 연결되는 3개의 개념이다. 문화의 자각은 하나의 민족, 국가 혹은 정당이 문화적으로나 문화가치적으로 각오를 가지고 각성하는 것을 가리킨다. 문화의 자각은 역사발전 속에서 문화의 중요한 지위와 역할에 대한 깊이 있는 인식과 인정이며, 문화의 발전 법칙에 대한 적극적인 탐색과 정확한 파악이며, 문화의 지속적인 전수와 계승, 발전과 진보, 역사적 사명에 대한 자발적인 감당이고, 민족정신에 대한 자발적인 선양이다. 문화의 자각은 내재된 정신적 힘이고, 문명의 진보에 대한 강한 동경과 쉼 없는 노력이며, 문화 번영과 발전을 추진하는 사상 기초와 선결 조건이다. 역사와 현실은 한 국가와 민족의 각성은 우선 문화적 각성을 전제로 함을 표명했다. 한 정당의 힘은 상당 부분 문화적 자각 수준에 의해 결정된다. 엥겔스는 "동물계에서 분리된 사람은 모든 본질에서 최초에는 동물과 마찬가지로 자유롭지 못했다. 문화적 진보는 그 한걸음 한걸음이 모두 자유를 향한 접근이었다."[28] 높은 수준의 문화 자각 유무는 문화 자체의 진흥 및 번영과 관계될 뿐더러, 한 국가, 민족, 정당의 앞날과 명운을 결정하기도 한다.

저명 사회학자 페이샤오퉁(費孝通)은 중국에서 최초로 문화 자각에 대해 주목하고 제창한 학자 중의 한 명이다. 1997년 북경대학에서 열린 제1기 사회학 인류학 고급세미나에서 페샤오퉁은 문화 자각의 의미는 "일정한 문화 속에서 사는 사람은 그의 문화에 대하여 문화의 유래, 형성 과정, 특색과 발전 트렌드를 명백히 알고 있는 현명함이 있어야 한다. 스스로를 정확하게 알고 있음은 자주적으로 문화를 변화시키는 능력을 강화하기 위한 것이며 새로운 환경에 적응하고, 신세대 문화를 선택하는 자주적인 지위를 얻기 위함이다." 페이샤오퉁 선생은 이밖에도 "각자의 아름다움으로 그 아름다움을 이해하고, 아름다움과 아름다움이 함께 어울리면 세상은 하나가 된다(各美其美, 美人之美, 美美與共, 天下大同)"라고 문화의 자각을 요약한 바 있다. 페이샤오퉁은 "중국인은 현대과학의 방법으로 '문화 자각'의 사명을 완성하고 현대 중화 문화를 계속하여 창조하며 인류 전체의 내일을 위해 기여해야 한다."[29]고 지적한 바 있다.

---

28 [독일]엥겔스: 『반뒤링론(反杜林論)』, 『마르크스엥겔스선집(馬克思恩格思選集)』제3권, 인민출판사, 1995, 456면.

29 페이샤오퉁: 『'문화자각'사명을 완성, 현대중화문화를 창조(完成"文化自覺"使命, 創造現代中華

문화적 자각은 중국공산당의 선명한 특징과 뚜렷한 우세이다. 곡절과 영광을 함께 했던 지난 90년 분투의 역사가 보여주다시피, 중국공산당은 설립부터 높은 문화 자각을 갖고 있는 정당이었고, 신민주주의 문화의 선도자와 실천자, 중화 우수 전통문화의 계승자와 선양자, 중국 사회주의 선진문화의 창도자와 발전자 역할을 해 왔다. 높은 문화 자각이 있었기 때문에 중국공산당은 마르크스주의 중국화의 두 차례 위대한 역사적 비약을 실현할 수 있었고, 모택동사상과 중국 특색 사회주의 이론체계를 정립할 수 있었다. 높은 문화 자각이 있었기 때문에 중국공산당은 나아가야 하는 방향을 포착할 수 있었고, 분투의 힘을 집중시킬 수 있었으며, 시종일관 시대 전열에서 왕성한 생기와 활력을 유지하며 여러 민족을 이끌고 위대한 민족 부흥의 길을 걸을 수 있었다. 혁명전쟁의 시기나 건설과 개혁의 시기를 막론하고 역사의 중요한 고비에서 중국공산당은 시대 조건과 긴밀히 결합하여 당의 중심 과제를 실현하는 데서 출발하여 선진문화를 발전시키는 깃발을 높이 들고 문화 강령과 분투 목표를 밝히고 확실하고 효과적인 문화정책을 제기하고 문화의 역사적 진보를 실현하는 과정에서 공산당의 위업이 순조롭게 발전되도록 강하게 추진했다.[30]

　　작금의 중국은 새로운 형세, 새로운 임무, 새로운 사명에 직면하여 문화 자각을 한층 향상시키는 것이 절실하다. 즉 문화 지위와 역할에 대한 고도의 자각, 문화 발전과 혁신 법칙에 대한 파악에서 고도로 된 자각을 실현하는 것이 필요하다. 이에 중화민족의 우수한 전통문화를 승계하고 선

文化)」, 『문화와 문화자각을 논하여(論文化與文化自覺)』, 군언출판사, 2005, 256면.

30　　윈산(雲杉), 『문화자각, 문화자신감, 문화자강』, 『홍기문고』, 2010년 제15-17기.

양하는 책임을 보다 자각적으로 맡고, 사회주의 선진문화로 사회 진보를 이끌어 가는 책임을 보다 자각적으로 맡으며, 인민의 날로 성장하는 아름다운 생활 수요 특히 정신문화 수요를 만족시키는 것을 보다 자각적으로 맡고, 인민의 기본적인 문화 권리와 이익을 보장하는 책임을 맡으며, 국가 문화의 소프트웨어 향상 및 국가의 문화 안전을 지키는 책임을 보다 자각적으로 맡는 것이 필요하다. 문화는 사회 발전을 추진하는 중요한 수단이고, 사회 문명이 진보하는 중요한 목표임을 더욱 충분히 인식해야 한다. 문화는 인심을 모으는 정신적 연결고리일 뿐더러 행복지수를 가늠하는 중요한 기준 그리고 삶의 품질을 판단하는 중요한 지표이다. 문화는 경제성장의 중요한 버팀목이고 기초적인 자원이며, 경제 발전의 질을 향상시키는 중요한 조건과 관건이다. 문화가 물질과 자본에 비해 더 강력한 힘을 보여줄 때, 경제가 더욱 많은 문화적 요소를 포함하고 있을 때, 경제 발전은 보다 높은 차원, 보다 높은 수준으로 상승할 수 있고 지속가능한 발전에 필요한 무한 동력과 원천을 가질 수 있다. 문화와 경제가 융합되어 생산된 경쟁력만이 국가의 가장 근본적이고 가장 오래 지속되며 대체하기 어려운 경쟁 우세가 될 수 있다.[31]

시진핑 총서기는 중국문학예술계연합회 제10차 전국대표대회, 중국작가협회 제9차 전국대표대회에서 한 중요한 연설에서 "뚜렷한 민족 특성과 개성을 가진 작품, 넓고 깊은 중화 문화에 대한 깊은 이해도가 있고 더욱 높은 문화적 자신감을 가진 우수작을 창작해야 한다. 광범위한 문예 실무자들은 중화 문화 보물창고의 정수를 추출하고 에너지를 능수능란하게

---

31   원산, 『문화자각, 문화자신감, 문화자강』, 『홍기문고』, 2010년 제15-17기.

섭취하여 스스로의 문화적 이상, 문화적 가치에 대한 높은 신심을 지키고, 스스로의 문화 생명력, 창조력에 대해 높은 자신감을 유지하면서 본인의 작품을 중국 인민과 중화민족이 끊임없이 전진하도록 격려하는 정신적 힘이 되게 해야 한다."고 지적했다.[32]

시진핑 총서기의 이상 논술에서 두 마디에 특히 유념할 필요가 있다. 즉 "스스로의 문화적 이상, 문화적 가치에 대한 높은 신심을 유지하고, 문화적 생명력, 창조력에 대한 스스로의 높은 신심을 유지한다." 이 말에는 문화적 자신감에 대한 가장 중요한 키워드가 포함되어 있다. 이를테면, '문화적 이상', '문화적 가치', '문화적 생명력', '문화적 창조력', '고도의 신심' 등을 포함하고 있는데 사실상 문화적 자신감의 기본 함의에 대해 깊고 예리하게 과학적으로 정의를 내린 것이다.

최근 몇년간 문화적 자신감이란 무엇이고, 어떻게 문화적 자신감을 가지느냐 하는 것과 관련하여 학술계는 서로 다른 시각과 차원에서 다양하게 분석하고 설명하였다. 위에서 인증되었던 시진핑 총서기의 중요한 논술에 따르면 문화적 자신감이란 스스로의 문화적 이상, 문화적 가치에 대한 높은 신심이고, 스스로의 문화적 생명력, 문화적 창조력에 대한 높은 신심이라고 요약할 수 있다. 조금 더 확장하여 이렇게 정의를 지을 수 있다. 문화적 자신감은 한 국가, 민족, 정당이 스스로의 문화적 이상, 문화적 가치에 대한 높은 신심, 스스로의 문화적 생명력, 문화적 창조력에 대한 흔들림이 없는 신념을 갖고 있고, 스스로의 문화발전 방향과 발전의 길을 굳

---

32 시진핑: 『중국문학예술계연합회 제10차전국대표대회, 중국작가협회 제9차전국대표대회 개회식에서의 연설』(2016년 11월 30일), 인민출판사, 2016, 6면.

신시대 사회주의 문화강국 건설

게 지키고, 세계문화의 격정과 융합 속에서 스스로의 정신적 독립성을 유지하는 강대한 정력(定力)을 가리킨다. 민족의 우수 문화에 대하여 흔들림 없는 신념과 강력한 정력을 갖고 있어야만 문화의 번영과 발전을 추진하는 강대한 동력을 취득할 수 있고 분발하고 진취하는 큰 용기를 북돋을 수 있으며, 혁신 창조의 원천을 쉼 없이 흡수할 수 있음을 역사와 현실은 모두 증명했다.

오늘의 세계에서 문화적 자신감을 다지는 관건은 본래(本來)를 잊지 않고, 외래(外來)를 흡수하며 미래(未來)를 지향하는 것이다. 즉 5,000여 년간 축적된 중화의 우수한 전통문화의 자신감을 포함할 뿐더러 공산당과 인민 전체가 혁명, 건설, 개혁이라는 위대한 투쟁과정에서 구축해 낸 혁명문화와 사회주의 우수 문화에 대한 자신감도 포함하고 있다. 더욱 중요한 것은 민족 전체의 힘을 동원하여 중화의 우수한 전통문화, 혁명 문화와 사회주의 선진문화를 지속적으로 풍부하게 발전시키며 중화 문화의 찬란한 새 장을 열고, 중화민족의 위대한 부흥 중국몽을 실현하는 자신감을 포함한다. 문화적 자신감을 굳히는 것은 스스로의 우수한 문화를 지키는 것, 교류와 융합을 통해 우수한 외래문화를 흡수하고 포용하며 거울로 삼는 것을 가리킨다. 스스로의 문화를 정확히 대할 뿐더러 타인의 문화도 정확히 대해야 한다. 문화 자각을 한가지 의식, 책임과 사명이라고 한다면, 문화적 자신감은 신념, 신심과 정력(定力)이다.

문화 자강은 국가, 민족, 정당이 자체의 핵심가치관을 세우고 다져가며, 스스로의 문화사업과 문화산업을 번영하게 발전시키고, 문화창조력·응집력·경쟁력·흡인력을 향상시키기 위한 적극적인 노력과 문화 강국의 건설 그리고 문화 부흥의 꿈을 실현하기 위한 쉼 없는 노력과 실천을 가리킨다. 오늘날 중국에서 이른 바 문화자강이란, 사회주의 핵심가치관의 구축과 실천을 위해 노력하고, 중화 문화의 창조력, 응집력, 경쟁력, 영향력, 감화력을 높이며, 사회주의문화의 번영과 흥성을 추진하여, 사회주의 문화 강국을 건설하고, 중화 문화의 위대한 부흥을 실현하며 새로운 문화의 모습으로 세계 민족의 숲 속에 당당히 서는 것이다.

한 국가와 민족의 각성에서 우선은 문화적 각성이다. 한 국가와 민족의 굴기는 반드시 문화의 흥성 혹은 부흥을 수반하게 된다. 문화의 자각이 있어야만 문화적 자신감이 있을 수 있다. 그리고 문화적 자신감이 있어야 문화의 자강이 있을 수 있다. 문화의 자각, 문화적 자신감은 문화의 자강을 실현하는 중요한 전제와 기초적인 보증이며, 문화 자강은 문화 자각과 문화적 자신감의 궁극적인 목적과 필연적인 귀속이다. 물론 문화적 자신감은 공허한 외침도, 텅 빈 구호도 아니다. 근본적으로 보면, 오직 문화의 자강을 실현하여 문화강국으로 되어야만 문화적 자신감은 튼튼한 뿌리와 넉넉한 저력을 보유할 수 있게 된다.

2. 확고한 문화적 자신감의 이론적 가치

중화민족은 예로부터 큰 문화적 자신감을 갖고 있는 민족이다. 민족 문화에 대한 자신감과 긍지를 항상 지니고 있었기 때문에 오랜 역사 속에서 스스로를 지키면서도 외래 문화의 영양을 섭취할 수 있었고 미래를 지향할 수 있었다. 그리하여 고유의 색깔을 가진 빛나는 중화 문명을 축적할 수 있었고 기나긴 5,000년간 그 맥을 이어올 수 있었다. 중국의 문화적 자신감은 중화민족 5,000여 년의 유구한 문명역사에서 비롯된 것이며 '사회주의 500년'이라는 가치 추구와 중국공산당의 90여 년의 쉼 없는 분투 그리고 중화인민공화국 건국 70주년과 개혁개방 40주년의 위대한 실천에서 비롯된 것이며 중화민족의 위대한 부흥이라는 중국몽에 대한 아름다운 소망에서 비롯된 것이다.

시진핑 총서기가 문화적 자신감에 관심을 보이고 강조하는 것은 현실적 목표가 있었기 때문이다. 그 중 매우 중요한 원인은 적지 않은 사람들, 공산당원 출신의 관료들을 포함하여 문화적으로 자신감이 부족하거나 자신감이 없으며 심지어 열등감과 자포자기 의식까지 있었기 때문이다. 중화의 우수한 전통문화에 대한 자신감이 없을 뿐더러 공산당과 중국인들이 혁명, 건설, 개혁의 위대한 투쟁 중에서 일궈낸 혁명 문화와 사회주의 선진문화에 대해서도 자신감이 없다. 더욱 심각한 것은 문화적 자신감의 부재로 일부 공산당 간부들의 신념이 흔들리고 있고 당원 의식이 희미해 지고 있으며 취지 관념이 단단하지 못한 문제들이 생기고 있다. 절대 다수 공산당 지도간부들의 부패와 변질은 이상과 신념의 부재, 자기 민족의 문화에 대한 자신감의 부족으로부터 시작되고 이로부터 스스로의 세계관·인생관·가치관에 영향을 미치게 되었고, 그의 업무 태도와 생활태도를 손상시켰으며, 결국은 공산당의 기율과 국법과 배치되는 길을 걷게 되었다.

수천 년간 중화 민족은 비할 바 없는 문화적 자신감을 가진 민족이었다. 중화 문화의 유일무이한 이념, 지혜, 기상, 기품은 중국인과 중화민족의 마음 속 깊은 곳에 자리잡고 있는 자신감과 자신감을 북돋아 주었다. 적어도 16세기전에 중국은 경제사회의 발전분야에서 세계 각국의 선두에 있었고 세계가 주지하고 있는 경제 강국과 문화 강국이었으며 인류문명의 발전과 진보를 위해 탁월한 기여를 한 바 있다. 하지만 근대 이후 중화 민족은 뼈를 깎는 아픈 역사를 겪었고 문화 충격, 문화 충돌, 문화 혼란에서 문화 반성, 문화 자각, 문화적 자신감에 이르는 굴곡을 겪었다. 중국인의 문화적 자신감은 흔들렸고, 평가절하되었으며 상처까지 입었다. 그리하여 일부 중국인들은 문화 열등감을 느끼고 자포자기하기 시작했으며 적어도 이는 두 사례에서 뚜렷이 나타났다.

1840년, 제1차 아편전쟁이 발발했다. 경제, 정치, 과학기술, 문화에서 한때 중화 제국에 비해 훨씬 뒤처져 있었으나 과학기술 혁명과 산업혁명으로 훨씬 앞으로 추월한 서구 열강은 튼튼한 배와 성능이 좋은 대포로 오랜 시간 동안 굳게 닫혀있던 중국의 대문을 열어젖혔다. 이로부터 중국은 반식민지 반봉건사회로 전락되었고, 내우외환의 암흑 속에 빠져들어갔다. 침략자들은 총과 대포를 앞세우고, 강제로 사고팔면서 약탈을 서슴지 않았다. 이에 따라 쓰나미처럼 밀려들어온 서양 문화는 수천 년을 이어온 중화의 전통문화 그리고 중국인의 사고방식과 가치관에 큰 충격을 주었다. 중국인들은 문화의 수치, 혼란, 초조함과 위기 속에서 반성하기 시작했다. 천하를 군림하던 천조(天朝)가 과거에는 안중에도 두지 않았던 '오랑캐' 그리고 중화 제국(中華帝國)에 비굴하게 무릎을 꿇었던 손바닥만한 국가가 오늘은 무슨 영문인지 엄청나게 강해졌고 심지어 먼 바다를 건너와 방화, 살육, 약탈을 감행하기에 이르렀다. 그 원인은 무엇인가? 임칙서(林則徐), 위원(魏源), 엄복(嚴復) 등을 중심으로 한 중국의 엘리트들은 고통 속에서 교훈을 찾기 시작했다. 새로운 시각으로 서양을 바라보고 스스로를 돌이켜 보면서 국가와 민족을 위기에서 구하는 길을 찾기 시작했다. '서양의 기술을 배워 서양을 제압'에서 '중체서용(中體西用, 중국적인 것을 기초로 하고 서양의 것을 활용하는 것)'으로, 양무운동에서 신문화운동에 이르기까지 중국의 넓은 땅에서는 국가를 멸망으로부터 구하고 민족의 생존을 도모하려는 시도가 시작되었다. '오랑캐'나 약소국으로부터 배우는 것을 서슴지 않고, 서구 열강들을 향해 배우는 것은 중화민족이 자강과 부흥에 반드시 필요한 것으로 되었다. 하지만 쇠퇴한 국력은 강력한 침입자들과 극명하게 비교되었고, 이는 중국인들에게 열등감을 심어주었다. 바꾸어 말하면, 근대 중국의 쇠락과 더불어 중국인들은 문화의 자각과 문화적 자신감을 점차 상실하기 시작한 것이다. 세계적 조류를 따르기 위한 급행 속에서 일부는 서양 문화의 무자비한 침입을 앞에 두고 개탄하면서 중화 문화가 곧 멸절의 재난을 당하게 될 것이라고 우려했다. 또한 일부 중에서 탄탄한 중국학 학문을 갖춘 지식인들조차 스스로의 문화를 의심하고 심지어 원래 갖고 있던 자신감까지 잃기 시작하면서 중화민족이 강해지려면 '전면 서구화'되어야 한다는 잘못된 주장을 제기하는 정도에 이르렀다.

1978년, 중국공산당은 자타의 과거 경험 교훈을 바탕으로 격변 후의 시대 특징과 세계의 대세를 보다 냉정하게 분석하고 보다 정확한 판단을 내렸다. 중국의 발전의 길을 두고 더 깊이 있게 되돌아 보고 반성한 뒤 결연히 개혁개방의 길을 선택했고 공산당과 중국의 중대한 역사적 전환을 이루었다. 이는 중화민족의 역사에서 한차례 중요한 전환이라고 볼 수 있다. 개혁개방 초기, 종합국력 특히, 경제 실력, 과학기술과 교육수준 분야에서 중국과 서양은 현격한 차이가 있었다. 중국인들은 사상이념에서 큰 충격을 받았으며 일부는 문화적 자신감과 판단력에서 큰 영향을 받았다. 개혁개방의 진척과 대외 교류 증가와 더불어 일부 외국 문화 사조 특히 서구 자본주의국가의 문화 사조가 중국에 흘러 들어와 지대한 영향을 불러

일으켰다. 서양의 선진 경험을 학습하는 과정에서 일부는 서양의 문화와 이론을 맹목적으로 숭배하는 경향이 나타나기도 했고 입만 열면 '그리스'와 '서구 국가'를 언급하며 주관 없이 남의 말을 따르고 심지어 스스로를 낮추고 남을 높이 모시는 것이 보편적인 현상 혹은 주요한 경향이 되었다. 되었다. 일부는 중국의 실제를 벗어나 분석이나 판단이 없이 서양의 이론 체계와 담론 체계로 중국문제를 분석하고 해석했으며 서양의 가치 체계로 중국의 실천을 억지로 설명하고, 서양의 평가표준으로 중국의 발전을 가늠하였다. 일부는 중화민족의 역사, 전통과 문화를 어떻게 바라보아야 하는 문제에서 자기반성, 자기비판이라는 명목으로 스스로를 의심하고 평가 절하하고 뒤엎고 부정하는데 열을 올렸다. 또 다른 일부는 중화전통문화의 전승과 선양하는 문제에서 인식이 모호하거나 편파적인 문제가 있었는데 문화 복고주의를 집행하거나 심지어 유학(儒學)으로 마르크스주의를 대체하고 중국 사회와 중국공산당의 유교화를 주장하기도 했다. 어떤 이는 혁명 문화와 사회주의 선진문화를 부정하고 폄하하며 홍색고전을 해소하고 영웅 인물을 먹칠하고 혁명전통을 모독했다. 또 다른 이는 당대 중국의 제도나 문화를 공격하고, 중국의 비범한 발전 성과를 무시했으며, 중국 문화의 발전과 번영을 부정하면서 걸핏하면 유교·불교·도교를 부르짖고, '민국(民國)', '개량(改良)'을 떠드는 것을 유행이라 보았다. 중국 특색 사회주의 노선, 이론, 제도에 대한 자신감이 없거나 자신감이 부족한 원인은 깊이 들어가 보면 문화에 대한 자신감이 없기 때문이다. 시진핑 총서기가 지적하기를 "우리가 자본주의 가치 체계로 우리의 실천을 설계하고 서양 자본주의 평가 체계로 우리의 발전을 평가할 경우 서양 표준과 일치하면 괜찮지만 서양 표준과 일치하지 않으면 낙오되고 진부한 것으로 비판과 공격을 받고 그 결과는 상상할 수 조차 없다. 결과적으로는 남의 꽁무니를 좇아 다니거나 욕먹는 길밖에 없다."[33] 남의 믿음을 얻으려면 우선 스스로를 믿어야 한다. 중국 고유의 색깔, 중국 고유의 스타일, 중국 기상의 이론 체계와 디스코스체계(Discourse system)를 구축하고, 중국 이론, 중국 담론, 중국 콘셉트로 중국의 스토리를 전하고, 중국의 목소리를 내며, 중국의 길과 중국의 노하우를 설명하려면 아직 가야 할 길이 멀고, 각고의 노력이 필요하다.

흔들림 없는 문화적 자신감을 갖추고, 문화강국을 건설하는 것은 시진핑 총서기가 중국 특색 사회주의의 새로운 시대에 들어서면서 새롭게 제기한 중요한 과제이자 전략적 과제이다. 이는 중국 특색 사회주의 위대한 실천이 지속적으로 추진된 필연적 결과이고, 중국 특색 사회주의 이론 체계가 지속적으로 발전한 필연적 결과이다. 또한, 중국 특색 사회주의 제도가 끊임없이 튼튼히 다져지고 개선된 필연적 결과이고, 중국공산당의 문화 이론이 지속적으로 승화된 필연적 결과이며, 마르크스주의 중국화의 최신 성과이다. 문화적 자신감은 사회주의 실천에서 거둔 거대한 진보가 현실에서 보여지는 것이며 중화민족의 위대한 부흥을 실현하는 내적 수요이기도 하다. 문화적 자신감이 제기된 것은 중국 특색 사회주의 새로운 시대의 최대 결집력을 심층적으로 반영한 것이다. 이는 중국 경제사회의 발전에 필요하고, 공산당이 이론 혁신을 추진하는 데 필요하며 인민의 아름다운 생활을 창조하는 데 필요하다.

시진핑 총서기는 문화적 자신감을 확고히 할 것을 제기했고 이는 중

33 　시진핑: 『전국당교실무회의에서 한 연설(在全國黨校工作會議上的講話)(2015년 12월 11일), 인민출판사, 2016, 9면.

국공산당 제18차 당 대표대회가 제기한 중국 특색 사회주의의 '3가지 자신감'의 체계로 확대시켰다. 이는 중국공산당의 높은 문화적 자각을 보여주고 중국공산당의 문화적 입장을 선명하게 부각시켰으며 중화민족의 정신적 지표를 다져주었다. 동시에 전체 중국인이 중화민족의 위대한 부흥인 중국몽을 실현하는 데 있어 거대한 정신적 에너지를 제공했다. 또한 중국 특색 사회주의의 문화적 뿌리와 본질 그리고 꿈을 부각시켰고 문화에 대한 역할과 문화발전 법칙에 관한 중국공산당의 인식을 새로운 경지로 끌어 올렸다. 이에 전체 국면과 전략적 고도에서 문화적 자신감을 확고히 하는 것에 대한 중요한 의의를 깊이 인식하고 문화의 깃발을 높이 들어 공산당의 문화적 이상을 확고히 하며 문화적 자신감으로 노선과 이론 그리고 제도에 대한 자신감을 받쳐주어야 한다.

3. 문화적 자신감의 열의와 기상을 확고히 하다

중화민족의 문화는 생명력이 강대하고 또한 찬란한 성과를 거두었다. 중화 민족은 자고로 문화에 대한 자신감을 갖고 있는 기상이 있다. 중국은 반드시 이에 대한 큰 자부심을 느껴야 하고 또한 그럴 수 있는 당위성도 있다. 시진핑 총서기는 "전체 공산당은 노선에 대한 신심, 이론에 대한 신심, 문화에 대한 신심을 확고히 해야 한다. 작금의 세계에서 자신감이 있는 정당, 국가, 민족을 찾아본다면 중국공산당, 중화인민공화국, 중화민족은 자신감을 가질 수 있는 당위성이 가장 크다고 볼 수 있다. '믿노라, 이 한생은 이백 년, 삼천리 물보라 일으켜 나아가리!(自信人生二百年, 會當水擊

三千里)'와 같은 기백이 있다면 어떤 어려움과 도전도 맞설 수 있고, 새로운 세상, 새로운 기적을 만들어 낼 수 있다."고 지적한 바 있다.[34]

2012년 11월 15일, 시진핑 총서기는 중외 기자 회견에서 다음과 같이 강조한 바 있다. 기나긴 역사 속에서 중국인민은 근면과 용감 그리고 지혜로 다양한 민족이 더불어 살아가는 아름다운 삶의 터전을 일궈냈고 오랜 세월속에서도 빛이 바래지 않는 우수한 문화를 키워냈다. 우리가 문화적 자신감을 확고히 하는 것은 그 근거와 이유가 충분하다. 핵심은 탄탄한 문화의 뿌리와 특수한 문화적 우세이다. "중화 민족은 끊임없이 번성하고 발전해 왔고 거듭되는 좌절을 겪은 후에도 불사조처럼 다시 살아났다. 이것은 중화문화라는 흔들림 없는 버팀목이 있었기 때문이다. 중화문화만의 이념, 지혜, 기상, 기품은 중국 인민과 중화민족 마음속 깊은 곳에 있는 자신감과 자긍심을 늘려주었다. 5,000여 년간 축적된 중화의 우수한 전통문화, 공산당과 인민이 위대한 투쟁 속에서 축적한 혁명 문화와 사회주의 선진문화에는 중화민족의 심오한 정신적 추구가 실려있고, 중화민족 고유의 정신적 지표를 대표한다."[35] 중화의 우수한 전통문화는 혁명 문화와 사회주의 선진문화의 뿌리와 모체이고, 혁명 문화와 사회주의 선진문화는 중화의 우수한 전통문화를 계승하고 발전시킨 것이다. 3자는 중화민족의 지구적이고 강대한 결속력과 구심력이며, 당대 중국의 발전과 진보에 영양분을 공급했으며 잘 지켜내야 할 정신적 고지이다. 또한 작금의 시대에서

---

34   시진핑: 『중국공산당 창당95주년 대회에서 한 연설(在慶祝中國共産黨成立95周年大會上的講話)』(2016년 7월 1일), 인민출판사, 2016, 12-13면.

35   시진핑: 『중국문학예술계연합회 제10차전국대표대회, 중국작가협회 제9차전국대표대회 개회식에서의 연설』(2016년 11월 30일), 인민출판사, 2016, 4-5면.

는 중국공산당과 중국 인민이 문화적 자신감을 확고히 하는 건실한 기초이다. 그러므로 "애국주의를 근간으로 하는 민족정신과 개혁 혁신을 근간으로 하는 시대 정신을 적극 선양하고, 중화의 우수한 전통문화를 적극 선양하며, 사회주의 선진문화를 적극 발전시키며, 전체 당과 전국 그리고 여러 민족 인민의 정신적인 힘을 지속적으로 증강시켜야 한다."

넓고 깊이 있는 전통문화와 분발 향상하는 혁명 문화 그리고 선인들의 뒤를 이어받아 미래를 개척하는 사회주의 선진문화는 중국이 문화적 자신감을 가질 수 있는 충분한 이유이며 이로 인해 중국은 문화적 자신감의 열의와 기개를 가질 수 있게 되었다. 시진핑 총서기가 지적한 것처럼 "960만 제곱킬로미터에 달하는 넓은 땅덩어리 위에서 중화민족이 긴 역사 속에서 축적한 문화 영양분을 섭취하면서 13억 중국 인민은 힘을 합쳐 스스로의 길을 당당히 가고 있다. 더 없이 넓은 무대, 더 없는 역사의 깊이, 더 없는 전진의 의지력을 갖고 있어야 한다. 중국 인민 나아가 전체 중국 인민은 이런 신심을 갖고 있어야 한다."[36]

제3절 문화적 자신감의 중요한 지위

문화에 대한 자신감 유무 및 자신감의 크기는 한 국가, 민족, 정당이 격변하는 정세 그리고 치열한 이념 전쟁을 치르고 있는 작금의 세계에

36 　시진핑: 『마오쩌둥 탄신 120주년 좌담회에서 한 연설(在紀念毛澤東同志誕辰120周年座談會上的講話)』(2013년 12월 26일), 인민출판사, 2013, 20-21면.

서 보유하고 있는 문화적 의지력과 항구적인 문화적 내력의 크기를 결정한다. 공산당 제18차 당 대표대회는 중국 특색 사회주의의 노선, 이론체계, 제도가 중국 특색 사회주의의 위대한 실천에서 3자 통일을 이룬다고 지적했다. 이는 중국공산당이 인민을 지도하여 사회주의를 건설하는 장기적인 실천 속에서 형성된 가장 뚜렷한 특색이다. 18차 당대표 대회는 공산당 전체를 향하여 중국 특색 사회주의 노선·이론·제도에 대한 자신감을 확고히 할 것을 처음으로 제기했다. 공산당 제18차 당대표 대회는 중국공산당의 공식 문서는 줄곧 세 가지 자신감을 역설해 왔다. 문화자신감을 제기하고 노선·이론·제도에 대한 자신감과 마찬가지로 중요하고 심지어 보다 중요한 위치에 놓은 것은 공산당 제18차 당 대표대회 후 시진핑 총서기가 제기한 것이다. 시진핑 총서기는 인류문명 발전 법칙에 대한 과학적 포착을 바탕으로 역사와 현실, 국제와 국내 등 다양한 시각에서 문화 문제 특히 문화발전 전략에 대해 심층적으로 사고하여 이와 같은 중요한 사상 성과를 얻었고 이는 새로운 역사적 조건 하에서 중국공산당이 거둔 중요한 이론적 혁신이다.

1. 문화적 자신감의 부각

중국공산당 제18차 당 대표대회부터 제19차 당 대표대회에 이르기까지 시진핑 총서기는 여러 자리에서 문화적 자신감에 대해 거듭 강조하고 깊이 있게 설명해 왔다. 이를 통해 문화적 자신감이 반드시 가져야 하는 중요한 지위를 확립했고, 문화적 자신감을 확고히 하는 것에 대한 이론적 의의와 실천적 의의를 부각시켰다.

2014년 2월 24일, 시진핑 총서기는 중앙정치국 제13차 집단 학습을 주관하면서 "중화의 우수한 전통문화의 역사적 뿌리, 발전의 맥락, 기본적 추이를 명쾌히 전달하고, 중화 문화의 독특한 창조, 가치 이념, 선명한 특색을 정확히 전달하여 문화자신감과 가치관 자신감을 높여야 한다."고 지적했다.[37] 이론의 논리상 문화적 자신감에는 가치관에 대한 자신감이 포함되고, 가치관에 대한 자신감은 문화적 자신감의 근간이다. 공개 발표된 문헌을 살펴보면, 노선·이론·제도에 대한 기존의 '3가지 자신감'을 기반으로 시진핑 총서기가 처음으로 문화적 자신감 문제를 언급한 것이다.

2014년 3월 7일, 전국 '양회'의 구이저우(貴州)대표단회의에 참석한 시진핑 총서기는 한 국가의 복합적 실력에서 최고의 근간, 최고의 높이에 있는 것은 역시 문화 소프트 파워이고, 이는 한 민족의 정신력을 집결시키는 것과 관련된다. 중국은 노선·이론·제도에 대한 자신감을 지켜내야 한다. 문화적 자신감 역시 가장 근본적인 자신감이다. 중화 민족은 자고로 자기 민족 문화에 대해 동질감과 자신감을 품고 있었지만 근대에 들어서 중국이 반식민지, 반봉건사회로 전락된 후 인민의 자신감은 큰 상처를 입었다. 중국의 인민들은 오랜 시간의 혁명과 투쟁 속에서 중국공산당과 사회주의제도를 선택하고 개혁개방이라는 정확한 길에 들어서 중국 특색 사회주의의 새로운 시기를 개척했으며, 지금은 중화민족의 위대한 부흥을 실현하는 중국몽을 위해 노력하고 분투하고 있다. 중국이 우수한 문화를 잘

---

37   시진핑: 『사회주의핵심가치관을 육성하고 선양하자(培育和弘揚社會主義核心價值觀)』(2014년 2월 24일), 『시진핑 국정운영을 논함』, 외문출판사, 2014, 164면.

계승하고 핵심가치관을 잘 정립하면 중국은 사회주의강국으로 성장할 수 있다. 시진핑 총서기는 노선·이론·제도·문화에 대한 자신감을 고수할 것을 제기했을 뿐더러 문화적 자신감은 가장 근본적인 자신감이라는 것을 명확히 제시하여 기타 세 가지 자신감 대비 문화적 자신감에 대한 중요한 지위를 부각시켰다.

2014년 10월 15일, 시진핑 총서기는 문예업무좌담회의에서 "중화의 우수한 전통문화는 중화민족의 정신적 명맥이며, 사회주의 핵심가치관을 함양하는 원천이다. 또한 우리가 세계문화의 충격에도 흔들리지 않고 자리를 굳건히 지키는 탄탄한 기반이다. 문화 자각과 문화자신감을 다지는 것은 사회주의 노선·이론·제도에 대한 자신감을 확고히 하는 과제에 반드시 포함되어야 할 올바른 도리이다.[38] 시진핑 총서기는 이밖에도 '서양 우월주의', '서양 미화주의', '서양 추종주의'에 빠져 맹목적으로 따라하고, 서시빈목(西施矉目)하여, '탈사상화', '탈가치화', '탈역사화', '탈중국화', '탈주류화'에 열을 올린다면 결코 앞날을 도모할 수 없다고 강조했다. 이에 시진핑 총서기는 "사회주의 문화강국을 건설하는 높이에 서서 문화의 자각과 문화의 자신감을 증강해야 한다"고 요구했다.[39] 시진핑 총서기는 문화적 자신감과 노선·이론·제도에 대한 자신감을 4위1체로 되게 하는 내적 연결을 강조했을 뿐더러 문화적 자신감이 부족한 현상을 일부 짚어냈다. 이밖에도 사회주의 문화강국을 건설하는 높이에서 문화의 자각과 문화적 자신감을 증강할 것을 명확히 요구하고 이로부터 문화 자각과 문화적 자

---

38   시진핑: 『문예업무좌담회의에서 한 연설(在文藝工作座談會上的講話)』(2014년 10월 15일), 인민출판사, 2015, 25면.

39   시진핑: 『문예업무좌담회의에서 한 연설』(2014년 10월 15일), 인민출판사, 2015, 28면.

신감을 증강하는 것이 문화 자강을 추진하고 사회주의 문화강국을 건설하는 중요한 길임을 부각시켰다.

2014년 12월 20일, 시진핑 총서기는 마카오대학 학생들과의 만나는 자리에서 제도에 대한 자신감, 이론에 대한 자신감, 노선에 대한 자신감 그리고 문화적 자신감을 갖추어야 하고, 그 중에서 문화적 자신감이 기반으로 된다고 밝혔다. 2015년 11월 3일 시진핑 총서기는 제2차 언더스탠딩 차이나 국제회의의 외국 대표단을 접견하는 자리에서 이렇게 강조한 바 있다. "우리는 어디에서 왔고, 어디로 가야 하는가? 오늘의 중국을 앞에 두고 나는 스스로에게 이와 같은 역사적 사명감을 갖고 있어야 한다고 항상 주의를 주고 있다. 톈안먼(天安門)광장에 세워진 인민영웅기념비에는 1840년 아편전쟁부터 1949년 혁명이 승리를 거두기까지의 과정을 담은 조각물이 있다. 우리는 선열을 기리고 또한 선열의 족적을 따라 앞으로 나아가야 한다. 우리가 세상에 알린 중국몽의 최대공약수는 중화민족의 위대한 부흥이다.……중국은 노선·이론·제도에 대하여 확고한 신심을 갖고 있다. 5,000여 년의 문명을 바탕으로 정립한 문화적 자신감이 그것의 본질이다."[40]

2016년 5월 17일에 소집된 철학사회과학 업무 좌담회에서 시진핑 총서기는 "중국 특색 사회주의 노선·이론·제도에 대한 자신감을 확고히 해야 한다는 것은 결과적으로 문화적 자신감을 확고히 하는 것이다. 문화적 자신감은 보다 기본적이고, 보다 무게가 있으며 보다 지속적인 힘이다. 역

---

40   천전카이(陳振凱), 레이궁밍(雷襲鳴), 허메이화(何美樺)「시진핑의 문화자신감을 논함(習近平談文化自信)」, 『인민일보(人民日報)』(해외판), 2016년 7월 13일 제12판 정리.

사와 현실은 스스로의 역사문화를 포기하거나 배신한 민족은 발전할 수 없을 뿐더러 역사적 비극을 초래할 수 있음을 보여주었다."[41] 시진핑 총서기는 이 자리에서 "보다"를 연이어 세 번이나 사용했다. 즉 '보다 기본적이고, 보다 무게가 있으며, 보다 지속적인 힘'이라는 표현으로 문화적 자신감의 중요성을 설명했다.

2016년 6월 28일에 열린 중앙정치국 제33차 집단 회의는 시진핑 총서기의 주재 하에 이루어졌다. 시진핑 총서기는 공산당 제18차 대표대회 후 거듭 강조했던 문화적 자신감을 사회주의 노선·이론·제도에 대한 자신감과 처음으로 나란히 세워 언급했다. 시진핑 총서기는 당일 "근본을 다지고 정신 의식을 키우며 사상 정치 건설을 강화하는 것을 첫 자리에 놓으며 공산당원 특히 지도간부들의 신앙 근간을 다지고 정신 칼슘을 보충하며, 사상 방향타를 확실히 잡도록 이끌어야 한다. 중국 특색 사회주의 노선·이론·제도·문화 자신감을 확고히 하고 당과 당원 그리고 취지에 대한 의식을 증강시키고 진리와 정도(正道), 원칙, 규칙을 고수하여 신념·인격·실천으로 입신(立身)해야 한다."라고 명확히 요구했다.[42]

2년 후인 2016년 7월 1일, 중국공산당은 창당 95주년 경축행사를 치루었다. 중국공산당과 중국은 장엄한 분위기 속에서 영광의 시각을 맞이했다. 시진핑 총서기는 대회에서 문화적 자신감을 확고히 할 것을 다시 한 번 강조했다. 시진핑 총서기의 연설 중에서 두 개의 키워드가 시선을 끌었

41   시진핑: 『철학사회과학실무자좌담회에서 한 연설(在哲學社會科學工作座談會上的講話)』(2016년 5월 17일), 인민출판사, 2016, 17면.

42   천전카이(陳振凱), 레이궁밍(雷鞏鳴), 허메이화(何美樺) 정리, 『시진핑의 문화자신감을 논하여』, 『인민일보』(해외판), 2016년 7월 13일 제12판.

다. 하나는 '불망초심(초심을 잊지 말자)'이고 다른 하나는 '문화적 자신감'이다. 시진핑 총서기는 공산당 전체를 향하여 "초심을 잊지 않고 계속하여 전진하며 중국 특색 사회주의 노선·이론·제도·문화에 대한 자신감을 견지하고, 흔들림없이 당의 기본노선을 지키며, 중국 특색 사회주의 위대한 사업을 앞으로 밀고 나가야 한다."고 일깨웠다.[43]

더욱 주목해야 할 것은 시진핑 총서기는 이번 '7.1'연설에서 '보다 (更)'를 연속 세 번 사용했다. 즉 '보다 기초적으로', '보다 광범위하게', '보다 깊이 있게'라는 표현으로 문화적 자신감이 '4개의 자신감'중에서의 중요한 지위와 역할을 부각시켰다. 시진핑 총서기는 "문화적 자신감은 보다 기초적이고 보다 광범위하며 보다 깊이 있는 자신감이다. 5,000년 문명발전속에서 잉태되고 키워진 중화의 우수한 전통문화, 공산당과 중국 인민이 위대한 투쟁 속에서 키운 혁명 문화와 사회주의 선진문화는 중화민족의 가장 깊은 정신적 추구이며, 중화민족의 독특한 정신을 대표한다. 우리는 사회주의 핵심가치관을 확대 발전시켜야 하며 애국주의를 근간으로 하는 민족정신과 개혁 혁신을 근간으로 하는 시대정신을 확대 발전시켜 공산당 전체 그리고 전국 각 민족 인민의 정신적 힘을 끊임없이 증강시켜야 한다."[44]

공개 발표된 문건들을 살펴보면 한달 반 되는 사이에 시진핑 총서기가 최소 세 번의 문화적 자신감을 언급했을 뿐더러 '4가지 자신감'을 공산

43   시진핑: 『중국공산당 창당 95주년 경축 대회에서 한 연설』(2016년 7월 1일), 인민출판사, 2016, 12면.

44   시진핑: 『중국공산당 창당 95주년 경축 대회에서 한 연설』(2016년 7월 1일), 인민출판사, 2016, 13면.

당 전체가 초심을 잊지 않고 계속하여 전진하는 근본적인 지침과 중요한 기반으로 규정했다. 이는 "문화적 자신감"이 시진핑 총서기의 마음속에서 차지하는 무게를 잘 보여주는 대목이다.

2016년 11월 30일, 중국문학예술계연합회 제10차 전국대표대회, 중국작가협회 제9차전국대표대회 개회식에서 했던 중요한 연설에서 시진핑 총서기는 "중화민족의 위대한 부흥을 실현하기 위하여 중국 특색 사회주의의 노선에 대한 자신감, 이론에 대한 자신감, 제도에 대한 자신감, 문화적 자신감을 확고히 해야 한다. 선명한 민족 특징과 개성을 가진 우수작품을 창작하고 넓고 깊은 중화 문화에 대해 깊이 이해해야 하고 더욱 높은 문화적 자신감을 갖고 있어야 한다." "문화는 한 국가, 한 민족의 혼(魂)이다. 역사와 현실은 스스로의 역사문화를 포기하거나 배신한 민족은 결코 발전할 수 없고 심지어 역사의 비극으로 남을 수도 있음을 보여주었다."[45]고 지적했다. 시진핑 총서기는 "문화적 자신감은 보다 기초적이고, 광범위하며, 깊이 있는 자신감이며, 보다 기본적이고 보다 무게가 있으며 보다 오래 지속되는 힘이다.", "문화적 자신감을 확고히 하는 것은 국운의 성쇠와 관련되고 문화 안전과 관련되며 민족정신의 독립성과 관련되는 중차대한 문제이다. 문화적 자신감이 없으면 기상이 있고 개성이 있으며 고상한 품격을 갖춘 작품을 쓸 수 없다."[46]

위에서 볼 수 있듯, 중국문학예술계연합회 제10차 전국대표대회, 중

---

45 시진핑: 『중국문학예술계연합회 제10차전국대표대회, 중국작가협회 제9차전국대표대회 개회식에서의 연설』(2016년 11월 30일), 인민출판사, 2016, 6면.

46 시진핑: 『중국문학예술계연합회 제10차전국대표대회, 중국작가협회 제9차전국대표대회 개회식에서의 연설』(2016년 11월 30일), 인민출판사, 2016, 6면.

국작가협회 제9차 전국대표대회 개회식에서 한 중요한 연설은 시진핑 총서기가 중국공산당 18차 당 대표대회 이후 문화적 자신감을 두고 발표한 중요한 논술들을 전면적으로 개괄했다. 더욱이 총서기는 과거 나누어서 제기했던 3개의 '보다'를 집중시켜 설명했다. 즉 문화적 자신감은 '보다 기초적이고, 보다 광범위하며, 보다 깊이 있는 자신감'이고, '보다 기본적이고, 보다 무게가 있으며 보다 지속적인 힘'이다. 그리고 문화적 자신감을 확고히 하는 것은 국운의 성쇠, 문화의 안전, 민족정신의 독립성과 관련되는 큰 문제이다. 이밖에도 시진핑 총서기는 한 민족이 자민족의 역사문화를 포기 혹은 배신 할 시 역사적 비극을 초래할 수 있다는 점에 대하여 다시 한번 명확히 경고하였다.

시진핑 총서기는 공산당 제19차 당 대표대회 보고에서 명확히 지적한 것처럼 "중국 특색 사회주의는 이미 새로운 시대에 진입했다. 이는 근대 이후 긴 세월의 고난을 겪었던 중화민족이 일어섰고, 부유해 지고 강해진 위대한 비약을 이루고 중화민족의 위대한 부흥의 밝은 미래를 맞이했음을 뜻한다. 이는 사회주의사회가 21세기의 중국에서 강력한 생기와 활력을 빛내고 있으며 세계적으로 중국 특색 사회주의의 위대한 기치를 높이 치켜 들었음을 뜻한다. 이는 중국 특색 사회주의 노선, 이론, 제도, 문화가 지속적으로 발전되고, 개도국이 현대화로 나아가는 길을 넓혀주었으며, 발전과 자체 독립성 유지를 함께 기대하는 국가와 민족에게 참신한 선택의 기회를 주었고 인류 문제를 해결하기 위해 중국의 지혜와 중국의 해법이 기여했음을 뜻한다."[47] 오늘날 중국은 역사 속 그 어떤 시기에 비해 중

---

47   시진핑: 『샤오캉사회 건설의 전면적 승리, 신시대 중국 특색 사회주의의 위대한 승리를

화민족의 위대한 부흥이라는 목표와 근접해 있고 그것을 실현할 신심과 목표 그리고 능력을 갖고 있다.[48]

시진핑 총서기는 보고에서 중국 특색 사회주의 길은 사회주의 현대화를 실현하고 인민의 아름다운 생활을 창조하면서 반드시 거쳐야 하는 길이라고 강조하며 중국 특색 사회주의 이론 체계란 공산당과 인민이 중화민족의 위대한 부흥을 실현하는 정확한 이론이고 중국 특색 사회주의 제도는 당대 중국이 발전하고 진보하는 근본적 제도적 보장이며 중국 특색 사회주의 문화는 공산당 전체와 전국 여러 민족인민들이 힘차게 나아가는 강력한 정신적 힘이라고 강조하였다. 공산당 전체는 노선에 대한 자신감, 이론 자신감, 제도 자신감, 문화 자신감을 보다 증강시키면서, 막히고 굳어진 옛길을 걷지도 말고 기치나 이념을 바꾸는 사도(邪道)도 걷지 않으면서, 정치적인 정력(定力)을 유지하고, 내실 있는 실천으로 나라를 강성하게 하며, 중국 특색 사회주의를 시종 견지하고 발전시켜야 한다.[49] 시진핑 총서기는 신시대 중국 특색 사회주의 사상과 중국 특색 사회주의사업의 전체적 배치는 '네 가지 전면'을 명확히 하는 것임을 지적하면서 노선·이론·제도·문화 자신감을 확고히 할 것을 강조했다. "문화적 자신감은 한 국가, 한 민족의 발전 중에서 보다 근본적이고 보다 무게가 있으며, 보다

이룩하자-중국공산당 제19차 전국대표대회에서의 보고』(2017년 10월 18일), 인민출판사, 2017, 10면.

48   위와 같은 책, 15면.

49   시진핑: 『샤오캉사회 건설의 전면적 승리, 신시대 중국 특색 사회주의의 위대한 승리를 이룩하자-중국공산당 제19차 전국대표대회에서의 보고』(2017년 10월 18일), 인민출판사, 2017, 16-17면.

오래 지속되는 힘이다."[50] 마르크스주의를 반드시 견지하고 공산주의의 원대한 꿈과 중국 특색 사회주의의 공통 꿈을 확고히 수립하며 사회주의 핵심가치관을 양성하고 실천하며 이데올로기 영역의 주도권과 담론을 지속적으로 증강시키며, 우수한 중화 전통문화의 창조적인 전환, 혁신적인 발전을 추진시켜야 한다. 혁명 문화를 계승하여 사회주의 선진문화를 발전시키며, 본래(本來)를 잊지 않고, 외래(外來)를 흡수하며 미래(未來)에 시선을 조준시켜야 한다. 중국의 정신, 가치, 그리고 힘을 훌륭하게 구축하고 인민에게 정신적 지침을 제공해야 한다. "높은 문화적 자신감이 없고, 문화 번영과 흥성이 없다면 중화민족의 위대한 부흥은 없다. 중국 특색 사회주의 문화 발전의 노선을 견지하고 전체 인민의 문화적 혁신 창조의 활력을 불러일으키며 사회주의 문화강국을 건설해야 한다."[51]

시진핑 총서기의 중요한 논술은 노선·이론·제도·문화적 자신감의 폭과 깊이를 확장시켰고 문화적 자신감이 시진핑 신시대 중국 특색 사회주의 사상 중에서 차지하는 중요한 위치를 부각시키고 있다.

2. '네 가지 자신감'의 내적 연결

문화적 자신감은 노선·이론·제도 자신감과 긴밀하게 연결되어 있

---

50   시진핑: 『샤오캉사회 건설의 전면적 승리, 신시대 중국 특색 사회주의의 위대한 승리를
     이룩하자-중국공산당 제19차 전국대표대회에서의 보고』(2017년 10월 18일), 인민출판사,
     2017, 16-17면.
51   위와 같은 책, 41면.

는 불가분의 관계로 중화민족의 위대한 부흥을 실현하는 중국몽을 받쳐주는 강력한 정신적 힘을 함께 구성하고 있다. 노선·이론·제도에 대한 자신감은 문화적 자신감을 기반으로 하고 있다. 혹은 문화적 자신감은 노선·이론·제도의 자신감을 받쳐주고 있다고 말할 수 있다. 이론 자신감은 문화 자신감, 노선 자신감, 제도 자신감을 이끌어 가고 있으며 문화적 자신감의 핵심내용과 본질적 속성을 규정짓고 있다. 중국 특색 사회주의 노선은 실현의 길이고 이론체계는 행동의 지침이며, 제도는 근본적인 보장이고 문화는 정신적인 버팀목이다. 4자는 서로 연관되고 서로를 담고 있으면서 중국 특색 사회주의의 선명한 특징이 된다

우선, 노선의 자신감은 이론의 자신감, 제도의 자신감, 문화적 자신감의 실천 기초로 기타 세 가지 자신감의 기본 전제가 된다. 노선 자신감은 이론 자신감, 제도 자신감, 문화적 자신감을 힘있게 촉진하고 이들의 생성과 풍부한 발전을 위해 실천적 기반과 기본 전제를 제공해 주었다. 노선에 대한 높은 자신감이 없이는 이론 자신감, 제도 자신감, 문화적 자신감이 있을 수 없고 현실적인 근거를 잃어버리게 되므로 형성도 발전도 모두 있을 수 없다.

다음, 이론 자신감은 노선 자신감, 제도 자신감, 문화적 자신감의 사상적 지침이다. 노선 자신감, 제도 자신감, 문화적 자신감의 정확한 방향을 이끌어 갈 수 있고 노선 자신감, 제도 자신감, 문화적 자신감을 위해 사상적 기반을 제공하고, 노선 자신감의 합리성, 제조 자신감의 규범성, 문화적 자신감의 자각성을 위해 과학적 논증을 제공한다. 이론에 대한 높은 자신감을 떠나면 노선 자신감, 제도 자신감, 문화적 자신감은 사상적 기반을 잃게 될 것이며 방향성을 잃게 된다.

그리고 제도 자신감은 노선 자신감, 이론 자신감, 문화적 자신감의 구체적인 반영이며, 노선적 자신감, 이론 자신감, 문화적 자신감을 위한 유력한 제도적 보장을 제공한다. 제도 문제는 근본성, 전반성, 안정성, 장기성이 더욱 뚜렷하다. 제도 자신감이 없는 노선 자신감, 이론 자신감, 문화적 자신감은 효과적인 지탱을 할 수 없고 신뢰성 있는 보장을 상실할 수 있다.

마지막으로 문화적 자신감은 노선 자신감, 이론 자신감, 제도적 자신감의 내적 요구이고 정신적 버팀목이다. 문화적 자신감은 보다 기초적이고, 광범위하며, 깊이 있는 자신감이고, 보다 근본적이고, 무게 있으며 지속적인 힘이 된다. 문화 자신감은 노선의 자신감에 보다 큰 힘을 실어주고, 이론적 자신감을 보다 이성적으로, 제도적 자신감은 보다 보장성이 있게 해준다. 그리고 노선 자신감이 뿌리 내리고 성장할 수 있는 토양을 제공하고 이론 자신감을 위해 시대와 더불어 발전하게 하는 사상문화 자원을 제공하며, 제도적 자신감을 위해 혁신 창조의 활력소를 주입시켜 준다. 문화적 자신감을 이탈한 노선 자신감, 이론 자신감, 제도 자신감은 정신적 자양분, 생장의 뿌리를 잃게 되어 지속성을 운운할 수 없다.

제2장

중국 특색 사회주의 문화의
번영과 흥성을 추진

중국공산당 제19차 당 대표대회 보고에는 '문화'라는 키워드가 79번이나 나타났다. 시진핑 총서기는 보고의 제3 부분 '신시대 중국 특색 사회주의 사상과 기본 방략'에서 중국 특색 사회주의문화를 두고 중요한 논술을 했다. 이어 보고서 제7부분에서도 문화적 자신감을 확고히 하고 사회주의 문화 번영과 흥성을 추진하는 중대한 전략적 과제를 자세히 논술했다. 중국공산당 제19차 당 대표대회에서 확립된 시진핑의 신시대 중국 특색 사회주의 사상은 중국 특색 사회주의 문화의 내포를 풍부하게 해주었으며 중국 특색 사회주의 문화의 전진 방향을 밝혀주었다. 중국 특색 사회주의 문화의 풍부한 내포와 전진의 방향을 정확히 파악하는 것은 사회주의의 핵심적인 가치체계를 견지하고 사회주의문화 자신감을 확고히 하며 사회주의 문화의 번영과 흥성을 추진하고 사회주의 문화강국을 건설하는 중요한 전제이다.

제1절 중국 특색 사회주의 문화의 기본적 내포

시진핑 총서기는 공산당 제19차 당 대표대회에서 "중국 특색 사회주

의문화는 중화민족의 5,000여 년 문명 역사가 잉태한 중화의 우수한 전통
문화이다. 중국 특색 사회주의 문화는 공산당이 인민을 영도하여 혁명과
건설 그리고 개혁 중에서 창조한 혁명 문화와 사회주의 선진문화 속에 녹
아있고 중국 특색 사회주의의 위대한 실천에 그 뿌리를 두고 있다."[1]를 지
적했다. 이 논술은 사실상 중국 특색 사회주의 문화의 내포를 과학적으로
정의한 것이다. 즉 신세대 중국 특색 사회주의 문화는 우수한 중화의 전통
문화, 혁명 문화와 사회주의 선진문화를 기본내용으로 한다.

1. 넓고 깊은 우수한 전통문화

"역사를 딛고 미래로 발전하며, 민족문화의 혈맥을 이어가는 중에 개
척하고 전진해야만 오늘의 과업을 훌륭히 수행할 수 있다."[2] 국가와 민족
은 스스로의 정체성을 알고 있어야만 지금까지 걸어왔던 길, 가야할 길, 방
향과 목표를 찾을 수 있다. 문화적 자신감을 확고히 하는 것은 우선 스스로
의 문화를 정확히 바라보는 것이다. 즉 자국과 자민족의 우수 문화 전통에
대하여 경애심과 자긍심을 품고 그 문화의 생명력과 문화발전 전망에 대
하여 흔들림 없는 신념을 품고 있는 것이다. 자국의 역사를 잘 모르거나 망

---

1   『샤오캉사회 건설의 전면적 승리, 신시대 중국 특색 사회주의의 위대한 승리를 이룩하자-중
     국공산당 제19차 전국대표대회에서의 보고(決勝全面建成小康社會 奪取新時代中國特色社會主義偉
     大勝利-在中國共産黨第十次全國代表大會的 報告)』(2017년 10월 18일), 인민출판사, 2017, 41면.

2   시진핑:『공자 탄신 2565주년 기념 국제학술세미나 및 국제유학연합회 제5회 회원대회
     개회식에서의 연설(在紀念孔子誕辰2565周年國際學術研討會暨國際儒學聯合會第五次国际儒学联合
     会第五届會員大會開幕會上的講話)』(2014년 9월 24일), 인민출판사, 2014, 14면.

각하며 전통을 가벼이 보고 민족문화를 추하게 비하하는 것은 그 해악이 극심하다고 할 수 있다.

공산당 18차 당 대표대회부터 19차 당 대표대회까지 시진핑 총서기를 핵심으로 하는 당 중앙 특히 시진핑 총서기 본인은 "구별하여 대처하고 승계하며 창조성 있게 전환하고, 혁신적으로 발전"하는 기본방침을 견지했다. 그리고 중화의 우수한 전통문화의 정수를 경제건설, 정치 건설, 문화 건설, 사회 건설, 생태 문명 건설 및 당 건설, 국제관계 등 국정운영의 여러 면에 적용시키면서 중화의 전통문화에 대한 시대적 내포를 부여했고 공산당의 혁신 이론을 우수한 중화전통문화의 비옥한 토양 속에 깊숙이 착근시켰다. 시진핑 총서기는 우수한 중화 전통문화는 중화민족이 대대로 생산과 생활 중에 형성하고 계승한 세계관, 인생관, 가치관, 심미관 등을 보여주고 있다고 강조하면서 그중 가장 핵심적인 내용은 이미 중화민족의 가장 기본적인 유전자가 되었다고 중화의 우수한 전통문화는 중화민족의 정신적 혈맥이고 중화민족의 위대한 부흥 중국몽을 실현하는 튼튼한 버팀목이다. 또한 중국 특색 사회주의 문화가 뿌리 내린 문화적 옥토이며, 중국공산당이 국정을 운영하는 역사적 귀감이고, 사회주의 핵심가치관을 함양하는 중요한 원천이다. 중국공산당 제18차 당 대표대회 이후의 실천이 증명하듯 5,000여 년의 중화의 전통문화는 이미 중국공산당이 국정을 운영하는 중요한 사상문화 기초와 이론 혁신의 중요한 사상문화적 원천으로 자리잡았다.

2. 활발하게 발전하는 혁명 문화

중국공산당은 인민을 이끌고 위대한 신민주주의 혁명과 사회주의 혁명을 진행했다. 사회주의 건설 초기 고난의 시간 속에서 중국공산당은 선명하고 특수하며 진취적인 혁명 문화를 형성했고 불후의 홍색 문화 경전들을 탄생시켰다. 붉은 배(紅船) 정신, 징강산(井岡山)정신, 장정(長征)정신, 옌안(延安)정신, 시바이포(西柏坡)정신, 이멍(沂蒙)정신에서 레이펑(雷鋒)정신, 쟈오위루(焦裕祿)정신, 다칭(大慶)정신 등 시공을 뛰어넘는 혁명적 정신과 분투적 정신은 중화의 우수한 전통문화가 재탄생되고 업그레이드 된 것이다. 이것은 중화민족 문화 보물창고의 중요한 구성부분으로 신시대의 빛을 쉼없이 발하고 있으며 중국이 신시대의 환경 속에서 문화 건설을 추진하는 데 튼튼한 기반을 닦아주었다.

마오쩌둥은 1940년 1월 산간닝(陝甘寧)변구문화협회 제1차 대표대회에서 다음과 같은 연설을 한적이 있었다. "혁명적인 문화는 민중을 놓고 볼 때 유력한 혁명의 무기이다. 혁명 문화는 혁명을 시작하기전에는 혁명을 위한 사상 준비이고, 혁명과정에서는 혁명 총전선속에서 필요한 중요한 전선이다. 혁명적인 문화 실무자들은 해당 문화 전선의 각급 지휘자이다."[3] 혁명 문화와 관련하여 덩샤오핑(鄧小平) 역시 다음과 같이 요약한 바있다. "장기적인 혁명 속에서 우리는 올바른 정치 방향의 지도아래 실제에서 출발하여 혁명과 필사적 정신, 기율과 자기희생 정신, 대공무사하고 자기보다 남을 먼저 생각하는 정신, 모든 적과 어려움을 압도하는 정신으로

---

3   마오쩌둥: 『신민주주의론』(1940년 1월), 『마오쩌둥선집』제2권, 인민출판사, 1991, 708면.

혁명적 낙관주의를 견지하고 모든 어려움을 극복하고 승리를 취득하는 정신으로 위대한 승리를 쟁취했다. 이런 이와 같은 정신이 없는 공산당원은 적합한 공산당원이라고 할 수 없다. 뿐만 아니라 전체 인민, 전체 젊은 세대들을 향하여 이같은 정신을 호소하고 직접 모범을 보이면서 중화인민공화국 정신문명의 정신적 기둥으로 자리잡게 하고, 혁명과 발전을 원하는 사람들이 동경하게 하며 정신적으로 공허하고 마음의 병을 앓는 사람들이 선망하는 정신이 되게 해야 한다."[4]

'붉은 배 정신'은 혁명 문화의 중요한 구성 부분과 원천 그리고 활력소이다. 2002년 10월, 당시 저장(浙江)성에 파견되어 근무하던 시진핑 총서기는 자싱(嘉興) 남호에 있는 붉은 배를 특별히 찾아보고 혁명 정신교육을 받았다. 2005년 6월 21일, 당시 중국공산당 저장성 서기로 있었던 시진핑 총서기는《광명일보(光明日報)》에《'붉은 배 정신'을 선양하여 시대의 선두로 나아가자》는 글을 서명 발표했다. 이로써 '붉은 배 정신'이라는 개념이 처음으로 제기되었다. '붉은 배 정신'의 기본 내용은 '천지를 열듯이 그리고 과감하게 앞장서는 개척정신, 흔들림 없는 꿈과 수없이 꺾어도 결코 꺾이지 않는 정신, 대다수 사람을 위해 당을 건설하며 인민에게 충성하는 헌신 정신'이다. '붉은 배 정신'은 중국의 혁명 정신의 원천으로 중국공산당 역사에서 형성된 우수한 전통과 혁명정신은 모두 그와 직접적인 근원 관계가 있다. 중국공산당은 중국의 노동자 계급과 중화민족의 선봉군이다. 중국공산당은 바로 이 붉은 배에서 돛을 올리고 출발부터 선진적 생산력

---

4   덩샤오핑: 『방침을 관철조정하고, 안정단결을 보증(貫徹調整方針, 保證安定團結)』(1980년 12월 25일), 『덩샤오핑문선(鄧小平文選)』제2권, 인민출판사, 1994, 367-368면.

에 대한 중국의 요구를 항시 대표하고 있으며, 중국의 선진 문화가 가야할 방향을 대표하고 있고 가장 광범위한 민중의 근본적 이익을 대표하고 있으며, 중국 역사의 전진을 추진하는 과정에서 대체할 수 없는 지도적 역할을 하고 있다." 상하이시의 중공 제1차 대표대회 회의 장소와 자싱시 남호의 붉은 배는 중국공산당이 꿈의 돛을 올린 곳이고, 공산당의 뿌리가 있는 곳이다. 2017년 10월 31일, 중공 제19차 당 대표대회가 폐회된 1주일 후 시진핑 총서기는 새로운 중공중앙정치국 상무위원들과 함께 상하이시와 저장의 자싱을 찾았다. 이들은 중공 제1차 대표대회 회의 장소와 자싱의 붉은 배에서 창당 후의 역사를 기억하고 입당 선서를 되새기면서 새로운 중앙영도집단의 확고한 정치적 신념을 과시했다. 시진핑 총서기는 자싱 남호에서 "붉은 배 정신"이 천지를 열고 과감하게 앞장서는 개척정신, 흔들림 없는 꿈과 수없이 꺾어도 결코 꺾이지 않는 정신, 대다수 민중을 위해 당을 건설하며, 인민에게 충성하는 정신이라고 다시 언급하면서 공산당 전체를 향해 시대의 특징에 따라 '붉은 배 정신'을 선양할 것을 주문했다.

'붉은 배 정신'은 중국공산당의 창당 정신이고, 가장 핵심적인 가치적 추구이다. '붉은 배 정신'은 중국 공산당의 역사에서 차지하는 지위를 보면 이곳은 혁명 정신의 역사적 발원지이고 중국공산당 선진성의 원천이다. 또한 중국공산당의 사상적 무기, 정신적 버팀 돌과 도덕적 힘이다. 중국 공산당원의 초심과 사명을 싣고 있고 개척, 분투, 헌신의 정신을 담고 있으며 공산당이 분투를 멈추지 않고 지속적으로 발전하도록 격려하는 정신적 동력이기도 하다. 또한 창당과 흥당(興黨) 그리고 국정운영의 정신적 부이며 신시대 중국 특색 사회주의를 견지하고 발전시키는 든든한 정신적 버팀목이다.

신시대 사회주의 문화강국 건설

인류역사의 위대한 장거였던 대장정은 중국공산당과 홍군(紅軍)장병들이 목숨과 뜨거운 피로 바꾼 승리로 중국공산당에 귀중한 정신적 부를 남겨주었다. 2016년 10월 21일, 시진핑 총서기는 홍군의 대장정 승리 80주년 기념행사에서 "위대한 대장정 정신은 전국 인민과 중화민족의 근본적 이익을 모든 것에 비해 우선시키고, 혁명의 이상과 신념을 확고히 하여 정의는 반드시 승리한다는 정신이다. 나라와 민중을 구하고 어떠한 어려움도 두려워 하지 않고 희생을 아끼지 않는 정신이다. 독립 자주와 실사구시를 견지하고 모든 것을 실제로부터 출발하는 정신이다. 전반적 국면을 고려하고 기율을 엄수하며 긴밀하게 단결하는 정신이다. 민중에게 밀착하여 의지하고 민중과 함께 생사를 같이 하고 우환과 고난을 같이 하며 고난과 시련을 이겨내는 정신이다."고 지적했다.[5] 시진핑 총서기는 "대장정 정신은 중국 공산당원과 그가 영도하는 인민군대의 혁명적 품격을 생동하게 반영한 것이고 중화민족의 자강불식의 민족 품격이 집중적으로 전시된 것이며 애국주의를 근간으로 한 민족정신의 최고의 구현이다."고 강조했다.[6] 위대한 대장정 정신은 중국 공산당원의 홍색 유전자이고 정신적 족보의 중요한 일부분이며 중화민족의 혈맥과 영혼 속에 깊숙이 자리잡은 채 사회주의 핵심가치관에 풍부한 자양분을 공급함과 동시에 중국 인민이 끊임없이 난관을 돌파하고 승리를 거듭하게 하는 강력한 정신적 동력이다.

혁명 문화는 중화의 우수한 전통문화에 뿌리를 두고 있고 중화의 우수한 전통문화를 계승하고 선양했다. 또한 신시대 중국 특색 사회주의문

---

5   시진핑: 『홍군 대장정 승리 80주년 기념대회에서의 연설(在紀念紅軍長征勝利80周年大會上的講話)』(2016년 10월 21일), 인민출판사, 2016, 8-9면.

6   위와 같은 책, 9면.

화의 중요한 유전자의 직접적인 원천이다. 혁명 문화는 중국공산당이 중국의 인민을 이끌고 자유와 해방을 쟁취하는 과정에서 형성된 것으로 중국의 문화와 중국혁명의 발전이 긴밀히 연결된 문화형태이다. 견고하고 철저한 혁명 정신과 무게감과 깊이 있는 혁명적 내포이며 현재 중국공산당과 중국 인민의 문화 자신감을 든든히 하는 중요한 버팀목이다. 혁명 문화는 중국공산당의 귀한 정신적 부이고 중화민족의 귀한 정신적 부이며 인류의 사상문화 보물창고 중의 웅장하고 아름다운 시편이다. 하지만 홍색경전을 패러디 영웅 인물에 먹칠하며 혁명전통을 모독하는 것은 반문화적인 행위이다. 당대 중국의 제도 문화를 가벼이 보고 중국이 이미 거둔 비범한 성과를 보지 못하며 중국 문화의 전례 없는 번영을 무시하는 것은 결국 열등감과 자포자기의 표현이다.

3. 계승 속에 발전하는 사회주의 선진문화

시진핑 총서기는 문화 소프트 파워의 향상은 두 개의 백 년 분투 목표와 중화민족의 위대한 부흥 중국몽의 실현과 관계된다고 보았다. 사회주의 선진문화의 대번영을 촉진하고 민족전체의 문화창조의 활력을 높이며 문화사업의 전면적인 번영과 문화산업의 빠른 발전을 추진하고 인민의 정신세계는 풍요롭게, 인민의 정신적 힘은 강하게, 문화의 전체적 실력과 경쟁력은 지속적으로 증강하면서, 사회주의 문화강국을 향하여 지속적으로 걸어가야 한다. [7]경제건설을 주축으로 정권을 잡고 나라를 발전시키는 중국공산당의 첫 의무에 매진하는 동시에 정치·문화·사회·생태문명 건설 및 기타 여러 분야의 건설을 조화롭게 추진하며 사회주의 시장경제, 사회주의 민주정치, 사회주의 선진문화, 사회주의 조화사회, 사회주의 생태 문명의 전면적 진보를 실현하며 경제발전에 유익한 제도적 보장과 환경조건을 제공해야 한다.[8]

건국 70주년, 개혁개방 40주년, 특히 중국공산당 18차 당 대표대회 후, 중국공산당이 인민을 인솔하여 진행한 사회주의건설의 위대한 실천 속에서 사회주의 선진문화 건설은 지속적으로 추진 그리고 강화되었다. 사회주의 선진문화는 중화민족의 우수한 전통문화와 홍색혁명문화가 계승 발전되어 이루어졌다. 이는 새로운 시대적 조건에서 중국공산당과 중화민족이 거둔 위대한 창조물이다. 원대한 공산주의 꿈, 중국 특색 사회주의 공동의 꿈, 애국주의를 근간으로 한 위대한 민족정신과 개혁 혁신을 주축으로 한 위대한 시대적 정신 그리고 부강·민주·문명·화합·자유·평등·공정·법치·애국·충직·성실신용·우애화목을 기본내용으로 한 사회주의 핵심가치관은 사회주의 선진문화의 유기적인 구성 부분이 되었다. 세계의 보편적 주목과 폭넓은 인정을 받은 중국의 길, 중국의 노하우, 지혜, 해법 등은 사회주의 문화가 강한 생명력을 가진 문화이고 인류문명이 발전하고 진보하는 방향을 대표하는 문화임을 증명했다.

---

7   시진핑: 「국가 문화 소프트 파워 향상(提高國家文化軟實力)」(2013년 12월 30일), 『시진핑 국정운영을 논함』, 외문출판사, 2014, 160면.

8   시진핑: 『18차 중앙정치국 제30차 집단학습에서 발표한 연설(在十八屆中央政治局第三十次集體學習時的講話)』(2016년 1월 29일), 『시진핑의 샤오캉사회 전면건설에 대한 논술요약(習近平關於全面建成小康社會論述摘編)』, 중앙문헌출판사, 2016, 208면.

중국공산당은 창당부터 중국의 선진문화를 적극 선도하고 실천해 왔고 중화의 우수한 전통문화를 충실하게 계승하고 선양시켜왔다. 넓고 심오한 전통문화, 활발하게 발전하는 혁명 문화 그리고 계승·발전되고 있는 사회주의 선진문화는 중국이 문화자신감을 가질 수 있는 충분한 이유이고 문화적 자신감의 열정과 기개를 떨칠 수 있게 된 이유이다.

4. 관용과 모두의 장점을 받아들이는 문화적 도량

세상과 동떨어진 문화는 있을 수 없다. 모두 타 문화의 우수한 성과를 배우고 양분을 섭취하여 풍부해 지고 발전되어야 한다. 외래문화를 대하는 자세는 한 국가의 문화적 자신감을 검증하는 잣대로 될 수 있다. 자신감이 높을 수록 적극적인 자세로 외래문화에 대응할 수 있으며 외래문화와의 대화와 교류 속에서 풍부해지고 발전을 가져올 수 있다. 우수한 외래문화의 성과를 널리 받아들이고 융합하는 것은 중화 문화의 번영과 흥성을 추진하는 필수적 요구이다. 중화민족은 자고로 문화적 자신감에서 우러나는 기량이 있다. 민족문화에 대한 자신감과 자긍심이 있었기에 긴 역사 속에서 스스로를 지키고 미래를 포옹할 수 있었고 고유의 색깔과 광채를 가진 중화 문명을 형성할 수 있었다.[9] 스스로의 문화와 외래문화에 대한 태도에서 열등감도 반대해야 하겠지만 자고자대 역시 지양해야 한다.

---

9   윈싸(雲杉):『문화자각 문화자신 문화자강(文化自覺 文化自信 文化自强)』,『홍기문고(紅旗文稿)』, 2010년 제15-17기.

시진핑 총서기는 중국의 역사문화를 알아야 할 뿐더러 눈을 크게 뜨고 세계를 바라볼 수 있어야 한다며 세계의 다양한 민족의 역사 문화 중에서 찌꺼기는 버리고 정수를 취하는 과정에서 깨우침을 얻고 유익하게 사용해야 한다고 지적했다.[10] 2014년 5월 22일, 시진핑 총서기는 상하이시에서 소집된 외국전문가간담회의에서 어떤 민족이나 국가를 막론하고 모두 타민족, 타국가의 우수한 문명 성과를 배워야 한다고 강조했다. 중국은 영원한 학습의 대국으로 거듭날 것이며 아무리 높이 발전할 지라도 세계 각국의 인민들로부터 학습하여 보다 개방되고 포용된 자세로 세계 각국과 서로 포용하고 서로 거울로 삼으며 서로 소통하는 것을 강화하여 대외개방의 수준을 새로운 수준까지 향상시킬 것이라고 밝혔다. 사실상 문화 개방 수준의 향상은 중화 문화의 입장을 튼튼히 지키고 '나를 중심으로 나를 위하여 사용하는 원칙(以我爲主, 以我所用)'하에 세계 각국의 문명에서 장점을 섭취하고 이역 민족문화에서 정수를 취하여 전환적 재창조, 혁신적 창조를 거친 후 중화 문화 고유의 품격과 기질을 형성하는 것은 그 자체가 바로 문화적 자신감이고, 장기적인 문화발전 전략이기도 하다. 2014년 9월 24일, 시진핑 총서기는 공자 탄신 2565주년 국제학술 세미나에서 "각국 각 민족은 반드시 허심탄회하게 학습하고 타국 민족 사상의 장점과 정수를 본보기로 삼아야 한다. 이는 본국, 본 민족의 사상문화 자존감, 자신감, 자립심을 높이는 중요한 조건이다."[11]라고 강조했다.

10　시진핑: 「중앙당교 건교80주년 경축대회 및 2013년 춘계학기 개학식에서의 연설(在中央黨校建校80周年慶祝大會暨2013年春季學期開學典禮上的講話)」(2013년 3월 1일), 『인민일보』, 2013년 3월 3일, 2면.
11　시진핑: 「공자 탄신 2565주년 기념 국제학술세미나 및 국제유학연합회 제5회 회원대회

문화적 자신감을 확고히 하고 문화강국을 건설하며 중화의 우수한 전통문화를 계승하고 선양하며 혁명 문화와 사회주의 선진문화를 계승하고 선양하는 것은 제자리 걸음이나 눈을 감고 세계를 외면하는 것이 결코 아니다. 스스로 외부와 차단시키는 것이 아니고 천상천하 유아독존은 더욱 아니다. 백가의 정수를 받아들이고 여러 가지 문화의 장점을 융합해야만이 본국 문화의 발전을 보다 훌륭하게 촉진 시킬 수 있다. 스스로를 닫아버리거나 외래문화를 배척할 경우 발전의 활력소를 잃게 될 것이며 심지어 서서히 사라져 버릴 수 있다. 문화는 끊임없이 생장하고 번성하며 길게 이어지고 쇠퇴하지 아니함은 물론 내적인 본질과 생명력을 갖고 있기 때문이다. 더욱 중요한 것은 바다가 온갖 하천을 받아들이는 것처럼 모두의 장점을 널리 받아들이는 문화적 흉금을 갖고 있기 때문이다.[12] 사실상 이는 중화 문화 고유의 자신감과 기품이다. 중국 스스로의 실천과 경험을 이탈하여 단순하게 모방하고 베껴오는 것을 삼가야 하겠지만 타인의 장점을 무시한 채 우물 안 개구리로 되거나, 폐문조거(閉門造車)하는 것 역시 바람직하지 못하다. 겸허한 마음으로 온갖 하천을 받아들이는 바다처럼 스스로의 미흡함을 반성하면서 타인의 장점을 배우는 자세가 없이 스스로를 닫아버리고 교만하며 스스로를 높이 여기는 모습 역시 문화적 자신감이 부족한 한가지 행태라고 할 수 있다.

　　중화민족은 세상의 하천을 모두 받아들일 수 있는 바다와 같은 민족이다. 기나긴 역사의 흐름 속에서 남의 좋은 것을 배움에 게을리 하지 않

　　개회식에서의 연설」(2014년 9월 24일), 인민출판사, 2014, 9면.

12　　원싸, 『문화자각 문화자신 문화자강』, 『홍기문고』, 2010년 제15-17기.

고, 남의 좋은 것을 스스로의 것으로 만들어 왔기에 중화민족 고유의 색깔을 만들어 낼 수 있었다.[13] 문명은 교류하여 다양해 지고 서로를 귀감으로 삼으면서 풍부해 진다. 서로 다른 국가, 민족의 사상 문화는 저마다 장점이 있고 현란함과 아름다움의 차이가 있을 뿐 높고 낮음, 우수함과 조악함의 구분은 없다. 국가, 민족은 강약과 대소를 나누지 않고 그의 사상 문화는 모두 인정되고 서로 존중 받아야 한다. 다시 말하면 우리는 스스로의 사상 문화를 소중히 여기고 지켜내야 하며 타국과 타민족의 사상문화를 인정하고 존중해야 한다. 각국 인민이 창조한 우수한 문화성과, 서구 자본주의 국가의 우수한 문화 성과를 포함하여 모두 학습하고 거울로 삼으면서 유익한 영양분을 섭취해야 한다. 자국 자민족의 실제에서 출발하여 넓은 흉금으로 눈을 크게 뜨고 세계를 바라보며 장점을 취하여 단점을 보완하고 좋은 것을 선택하여 그대로 따라야 한다. 수용하고 축적하며 여러 가지 문명의 양분을 섭취하는 과정 속에서 중화의 문화를 풍부히 하고 발전시켜야 한다. 사실상 이는 문화 자신감의 중요한 지표인 동시에 문화적 자신감의 또다른 표현이다.

---

13 『중국 특색 사회주의 제도를 적용하여 국가를 효과적으로 운영하는 능력을 지속적으로 향상(不斷提高運用中國特色社會主義制度有效治理國家的能力)』(2014년 2월 17일), 『시진핑 시진핑 국정운영을 논함』, 외문출판사, 2014, 106면.

제2절 중국 특색 사회주의 문화를 번영흥성시키는 주요임무

시진핑 총서기는 "중국 특색 사회주의 문화를 발전시키는 것은 곧 마르크스주의의 지도하에 중화 문화의 입장을 굳건히 지키고 당대 중국의 현실에 입각하고 작금의 시대 조건과 결합하여 현대화와 세계 그리고 미래를 지향하는 민족적이고 과학적이고 대중적인 사회주의 문화를 발전시키며 사회주의 정신 문명과 물질문명의 조화로운 발전을 추진하는 것이다. 인민을 위해 봉사하고 사회주의를 위해 봉사하며 백화제방, 백가쟁명을 견지하고 창조적인 전환과 혁신적인 발전을 견지하며 중화 문화의 새로운 영광을 부단히 만들어 가야한다."라고 강조했다.[14]

1. 이데올로기 업무에 대한 영도력 강화

시진핑 총서기는 공산당 19차 당 대표대회 보고에서 신시대 중국 특색 사회주의를 견지하고 발전시키는 데서 출발하여 당과 국가 발전의 전체 국면에 입각하면서 이데올로기 분야 영도권이라는 중대한 전략적 과제를 명확히 제기하고 신시대 이데올로기 업무를 배치했다. 시진핑 총서기는 다음과 같이 강조했다. "이데올로기는 문화의 발전방향과 길을 결정한

---

14 시진핑: 『샤오캉사회 건설의 전면적 승리, 신시대 중국 특색 사회주의의 위대한 승리를 이룩하자-중국공산당 제19차 전국대표대회에서의 보고』(2017년 10월 18일), 인민출판사, 2017, 41면.

다. 마르크스주의의 중국화, 시대화, 대중화를 반드시 추진해야 하고 강력한 결속력과 통솔력을 가진 사회주의 이데올로기를 건설하여 인민 전체가 이상 신념, 가치 이념, 도덕적 관념에서 고도로 단결하도록 해야 한다. 이론적 무장을 강화하고 신시대 중국 특색 사회주의 사상이 인민들의 마음속에 깊숙이 자리잡도록 노력해야 한다. 마르크스주의 이론연구와 건설을 심화시키고, 중국 특색 철학의 사회과학 구축을 가속화하며, 중국 특색 신형 싱크탱크의 건설을 강화한다. 정확한 여론 유도를 견지하고 커뮤니케이션 수단의 구축과 혁신을 중시하며 언론의 전파력, 자급력, 유도 능력, 영향력, 공신력을 향상시킨다. 인터넷 콘텐츠의 구축을 강화하고 인터넷 종합 거버넌스 체계를 갖추며 청명한 인터넷 공간을 조성한다. 이데올로기 업무 책임제를 실시하고 진영 건설과 관리를 강화하며 정치 원칙 문제, 사상 인식 문제, 학술 관점 문제를 구분하는 데 유념하고 여러 가지 잘못된 관점을 분명한 입장으로 반대해야 한다."[15]

2. 사회주의 핵심가치관을 발전시키고 실천

사회주의 핵심가치관을 발전시키고 실천하는 것은 시진핑 총서기를 주축으로 한 공산당 중앙이 신시대에서 중국 특색 사회주의를 견지하고 발전시키며 중화민족의 위대한 부흥 중국몽에서 출발하여 시종일관 관철

---

15 시진핑: 『샤오캉사회 건설의 전면적 승리, 신시대 중국 특색 사회주의의 위대한 승리를 이룩하자-중국공산당 제19차 전국대표대회에서의 보고』(2017년 10월 18일), 인민출판사, 2017년 출판, 41-42면.

시킨 중요한 전략적 사상이다. 시진핑 총서기는 "사회주의 핵심가치관은 당대 중국 정신의 집중적 체현이며 전체 중국인민의 공동의 가치적 추구이다. 민족 부흥의 위대한 임무를 짊어진 시대의 신인을 양성하는데 착안하여 교육으로 이끌고 실천 속에서 양성하며 제도로 보장하는 것을 강화해야 한다. 사회주의 핵심가치관이 국민교육, 정신문명 건설, 정신문화 제품의 창작과 생산을 이끌어 가는 역할을 하고, 사회발전의 여러 분야에 융합되면서 정서적인 동질감을 형성하고 행위의 습관화로 자리잡아 가게 해야 한다. 전 국민적 행동에 간부가 선두에 나서는 것을 견지하고, 가정에서 시작하고 어려서부터 시작해야 한다. 중화의 우수한 전통문화에 포함된 사상 관점, 인문 정신, 도덕규범을 심층 발굴하고 시대의 요구에 따라 계승하고 혁신하며 중화의 문화가 영구적인 매력과 시대적 모습으로 빛나게 해야 한다."고 지적했다.[16]

3. 사상도덕 건설 강화

사상도덕 건설을 강화하는 것은 전 사회적인 문명의 수준을 향상시키는 필연적 요구와 중요한 경로이다. 시진핑 총서기는 "인민이 신앙이 있으면 나라가 힘을 가지게 되고 민족은 희망이 있게 된다."고 말한 바 있

---

16 시진핑: 『샤오캉사회 건설의 전면적 승리, 신시대 중국 특색 사회주의의 위대한 승리를 이룩하자-중국공산당 제19차 전국대표대회에서의 보고』(2017년 10월 18일), 인민출판사, 2017, 42면.

신시대 사회주의 문화강국 건설

다.[17] 이를 위해서는 사상도덕 건설을 중요한 자리에 두고 사상도 덕 영역에서 두드러지게 보이는 문제를 직시하고 해결하며, 건전하고 긍정적인 사상 도덕의 주류를 지키고 공고히 해야 한다. "인민의 각오, 도덕 수준, 문명 소양을 높이고 전 사회적인 문명 수준을 향상시켜야 한다. 이상과 신념에 대한 교육을 널리 펼치고 중국 특색 사회주의와 중국몽 선전 교육을 심화시키며 민족정신과 시대정신을 선양해야 한다. 애국주의, 집단주의, 사회주의교육을 강화하고 정확한 역사관, 민족관, 국가관, 문화관을 세울 수 있도록 이끌어야 한다. 공민의 도덕 건설을 심층적으로 실시하고, 사회 공덕, 직업 도덕, 가정 미덕, 개인 품성을 전폭적으로 양성하고, 인민이 성장하고 선(善)을 따르며 노인에게 효도하고 가족을 사랑하며 조국과 인민에 충성하도록 격려해야 한다. 사상 정치 교육을 강화하고 개선하며 대중적인 정신문명건설을 심도 있게 추진해야 한다. 과학 정신을 고양하고 과학 지식을 보급하며 낡은 풍속 습관을 고치고 새로운 시대적 기풍을 고양하는 활동을 전개함으로써 진부하고 뒤떨어진 문화의 침식을 배격하여야 한다. 신의성실 건설과 자원봉사 제도화를 추진하고 사회 책임의식, 규율 의식, 헌신 의식을 강화하여야 한다."[18]

17　시진핑: 『샤오캉사회 건설의 전면적 승리, 신시대 중국 특색 사회주의의 위대한 승리를 이룩하자-중국공산당 제19차 전국대표대회에서의 보고』(2017년 10월 18일), 인민출판사, 2017, 42면.

18　시진핑: 『샤오캉사회 건설의 전면적 승리, 신시대 중국 특색 사회주의의 위대한 승리를 이룩하자-중국공산당 제19차 전국대표대회에서의 보고』(2017년 10월 18일), 인민출판사, 2017, 42-43면.

4. 사회주의 문예를 번영 발전시켜야

문예는 시대의 발전을 알리는 나팔이다. 국운의 변화를 느끼고, 시대의 소리를 앞장서서 내며 사회주의 문예를 번영하게 발전시키면서 시대와 인민에게 부끄럽지 않은 작품을 내놓아야 한다. 이는 공산당의 문예창작자들에 대한 기본적 요구이다. 시진핑 총서기는 "사회주의 문예는 인민의 문예이다. 우리는 반드시 인민 중심의 창작 방향을 견지하고 생활과 인민 속에 깊이 뿌리를 내리고 시대에 부끄럽지 않는 문학과 예술을 만들어가야 한다. 문학과 예술을 활발하게 창작하여, 심오한 사상성, 뛰어난 예술성, 우수한 작품성을 구비한 작품을 창작하며 현실을 소재로 하는 창작을 강화함으로써 공산당과 조국을 노래하고 인민과 영웅을 칭송하여 잘 만든 역작들을 보다 많이 내놓아야 한다. 학술 민주, 예술 민주를 발양하고 독창적인 문학예술 창작능력을 향상시키며 문학 예술에 대한 혁신을 추진하여야 한다. 품위와 격조와 책임감이 있는 작품을 창도하고 비속하고 영속적이고 세속적인 것을 배격하여야 한다. 문학예술 인력의 양성에 대한 힘을 늘리고 덕망과 예술의 경지가 높은 대가와 뛰어난 실력의 창작 인재를 대거 양성해야 한다."고 강조하여 말한 바 있다.[19]

---

19   시진핑: 『샤오캉사회 건설의 전면적 승리, 신시대 중국 특색 사회주의의 위대한 승리를 이룩하자─중국공산당 제19차 전국대표대회에서의 보고』(2017년 10월 18일), 인민출판사, 2017. 43면.

5. 문화사업 기구와 문화산업의 발전을 추진

문화사업 기구와 문화산업을 발전시켜 인민에게 보다 풍부한 정신적 식량을 공급하는 것은 공산당의 중요한 전략적 과제인 동시에 당의 취지와 기본적 요구이기도 하다. 중국 특색 사회주의가 신시대에 들어선 지금, 중국사회의 주요 모순은 날로 성장하는 인민의 생활 수요와 불평형·불충분한 발전 간 모순이다. 아름다운 생활에 대한 인민의 수요는 정신 문화적 생활수요로 변하고 있는 정신문화와 관련되고 있다. 풍부한 정신적 식량을 제공하여 인민들의 아름다운 삶을 향한 새로운 기대를 충족시켜야 한다. 시진핑 총서기는 "문화 체제를 심층 개혁하고 관리체제를 보완하며 사회적 효용을 우선으로 사회 효용과 경제 효용의 통합 체제와 기제를 조속히 구축해야 한다. 공공문화 서비스 체계를 보완하고 '문화혜민(文化慧民) 공정'을 심도 있게 실시하며 대중적 문화활동을 풍부히 해야 한다. 문화재에 대한 보호와 이용, 문화유산에 대한 보호와 전승을 강화하여야 한다. … 현대문화의 산업 체계와 시장체계를 건전히 하고 생산경영기제를 혁신하며 문화경제정책을 완성시켜 나가고 신형의 문화산업 경영형태를 육성해야 한다. 국제적인 커뮤니케이션 능력을 갖추기 위해 노력하고 훌륭한 스토리텔링을 통해 진실되고 입체적이며 전면적인 중국을 보여주고 나라의 문화 소프트파워를 향상시켜야 한다."라고 명확히 지적했다.[20]

---

20 시진핑: 『샤오캉사회 건설의 전면적 승리, 신시대 중국 특색 사회주의의 위대한 승리를 이룩하자-중국공산당 제19차 전국대표대회에서의 보고』(2017년 10월 18일), 인민출판사, 2017, 44면.

6. 문화적 자신감을 한층 더 확고히 해야

"문화적 자신감은 한 국가, 한 민족이 발전하는 과정에서 보다 기본적이고, 깊이가 있으며 지속적인 힘이다."[21] 이는 한 국가, 한 민족, 한 정당이 스스로의 문화적 가치에 대한 믿음이고, 스스로의 문화 생명력에 대한 확고한 고수이며, 세계 문화의 격동과 융합속에서도 정신적 독립성을 지켜낼 수 있는 강대한 힘이다. 자민족의 우수한 문화를 굳건하게 믿고 중심을 잡을 수 있어야만 문화발전을 추진하는 강력한 동력을 획득할 수 있고 분발하고 진취적인 거대한 용기로 혁신 창조의 마르지 않는 샘물을 만들수 있다. 오늘의 중국에서 문화적 자신감을 확고히 하는 것은 5,000년 우수한 전통문화에 대한 자신감으로 공산당과 인민이 혁명, 건설, 개혁개방의 위대한 과정에서 배제한 혁명 문화와 사회주의 선진문화에 대한 자신감이다. 더욱이 민족 전체의 힘을 동원하여 중화 문화의 새로운 영광을 만들어가는 자신감이다.

7. 중화의 우수한 전통문화의 현재화와 현대화

공산당은 우수한 전통문화를 학습하는 데 관심이 높았고 민족의 역사 경험을 거울로 삼는 것을 중시해 왔다. 중국공산당이 90여 년간 쌓아온

---

21   시진핑: 『샤오캉사회 건설의 전면적 승리, 신시대 중국 특색 사회주의의 위대한 승리를
      이룩하자-중국공산당 제19차 전국대표대회에서의 보고』(2017년 10월 18일), 인민출판사,
      2017, 23면.

신시대 사회주의 문화강국 건설

기본적인 경험은 마르크스주의와 중국의 실제를 결합하는 것이다. '실제'에는 중국의 구체적 국정이 포함되어 있고 중화의 우수한 문화도 포함되어 있다. 중화 문화의 비옥한 토양 속에서 마르크스와 사회주의는 착근하고 싹을 틔웠으며 지속적으로 성장해 왔다. 중국 역사문화와 깊숙이 결합되었기 때문에 마르크스주의와 사회주의는 진정한 중국화, 민족화가 가능했던 것이다.

1940년 1월, 마오쩌둥은 《신민주주의론(新民主主義論)》에서 다음과 같이 강조했다. "중국은 장기적인 봉건사회속에서 찬란한 고대 문화를 창조했다. 고대 문화를 정리하는 과정에서 봉건적 요소를 제거하고 민주성의 정수를 흡수하는 것은 민족의 새 문화를 발전시키고 민족 자신감을 향상시키는 필요한 조건이다. 다만 비판이 없이 그대로 받아들여서는 절대 안된다. 고대 봉건통치계급의 진부한 문화와 인민의 우수한 문화 즉 민주성과 혁명성을 가진 문화를 구분해야 한다. 중국 기존의 신 정치, 신 경제는 고대의 낡은 정치, 낡은 경제에서 발전되어 온 것이고 중국 기존의 신문화 역시 고대의 낡은 문화에서 발전되어 온 것이다. 우리는 반드시 자신의 역사를 존중해야 하고 역사를 단절시켜서는 안된다. 하지만 이와 같은 존중은 역사에 일정한 과학적 지위를 부여하고 역사를 존중하는 변증법적 발전이지 과거를 칭송하고 오늘을 부정하는 것이 아니며 어떤 봉건적 독소를 찬양하는 것이 아니다."[22]

1943년 5월 26일, 마오쩌둥이 초안을 잡은 《국제공산당 집행위원회

---

22   마오쩌둥: 『신민주주의론』(1940년 1월), 『마오쩌둥선집』 제2권, 인민출판사, 1991, 707-708면.

의장단의 국제공산당 해체 제의에 대한 중국공산당의 결정(中共中央關於共産國際執行主席團提議解散共産國際的決定)》은 "중국 공산당원은 중화민족의 가장 우수한 자손이다."라고 지적했다. "중국 공산당원은 우리 민족의 모든 문화, 사상, 도덕의 가장 우수한 전통을 이어받는 계승자이다. 공산당원은 모든 우수한 전통이 본인과 피와 살로 연결된 것으로 보고 계속하여 더욱 발전시켜야 한다. 중국공산당이 최근 들어 추진하고 있는 주관주의를 반대하고 종파주의를 반대하며 당 팔고(黨八股)를 반대하는 정풍 운동은 곧 마르크스 레닌주의 혁명 과학을 중국의 혁명 실천, 중국의 역사, 중국의 문화와 보다 심층적으로 연결시키고자 하는 것이다.[23]"여기에서 마르크스 레닌주의와 중국의 실제를 결합하는 실천은 중국혁명 실천, 중국 역사, 중국 문화와 결합하는 세 가지로 세분화 되었다. 중국 역사와 중국문화가 '중국의 실제' 범위에 포함된 것은 중대하고 심원한 역사적 의의와 현실적 의의를 갖고 있다.

1944년 7월, 영국 기자 군터 스테인(Gunther Stein)과의 담화에서 마오쩌둥은 "중화민족이 없으면 중국공산당이 없다.", "마르크스주의를 정확한 사상방법으로 신봉하고 있지만 이는 결코 중국의 문화유산과 마르크스주의가 아닌 기타 사상의 가치를 소홀히 하는 것으로 볼 수 없다.", "분명한 것은, 중국의 역사가 우리에게 남겨준 것들 중에는 우수한 것이 매우 많다. 우리는 반드시 이와 같은 유산을 우리의 것으로 바꾸어야 한다." 등의

---

23 「국제공산당 집행위원회 의장단의 국제공산당을 해체 제의에 대한 중국공산당의 결정」, 『창당 후 중요문헌 선집(建黨以來重要文獻選編, 1921-1949)』 제20권, 중앙문헌출판사, 2011, 318면.

관점을피력한 바 있다.[24] 시진핑 총서기는 마오쩌둥 국가 초대 주석이 했던 말 중에서 아래의 말을 인용한 적이 있다. "우리 민족은 수천 년의 역사를 갖고 있다. 우리 민족은 우리만의 특징을 갖고 있고 귀중한 부분은 많다. 수천 년의 역사 앞에서 우리는 초등학생에 불과하다. 오늘의 중국은 중국 전체 역사에서는 하나의 발전단계이다. 마르크스주의의 역사주의자로서 우리는 역사를 절단하고 보아서는 아니된다. 공자(孔子)로부터 손중산(孫中山)에 이르기까지 총결를 해야 하고 이 귀중한 유산을 이어가야 한다."[25]

시진핑 총서기는 다음과 같이 지적했다. 자국의 역사 그리고 자국의 전통문화를 어떻게 대할 것이냐 하는 것은 어떤 국가를 막론하고 현대화의 과정에서 반드시 해결해야 하는 문제이다. 공산당은 혁명, 건설, 개혁의 진척 과정에서 일관되게 역사를 학습하고 총결하는 것을 중시해 왔고 역사적 경험을 거울로 삼고 운용하는 것을 중시하는 것을 지속해 왔다. 우리는 역사 허무주의자도 문화 허무주의자도 아니다. 자국의 역사를 잘 모르거나 망각해서는 아니되고 스스로를 하찮게 여겨서도 아니 된다. 중화의 전통문화는 아득히 멀고 유구하며 넓고 심오하다. 중화민족이 형성되고 발전되는 과정에서 생산된 여러 가지 사상 문화는 중화민족이 장기적인 분투 속에서 추진한 정신적 활동(psychomotility), 이성적 사고, 창조적 문화 성과를 기록하고 있으며 중화민족의 정신적인 추구를 반영했다. 그중 가장 핵심적인 내용은 이미 중화민족의 가장 기본적인 문화 유전자로 자

---

24   마오쩌둥: 『영국기자 스테인과의 담화』(1944년 7월 14일), 『마오쩌둥문집』 제3권, 인민출판사, 1996, 191면.

25   마오쩌둥: 『민족전쟁중 중국공산당의 지위(中國共産黨在民族戰爭中的地位)』(1938년 10월 14일), 『마오쩌둥선집(毛澤東選集)』 제2권, 인민출판사, 1991, 533-534면.

리잡았다.[26]

2014년 9월 24일, 시진핑 총서기는 공자 탄신 2565주년 기념 국제학술세미나 및 국제유학연합회 제5회 회원대회 개회식에서의 연설에서 다음과 같이 지적했다. "역사를 잊지 않은 계승만이 훌륭한 혁신을 가져올 수 있다. 우수한 전통문화는 한 국가, 한 민족이 계승하고 발전하는 근본이다. 이를 잃어버리면 정신적 명맥이 단절된 것과 다름이 없다. 우수한 전통문화의 선양과 현실 문화의 발전을 유기적으로 통일하고 긴밀하게 결합시켜 계승 속에서 발전하고 발전 속에서 계승토록 한다."[27] "중국인민의 꿈과 노력, 중국인민의 가치관과 정신세계는 중국의 우수한 전통문화의 토양 속에 깊이 뿌리박고 있다. 또한 역사와 시대의 발전과 더불어 끊임없이 새롭게 발전하고 있다."[28] 시진핑 총서기는 "중국 공산당원은 마르크스주의자이다. 마르크스주의 과학을 고수하고 중국 특색 사회주의를 고수하고 발전시키지만 역사 허무주의자도 문화 허무주의자도 아니다. 우리는 여태껏 마르크스주의 기본원리는 반드시 중국의 실정과 긴밀히 결합되어야 한다고 보았고 민족의 전통문화를 과학적으로 대해야 하며 세계 각국의 문화를 과학적으로 대하고 인류가 창조한 모든 우수한 사상문화 성과로 자신을 무장해야 한다고 보았다."고 거듭 천명했다.[29] 시진핑 총서기는 또한

---

26   시진핑: 『제18회 중앙정치국 제18차 집단학습에서의 연설(在18屆中央政治局際18次集體學習時的講話)』, 『인민일보』, 2014년 10월 14일, 1면.

27   시진핑: 『공자 탄신 2565주년 기념 국제학술세미나 및 국제유학연합회 제5회 회원대회 개회식 연설에서』(2014년 9월 24일), 인민출판사, 2014, 11면.

28   위의 책, 13면.

29   위의 책.

다음과 같이 강조했다. "중화의 우수한 전통문화에 대한 발굴과 설명을 강화하고 중화민족의 가장 기본적인 문화적 유전자와 현대 문화가 서로 적응되면서 현대사회와 조화를 이루게 하고 시간과 공간, 국경을 넘어서서 영원한 매력과 현대적 가치를 지닌 문화 정신을 선양해야 한다. 중화문명의 창조적 전환을 추진하고, 혁신적으로 발전시키며 생명력을 활성화 시켜 중화 문명을 각국의 인민들이 창조한 다채로운 문명과 함께 인류에게 정확한 정신적 지침이 될 수 있도록 추진해야 한다."[30]

중국의 전통 사상 문화는 형성과 발전 과정에서 그 시대 사람들의 인지 수준, 시대 조건, 사회 제도의 제한성으로 비롯된 단점과 영향을 비껴갈 수 없다. 그리하여 진부하거나 이미 찌꺼기로 전락한 문화가 존재하는 것도 피할 수 없다. 전통문화 특히 선조들로부터 전해온 가치 이념과 도덕 규범은 옛 것을 중시하고 현재의 것을 가벼이 해서는 안될 뿐만 아니라 오늘을 중시하고 옛 것을 가벼이 하는 것 역시 취할 바가 못된다. 그리고 있는 그대로 접수하거나 있는 그대로 포기하는 절대주의 태도는 더욱 취할 수 없다. 마르크스주의 방법 그리고 마르크스주의 태도로 옛 것을 현실에 맞게 받아들이고, 낡은 것을 없애고 새 것을 창조하며 분별하여 대하고 계승하면서 우수한 것은 따라 배우고 부족한 부분은 스스로에게도 있는지를 반성하여 바로잡아야 한다. 신시대의 배경에서 새로운 시각으로 한걸음 더 나아가 전통문화를 연구하고 정리하며 식별하여 사람들에게 우수한 점과 우수한 이유를 알려주어야 한다. 어떤 것이 찌꺼기고, 무엇 때문에 찌꺼

---

30   시진핑: 『철학사회과학실무좌담회에서의 연설(在哲學社會科學工作座談會上的講話)』(2016년 5월 17일), 인민출판사, 2016, 17면.

기가 되었는지를 알려야 한다. 또한 어느 것이 핵심적인 이론 관점이고 어느 것이 중화민족의 전통 미덕인지를 알려야 한다. 합리적 알맹이를 품고 있으나 구시대적 요소도 함께 가지고 있는 콘텐츠는 정수를 취하고 찌꺼기는 버려야 한다. 현 시대의 요구를 충족시킬 수 없는 콘텐츠는 명확히 걸러내야 한다. 정수일지라도 현대화 전환이 필요하다. 당대의 언어와 사상 그리고 표현방식으로 창조적인 전환과 혁신적인 발전을 실현하여 사람들에게 특히 젊은 세대에게 흡수되고 본보기로 남아서 보다 오래 그리고 광범위하게 전승 선양되게 해야 한다.

시진핑 총서기는 "중화민족은 유구한 역사를 가진 중화 문화를 창조하였고 중화 민족도 틀림없이 중화 문화의 새로운 영광을 창조할 수 있을 것이다."고 지적한 바 있다.[31] 중국 특색 사회주의에 입각하여 실천하고 민중의 위대한 창조 속에서 문화를 창조하며 역사의 진보 속에서 문화의 진보를 실현해 간다면 역사와 시대에 부끄럽지 않은 찬란한 문화를 창조해 낼 수 있다.

8. 당의 실천 경험과 혁신 성과의 체계화, 이론화, 학술 이론화를 중시해야

이론적 자신감은 문화적 자신감의 선도자이다. 이론적 자신감을 떠

---

31   시진핑: 「사상선전업무를 더욱 잘하자(把宣傳思想工作做得更好)」(2013년 8월 19일), 『시진핑 국정운영을 논함』, 외문출판사, 2014, 156면.

난 문화적 자신감은 방향을 잃을 수 있다. 이론 형태와 사상 형태로 당의 지도 사상을 표현하는 것은 문화적 자신감의 또 다른 중요한 방면과 지표이다. 건국 70주년을 맞이한 중국은 70년동안 이론과 실천에 대한 탐색을 멈추지 않았다. 특히 40년의 개혁개방동안 중국은 중국 특색 사회주의 길을 개척했고 중국 특색 사회주의의 이론체계를 구축했으며 중국 특색 사회주의 제도를 확립했으며 세계를 위해 중국의 사상, 중국의 이론, 중국의 지혜, 중국의 노하우, 중국의 솔루션으로 기여했다. 특히 공산당 18차 당대표대회 이후 시진핑 총서기는 국정운영의 실천 속에서 독창적인 새로운 사상과 관점 그리고 논단을 제출하여 시진핑 신시대의 중국 특색 사회주의 사상의 주요 내용을 구성했다. 또한 중국 특색사회주의 이론체계를 진일보 풍부히 하고 발전시켰으며 공산당이 인류역사 발전 법칙, 사회주의 건설 법칙, 공산당의 집정 법칙에 대한 인식을 승화시켰고 중국 특색 사회주의 이론의 발전을 새로운 역사단계까지 끌어 올렸으며 중국 특색 사회주의가 신시대로 들어서도록 밀어주었다. 이는 마르크스주의 중국화의 최신 성과이고 당대 중국 공산당원의 지도 사상이며 마르크스주의와 과학사회주의 이론의 보물창고에 새로운 내용을 추가한 것이다.

이론이 실천에 대한 지도 역할을 보다 훌륭하게 발휘하기 위해, 현재 가장 시급한 이론 과제는 바로 정예 인력을 집결시켜 개혁개방 40년 동안 누적된 풍부한 경험과 공산당의 새로운 성과 특히 시진핑 총서기의 신시대 중국 특색 사회주의 사상에 대하여 보다 심층적으로 연구하고 승화시켜 체계성, 이론성, 학술성을 높이고 엄밀한 이론 논리와 새로운 이론 형태를 부각시켜야 한다. 마르크스-엥겔스의 『공산당선언』, 레닌의 『제국주의론』, 마오쩌둥의 『신민주주의론(新民主主義論)』, 『실천론(實踐論)』, 『모순론(矛

盾論)』, 『10대 관계에 대하여(論十大關係)』, 『인민 내부의 모순을 정확히 처리하는 데 대하여(關於正確處理人民內部矛盾)』와 같은 당대 중국 마르크스주의 경전을 만들고 중국과 세계가 직면하고 있는 중요한 이론과 현실문제를 두고 이론 분석을 진행하며 당대 중국 공산당원의 시대관, 세계관, 가치관에 대하여 심도 있게 설명하여 중국사상, 중국 이론이 보다 체계화, 학술화되게 하고 세계적인 범위에서 보다 큰 영향력을 일으키도록 한다.

9. 외국 우수문화 성과의 중국화와 현지화

마오쩌둥은 이렇게 지적한 바 있다. "중국의 과거 사상을 계승하고 외래 사상을 접수한다는 것은 결코 무조건적으로 그대로 모방하는 것이 아니라 구체적 조건을 바탕으로 채용함으로써 그것이 중국의 실제에 맞게 적용해야 한다. 비판적으로 자국의 역사 유산과 외국의 사상을 받아들이는 것이 우리의 태도이다. 맹목적으로 어떤 사상을 받아들이는 것을 반대할 뿐 아니라 맹목적으로 어떤 사상을 배격하는 것도 반대한다. 우리 중국인들은 반드시 우리 자신의 두뇌로 독립적으로 사고하며 무엇이 우리 자신의 토양 속에서 생장할 수 있는가를 결정하여야 한다."[32] 마오쩌둥의 이 관점은 70여 년이 지난 오늘도 중국인들에게 많은 시사점을 주고 있을 뿐더러 날카롭고 큰 울림이 있다.

---

32 마오쩌둥: 『영국기자 스테인과의 담화(同英國記者斯坦因的談話)』(1944년 7월 14일), 『마오쩌둥 문집』 제3권, 인민출판사, 1996, 192면.

새로운 형세와 과제 앞에서 중국은 보다 열린 마음으로 서방의 선진 자본주의국가를 포함한 인류사회가 창조한 모든 우수한 문화 성과를 계속하여 학습하고 참조해야 한다. 하지만 근본을 잊어서는 안되고 타국 발전 모델을 그대로 옮겨와서는 안되며 어떤 외국 국가가 함부로 부리려고 설교하는 것 역시 절대로 받아들이지 않을 것이다.[33] 외래문화를 흡수하고 본보기로 삼음에 있어서 반드시 중국을 중심으로 하고 중국을 위해 쓰이며 중국화, 현지화를 실현하는 데 노력해야 한다. 즉, 우수한 외래문화와 중화의 우수한 전통문화를 접목시키고 중화의 문화 코드를 융합시켜 중화문화의 낙인을 남겨야 한다. 중국의 현실적 수요와 결합시키고 중국의 실제 문제를 해결하는 데 이롭게 해야 한다. 마르크스주의는 중국화, 현지화의 과제가 있고 서방의 우수한 문화성과 역시 중국화, 현지화의 과제가 있다. 시진핑 총서기는 중국은 서방 경제학의 수리 방법, 모델링 방법을 사용해야 할 뿐더러 중국의 실제에 맞추어 잘 사용해야 한다고 지적한 바 있다. 서방의 우수한 이론과 문화성과라고 할지라도 철학, 역사, 문학이나 법학, 사회학, 정치학을 막론하고 역시 중국화와 현지화의 과제를 거쳐야 한다. 모두 절대화 시켜서는 아니되며 그대로 베껴와도 아니된다. 반드시 중국의 실제에 입각하고 중국의 역사문화전통에 입각하며 중국의 경험과 중국의 실천에 입각하여 전환하고 재정립해야 한다. 중국의 실제를 이탈하여 서방 이론과 문화를 기점으로 실천한다면 성공할 수도 지속될 수도 없다. 구체적인 업무 방안을 제정하여 분야별, 학과별로 지도하며 중국의 우

---

33 시진핑(習近平): 『마오쩌둥 탄신 120주년 좌담회에서 한 연설(在紀念毛澤東同志誕辰120周年座談會上的講話)』(2013년 12월 26일), 인민출판사, 2013.

수한 문화 전통과 당대 중국의 실제에 따라 외국 문화를 정리, 인지한 후 장점을 취하고 단점을 버리며 외국의 우수한 문화성과의 중국화, 현지화를 실현하기 위해 노력해야 한다.

10. 능수능란하게 의제를 설정하고 지표적 개념을 제시

중국의 실천을 분석하고 중국의 이론을 구축함에 있어 최고의 발언권은 중국이 갖고 있다. 하지만 실제 상황은 많은 측면에서 철학, 사회과학 영역을 포함하여 우리는 아직까지 국제적으로 큰 목소리를 내지 못하고 있으며 도리가 있어도 말할 수 없고 말을 해도 확산이 되지 않는 입지에 처해 있다.[34] 시진핑 총서기는 낙후되면 얻어맞고 가난하면 굶주리고 목소리를 내지 못하면 욕을 얻어 먹을 수 밖에 없다고 지적한 바 있다. 오랜시간 동안 공산당은 중국 인민을 인솔하여 '얻어 맞고', '굶주리고', '욕 먹는' 세 가지 상황을 끊임없이 해결해 왔다. 몇 세대에 걸친 분투를 통해 두 가지는 기본적으로 해결되었으나 '욕 먹는' 상황은 아직까지 근본적 해결을 보지 못하고 있다. 국제적 발언권을 획득하는 것은 중국이 반드시 잘 해결해야만 하는 중요한 과제다.[35] 2016년 5월 3일, 미국의 《국가이익(The National Interest)》지는 홈페이지에 《중국의 가장 위험한 적은 글로벌 여론이

---

34   시진핑: 『철학사회과학실무좌담회에서의 연설』(2016년 5월 17일), 인민출판사 2016, 24면.

35   시진핑: 『전국 당학교 업무회의에서의 연설(在全國黨校工作會義上的講話)』(2015년 12월 11일), 인민출판사, 2016, 20면.

다》라는 제목의 글을 게재한 적이 있다. 글의 제목만 보아도 국제 발언권과 글로벌 여론의 주도권을 장악하는 것은 중국에 있어서 매우 중요한 임무임을 알 수 있다.

국제 발언권을 장악하고 사회 여론의 추이를 효과적으로 이끌어 가려면 반드시 표지적 개념을 도출하는 데 능숙 해야 하고 국제사회에 쉽게 이해되고 수용될 수 있는 새로운 개념, 범위, 표현을 만들어내고 국제학술계가 연구하고 토론하도록 주도하며 국제여론을 주도적으로 선도해야 한다. 능수능란하게 의제를 설정하여 부각시킬 것은 부각시키고 침체시킬 것은 침체시키면서 전달하려는 메시지를 정확하게 전달해야 한다. 중국이 설정한 의제가 사회여론을 선도하는 화제로 되게 해야 한다. 뛰어난 의제 설정은 타이밍, 기교, 방법을 가장 적절히 활용한 결과이다. 개혁개방 40주년 특히 21세기에 들어선 이래 학술이론계는 '문명의 충돌 이론', '역사의 종언 이론'을 둘러싸고, '신 자유주의', '민주 사회주의', '보편적 가치', '입헌민주정체', '시민사회'를 둘러싸고, '중진국 함정', '투키디데스 함정', '타키투스의 함정' 등의 의제로 논란이 오갔고 각자 서로 다른 관점을 밝혔다. 하지만 이와 같은 의제는 모두가 중국이 제기한 것이 아닌 서방세계에서 전해온 것이거나 서방에서 발전된 것이다. 많은 경우 중국은 남들의 꽁무니를 쫓거나 심지어 코가 꿰어 끌려갔다. 논쟁을 주도하고 이끌어가는 것이 중국이 아니고 의제의 설정권과 발언권도 중국의 수중에 장악되어 있지 않았다. 서방세계가 제기한 의제에 피드백 하고 비평을 함에 있어서 중국은 항상 수동적인 입지에 있었다. 중국이 의제를 제출하고, 세계가 대화와 변론에 동참하도록 이끌어내며 국제 범위의 토론을 선도하며 국제 여론을 주도하는 것만이 문제를 해결하는 근본적인 길이다.

표지적 개념이 없으면 호소력이 있을 수 없다. 표지적 개념이 없으면 이론이 일정한 높이에 이를 수 없다. 의제를 잘 설정하고 개념을 잘 제기하며 표지화해야 한다. 공산당의 역사에서 마오쩌둥의 '실천론', '모순론', '신민주주의론', 그리고 '실천 기준', '생산력 기준', '개혁개방', '사회주의 초급 단계', '사회주의 시장 경제', '한 개 중심, 두 개 기본', '발전은 확고한 도리', '샤오캉사회의 전면적 실현' 등은 모두 중국화된 마르크스주의의 표지적 개념이다. 공산당은 바로 이와 같은 표지적 개념에 의존하여 마오쩌둥 사상과 중국 특색 사회주의 이론 체계의 풍부한 내용을 반영했고 억 만 인민의 혁명, 건설, 개혁 실천을 지도했다. 공산당 18차 당 대표대회 후 '일대일로', '국정운영', '공급측 구조적 개혁', '인류운명공동체'와 같은 표지적 개념이 속출되었다. 공산당 19차 당 대표대회의 보고 중 중국 특색 사회주의의 신시대 진입과 중국사회 주요 모순의 변화 등 중요한 판단은 시진핑 신시대 중국 특색 사회주의 사상의 표지적 개념이다. 하지만 중국 학술계 일부는 표지적 의미가 있는 개념이라는 점을 이해하지 못하고 알지도 못하고 있다. 표지적 개념은 이론을 잘 개괄할 수 있다. 표지적 개념은 정치적으로 읽고 해석해야 할 뿐더러 이론적으로도 깊이 있게 설명해야 한다. 그렇지 않을 경우 당의 이론 성과는 더 큰 향상을 가져올 수 없다. 또한 공산당의 실천 경험도 체계화되고 전면적으로 총결될 수 없다.

심층적으로 이론을 연구하고 실천 경험을 바르게 총결한 기초에서 학과 영역별로 표지적 개념을 제기하여 공산당의 이론 혁신의 최신 성과를 요약하고 중국의 철학사회과학과 중국문화의 중국 특색, 중국 스타일, 중국 기품을 보여야 한다. 공산당 18차 당 대표대회 후 특히 공산당 19차 당 대표대회에서 제기한 새로운 의제와 표지적 개념을 잘 추출하여, 잘 총

　　　　　　　신시대 사회주의 문화강국 건설

결하고 알리며 설명하여 중국공산당의 이론 구축을 통솔하고 문화적 자강을 향상시켜 문화적 자신감 문제를 근본적으로 해결해야 한다. 이는 국제와 국내 여론전에서 발언권과 주도권을 장악하는 데 있어서 절박한 수요이자 중국 특색 철학사회과학의 정립을 가속화하는 필연적 요구이다.

제3절 중국 특색 철학사회과학의 구축 가속

사회주의 문화적 자신감을 확고히 하고 사회주의 문화를 발전시키며 사회주의 문화강국으로 거듭나려면 중국 특색 철학사회과학의 구축을 가속화 해야 한다. 우선 철학사회과학은 문화의 범주에 속한다. 철학사회과학은 한 국가, 한 민족문화의 핵심내용이고 한 국가, 한 민족의 종합국력 특히 문화 소프트파워의 중요한 구성부분이다. 철학사회과학의 발전 수준과 번영의 수준은 한 국가, 한 민족 문화의 발전 상황을 간접적으로 보여준다. 문화적 자신감을 확고히 하는 데는 중국 특색 철학사회과학의 자신감을 확고히 하는 노력이 당연히 포함된다. 사회주의 문화강국으로 거듭나려면 철학 사회과학강국을 건설하는 노력도 매우 중요하다. 다음, 철학사회과학은 한 국가, 한 민족이 문화적 자신감을 세우고 향상하는 과정에서 중요한 역할을 한다. 문화적 자신감은 중국 특색 철학사회과학을 구축하는 튼튼한 버팀목이고 거대한 저력이다. 철학사회과학은 문화적 자신감을 위해 사상의 기반을 제공하고 이론적으로 이끌어주는 역할을 한다.

1. 철학사회과학의 중요한 지위와 작용

중국공산당은 철학사회과학을 극히 중시했고, 철학사회과학이 당의 이론 혁신, 국가경제사회의 발전 특히 문화발전활동 중에서의 중요한 역할과 작용을 극히 중시해 왔다. 2016년 5월 17일, 시진핑 총서기는 철학사회과학실무좌담회에서 한 연설에서 다음과 같이 지적했다. "철학사회과학은 사람들이 세계를 인식하고 개조하는 중요한 도구이며 역사 발전과 사회 진보를 추진하는 중요한 힘이다. 그것의 발전 수준은 한 민족의 사고력, 정신적 품격, 문명 자질을 반영하며 한 나라의 종합적 국력과 국제 경쟁력을 보여준다. 한 나라의 발전 수준은 자연과학의 발전수준에 달려있을 뿐만 아니라 철학사회과학의 발전수준에도 달려있다. 발달된 자연과학이 없는 나라는 세계의 앞장에 설 수 없으며 번영한 철학과 사회과학이 없는 나라도 세계의 앞장에 설 수 없다. 중국 특색 사회주의를 견지하고 발전시키려면 실천과 이론 면에서 끊임없이 탐색하고 발전적인 이론으로 발전중인 실천을 지도해야 한다. 이 과정에서 철학사회과학은 대체할 수 없는 중요한 지위를 갖고 있으며 철학사회과학 인재들은 대체할 수 없는 중요한 역할을 하고 있다."[36]

시진핑 총서기는 또한 다음과 같이 강조했다. 세계적인 범위에서 여러 가지 사상 문화가 교류되고 교전·융합되고 있는 새로운 형세 하에 사회주의 문화 강국의 건설, 문화 소프트 파워의 증강, 중국의 국제적 발언권 향상 등에서 철학사회과학의 역할을 보다 훌륭하게 일으키는 것이 시급하

---

36   시진핑: 『철학사회과학실무좌담회에서의 연설』(2016년 5월 17일), 인민출판사, 2016, 2면.

다. 철학사회과학의 특색, 풍격, 기품 등은 일정단계까지 발전된 후 비로서 나타나는 산물이고 성숙한 지표이며 실력의 상징이고 자신감의 구현이다. 중국에 입각하고 외국의 경험을 참조하며 역사를 탐구하고 당대를 포착하며 인류에 관심을 갖고 미래를 지향하는 사고방식으로 중국 특색 철학사회과학을 구축하는 데 집중하고 지도 사상, 학과 체계, 학술 체계, 담론 체계 등 분야에서 중국 고유의 색깔, 풍격, 기품을 충분히 보여주어야 한다.[37]

2. 철학사회과학이 직면하고 있는 형세

20세기 그리고 21세기 후 지난 10여 년과 대비하여 각국의 종합적 국력 경쟁이 보다 가속화되고 있고 문화 이익은 갈수록 종합국력 경쟁의 관건적 요소와 중요한 영역으로 자리잡아 가고 있다. 중화인민공화국은 건국 후 특히 개혁개방이래 종합 국력이 끊임없이 증강되었고 문화 소프트파워가 지속적으로 향상되었다. 그럼에도 불구하고 서강아약(西强我弱, 서방이 강하고 우리가 약한)의 문화구도에서 아직까지 근본적인 변화가 없고 중국의 소프트파워는 중국의 종합 국력과 국제적 지위에 매우 걸맞지 않으며, 중국 이론, 중국 발언은 세계적인 영향력이 아직까지 미비한 수준이다. 중국은 문화대국이지만 아직까지는 문화강국은 아니다.

현재 중국은 세계 무대의 중앙으로 날로 접근하고 있고 글로벌 거버

37 　시진핑: 『철학사회과학실무좌담회에서의 연설』(2016년 5월 17일), 인민출판사, 2016, 7면, 15면.

넌스 체계의 중요한 힘, 국제정치경제발전변화의 풍향계로 되었다. 하지만 철학사회과학을 놓고 볼 때 학술 명제, 학술 사상, 학술 관점, 학술 표준, 학술발언권의 능력과 수준에서 중국의 종합적 국력과 국제적 지위와 아직은 걸맞지 않다. 인류사회의 발전을 위해 보다 많은 중국만의 선택, 지혜, 노하우, 해법을 제공해야 하는 사회주의 대국으로서 세계 선두의 강력한 경제력을 갖고 있어야 할 뿐만 아니라 세계 민족의 숲에서 우뚝 설수 있는 강대한 문화적 파워도 보유하고 있어야 한다. 시진핑의 신시대 중국 특색 사회주의 사상을 지키고 풍부히 하며 발전시켜야 할뿐더러 중화 문화를 축적물로, 중국의 실천과 노하우에 입각하여 중국과 세계가 직면하는 중요한 발전문제에 대한 중국의 입장, 지혜, 가치 이념, 주장, 해법을 제기해야 한다. 중국학파, 중국유파를 적극 형성하고 중국의 종합국력, 국제 지위와 사명에 걸맞는 당대 중국의 철학, 문학, 예술학, 역사학, 경제학, 정치학, 사회학, 법학, 국제관계학을 구축하며 국제 학술계와 대등한 대화와 교류를 가질 수 있고 선도적 역할을 충분히 할 수 있는 중국 특색 철학사회과학을 구축해야 한다. 중국이론으로 중국의 문제를 해결하고 중국의 실천을 분석할 뿐더러 인류가 직면하고 있는 공동 과제를 위해 중국의 지혜, 중국의 해법을 제기해야 한다. 시진핑 총서기가 지적한 것처럼 "세계가 '중국의 맛있는 먹거리'만을 알게 하는 것이 아니라 '학술적인 중국', '이론적인 중국', '철학사회과학적인 중국'을 알게 하고, '발전중인 중국', '개방중인 중국', '인류문명을 위해 기여중인 중국'을 알게 해야 한다."[38] 결론적으로 지도 사상, 학과 체계, 학술 체계, 담론 체계 등 분야에서 중국의 특색,

---

38   시진핑: 『철학사회과학실무좌담회에서의 연설』(2016년 5월 17일), 인민출판사, 2016, 17면.

신시대 사회주의 문화강국 건설

풍격, 기품을 충분히 알리고 중국을 세계적인 철학사회과학의 강국으로 적극 건설하는 것은 중국의 철학사회과학계와 사상이론계가 반드시 짊어 져야 할 신성한 역사적 사명이고 반드시 마주해야 할 중요한 시대적 과제 이다.

3. 중국 특색 철학사회과학 구축을 위한 주요 임무

시진핑 총서기는 철학사회과학 실무 좌담회 연설에서 "당대 중국의 위대한 사회 변혁은 중국 역사문화의 단순한 연장선이 아니고 마르크스주 의 고전 작가들이 구상한 템플릿을 단순히 모방하여 운용한 것도 아니다. 기타 국가 사회주의 실천의 답습도 아니고 외국 현대화 발전의 복사판도 아니다. 만들어진 교과서는 있을 수가 없다. 중국의 철학사회과학은 중국 의 실천을 중심으로 중국 개혁 발전의 실천 속에서 새로운 소재를 찾고 새 로운 문제를 발견하고 새로운 관점을 제기하며 새로운 이론을 구축하면서 개혁개방과 사회주의 현대화 건설 실천 경험을 체계적으로 총결하는 것을 강화하고, 사회주의 시장경제, 민주적인 정치, 선진적인 문화, 화합한 사 회, 생태 문명 및 당의 국정운영 능력 건설 등 분야에 대한 분석과 연구를 강화하며, 당중앙의 국정운영의 새로운 이념, 새로운 사상, 새로운 전략에 대한 연구와 분석을 강화하며, 학술 이론의 수준을 가진 새로운 이론을 도 출하고 법칙성이 있는 새로운 실천을 개괄해야 한다. 이는 중국 특색 철학 사회과학을 구축하는 작용점이자 주안점이다. 각주구검 식의 현실에 맞지 않는 모방, 고양이를 본떠 호랑이를 그리는 것과 같은 얼렁뚱땅 식의 모방,

기계적 모방, 창의성 없는 모방은 아무런 도움도 되지 않는다."[39]

　　(가) 학과 체계 적극 구축 학과 체계는 철학사회과학의 중요한 플랫폼이다. 중화인민공화국 건국 70주년 특히 개혁개방 40년의 발전을 거쳐 중국의 철학사회과학 학과 체계는 이미 기본적으로 확립되었다. 하지만 학과 건설과 관련하여 학과 설정과 사회발전과의 연결성이 미흡하고 학과 체계가 건전하지 못하며 신흥학과, 교차학과 건설의 미흡함 등의 문제가 존재한다. 현재와 향후 일정 시간 동안 철학사회과학의 발전 법칙에 따라 신시대 중국경제사회의 발전과 긴밀히 연결시키면서 학과 건설과 학과 체계 혁신에 큰 힘을 기울려야 한다. 우선, 마르크스주의의 학과 건설을 강화하고 공산당의 19차 당 대표대회의 취지에 따라 마르크스주의 중국화, 시대화, 대중화에 주안점을 두고 마르크스주의 학과를 우세 학과로 건설하며 기타 학과에 대한 지원과 선도역할을 충분히 발휘한다. 다음, 철학사회과학에 대하여 버팀목 역할을 할 수 있는 학과를 개선하기 위해 노력하며 중국 특색과 보편적 의의가 있는 학과 체계를 구축한다. 그리고 우세 학과를 발전시키는 것을 중시하여 학과 건설의 제고점을 튼튼히 지켜야 한다. 네 번째 중요한 현실적 의미가 있는 신흥 학과와 교차 학과를 적극 발전시켜 이와 같은 학과 연구가 이론 혁신, 발언 혁신의 중요한 변곡점으로 되게 해야 한다. 다섯 번째, 중요한 문화적 가치와 전승적인 의의가 있는 '절학(絕學)', 비인기학과를 중시하고 발전시키며, 해당 학과의 연구인력을 끊임없이 보강시켜야 한다. 학과 체계의 구축과 혁신을 통하여 기초학과는 건실하게, 주요 학과는 우세를 부각시키며 신흥 학과와 교차 학과는 혁신적으로 발전시키며 '절학(絕學)'과 비인기학과는 대대로 전승이 있고 기초연

구와 응용연구는 상호보완하고 학술연구와 성과 응용은 상호 촉진되도록 해야 한다.

(나) 학술 체계 구축에 전력 학술 체계에서 철학사회과학은 핵심이다. 본래(本來)를 잊지 않고, 외래(外來)를 흡수하며 미래(未來)를 지향하면서 중국의 대지에 뿌리를 내리고 시대 특색을 부각시키며 국제적 시야를 가지고 고금중외의 각종 자원을 잘 융합 시켜야 하며, 특히 마르크스주의 자원, 중화의 우수한 전통문화의 자원과 외국 철학사회과학의 자원을 잘 파악하고, 마르크스주의 특히 시진핑 신시대 중국 특색 사회주의 사상을 운용하여 학술연구를 지도하는 능력을 끊임없이 향상시켜야 한다. 중화의 우수한 전통문화의 정수를 계승하고 선양하며 중화의 우수한 전통문화의 당대화, 현대화를 중시해야 한다. 외국 철학사회과학의 긍정적 성과를 비판적으로 참고하고 외국 철학사회과학의 우수한 성과를 로컬화, 중국화하는 것을 중시해야 한다. 중국 발전의 시대적 좌표를 과학적으로 파악하고 세계의 발전 대세를 정확히 읽으며 지식 혁신, 이론 혁신, 방법 혁신을 지속적으로 추진해야 한다. 신시대 중국 특색사회주의 실제를 연구의 기점으로, 공산당이 인민을 이끌고 매진했던 중국의 개혁발전이라는 위대한 실천 속에서 문제를 발견하고 선별해 내며 연구해결하고 새로운 관점을 제기하여 새로운 이론을 구축하고 학술창작능력과 수준을 지속적으로 향상시키며 학술 이론의 중국화를 추진하고 중국 특색이 있고 시대적 정신을 반영하는 철학사회과학 학술 체계를 구축해야 한다. 정확한 정치적 방향과 학술적 방향을 고수하고 과학연구성과의 학술적 품질, 사회 영향과 실제 효과를 중시하며 학술평가체계와 학술평가표준을 개선하며 중국이 철

학사회과학 학술평가에서의 발언권을 확고히 장악하고 지속적으로 강화해야 한다.

(다) **담론 체계 건설에 진력** 담론 체계는 철학사회과학의 중요한 표현형식이다. 중국의 철학사회과학영역에서 마르크스주의의 발언권 건설을 대대적으로 강화하여야 한다. 실천과 역사를 통해 이미 검증된 마르크스주의 담론을 계승해야 할 뿐더러 신시대 중국의 실제와 결부시켜 마르크스주의의 참신한 담론을 끊임없이 창조하고, 마르크스주의 담론 체계를 풍부히 하고 발전시켜야 한다. 당의 이론 혁신 성과의 학술이론화를 힘써 추진하고 당의 이론 혁신 성과의 학술이론해석을 심화하며 당의 이론 혁신 성과의 핵심 사상, 관건적인 담론을 각 학과 영역에 구현 시켜야 한다. 중국의 실천에 입각하여 중국의 길, 중국의 이론, 중국의 제도, 중국의 경험을 깊이 있게 해석하고 새로운 개념, 새로운 범주, 새로운 용어를 끊임없이 개괄해 냄으로써 중국 특색, 중국의 풍격, 중국의 품격을 갖춘 학술 담론 체계를 구축하여야 한다. 시종일관 대중화 방향을 견지하고 대중이 알아들을 수 있는 언어로 대중이 이해할 수 있는 이론 학술 관점을 말할 줄 알아야 한다. 중국 학술의 '해외진출' 전략을 적극 실시하고 중국과 세계 발전에서 직면한 중대한 문제를 둘러싸고 중국의 입장, 중국의 지혜, 중국의 가치를 구현할 수 있는 이념, 주장, 해법을 적극 제기하여 중국 철학사회과학의 국제적 영향력을 끊임없이 증강해야 한다.

(라) **학술 대가, 이론 대가, 문화 대가 양성에 진력** 한 시대를 대표하는 사상 문화의 건물은 반드시 대사(大師)와 대가들의 받쳐주어야 한다. 한 민

족의 찬란한 문화에는 대표적인 태두와 거장이 있기 마련이다. 또한 한 나라의 문화가 번영하고 흥성하려면 리더가 필요하다. 문화로 나라를 강성하게 하고 위대한 청사진을 실현하려면 영향력이 있는 문화 명인, 문화 대사와 영역별 선구자를 육성하고 시대적 요구에 부응하고 개척정신이 강하고 혁신과 창조에 능한 문화인재들을 대거 양성해야 한다. 중국 특색 사회주의가 신시대로 진입하는 여건하에서 새로운 역사 임무를 이행하려면 공산당은 정치 소질이 뛰어나고 이론 내공이 탄탄하며 실천 경험이 많은 학술 대가, 이론 대가, 문화 대가를 대거 양성해야 하고 당의 이론 이미지를 대표할 수 있고 당과 인민을 위해 입언(立言)하고 대변하는 철학가, 경제학자, 문예가, 역사학자, 사회학자, 정치학자, 법학자 등을 적극 양성하여 당의 이론 건설과 이론 혁신 및 중국 특색 사회주의 사업에서 의존할 수 있는 중요한 힘으로 되게 해야 한다.

(마) **중국학술문화의 해외 진출 추진에 진력** 학술 문화는 중국문화의 주체로 문화적 자신감을 확고히 하고 문화강국을 건설하는 과정에서 매우 중요한 위치에 있다. 해외의 엘리트 계층, 의사결정기관, 싱크탱크, 정당, 정부에 직접 영향을 미칠 수 있는 것은 학술 문화이고 해외의 일반 대중들에게도 심원한 영향을 미칠 수 있는 것 역시 학술문화이다. 중국 학술 문화의 해외진출을 추진하는 것은 사실상 중국 철학 사회과학의 해외진출을 추진하는 것이다. 이것은 중국의 문화적 영향력을 확대하는 수요일 뿐더러 기타 국가와 민족의 우수한 문화 성과를 흡수하고 거울로 삼기 위함이다.

시진핑 총서기가 철학사회과학 업무 좌담회에서 했던 주문에 따라 전국의 힘을 합치고 철학사회과학 기구가 국제적인 학술 조직에 참여하고 설립하는 것을 권장하며 해외에서 중국 학술연구센터를 설립하는 것을 지지하고 권장하며 해외 학회, 기금회가 중국문제를 연구하는 것을 지지하고 국내외 싱크탱크와의 교류를 강화하며 해외 중국학 연구를 추진한다. 국제사회 공동 관심 문제에 포커스를 맞추어 연구 항목을 제기하고 주도하여 중국 철학사회과학 연구의 국제적 영향력을 강화해야 한다. 우수한 외국어 학술 사이트와 학술지 건설을 강화하고 외국에 수준 높은 연구 성과를 추천하도록 지원해야 한다. 중국학자들이 국제 학술회의에 참가하고 학술 논문을 발표하는 것을 적극 지원해야 한다.

제3장

사회주의 핵심가치관으로
정신력과 힘을 모으다

공산당 제18차 당 대표대회는 중국 특색 사회주의를 견지하고 발전시키며, 사회주의 핵심가치관을 육성하고 실천하는 전략적 임무를 제기했다. 공산당 제19차 당 대표대회는 사회주의 핵심가치관을 육성하고 실천할 것을 재차 제기했다. '사회주의 핵심가치관은 당대 중국 정신의 집중적 반영으로 전체 인민의 공동 가치 추구가 응집되어 있다. 민족 부흥의 중임을 맡을 시대의 신인을 양성하는 것을 주안점으로, 교육으로 인도하고 실천으로 양성하며 제도적으로 보장하는 것을 강화하여 사회주의 핵심가치관이 국민교육, 정신 문명의 창설, 정신문화 제품의 창작·생산·확산에 대한 주도적 역할을 발휘하며, 사회주의 핵심가치관을 사회발전의 여러 분야에 융합시켜 정서적 공감대와 행위습관으로 전환시킨다.'[1] 사회주의 핵심가치관은 사회주의 핵심가치 체계의 핵심으로 사회주의 핵심가치 체계의 근본 속성과 기본 특징을 구현하고 있으며 사회주의 핵심가치 체계의 풍부한 함의와 실천적 요구를 반영한다. 이는 사회주의 핵심가치체계를

---

[1] 시진핑(習近平): 『샤오캉사회 건설의 전면적 승리, 신시대 중국 특색 사회주의의 위대한 승리를 이룩하자-중국공산당 제19차 전국대표대회에서의 보고(決勝全面建成小康社會奪取新時代中國特色社會主義偉大勝利-在中國共產黨第十次全國代表大會的報告)』(2017년 10월 18일), 인민출판사, 2017, 42면.

고도로 응축시켜 집중적으로 반영된 것이다.

사회주의 핵심가치관의 육성과 실천을 전략적 임무로 제기함은 가치관이 작금의 세계에서 일으키는 특수한 의미에 대한 시진핑 총서기의 심도 깊은 인식을 반영하고 오늘날 중국의 사회현실에 대한 객관적 판단을 반영한다. 이는 시진핑 신시대 중국 특색 사회주의 사상의 중요한 구성부분으로 전국의 여러 민족 인민들이 중국 특색 사회주의를 건설하는 길에서 정신과 힘을 함께 뭉쳐 중화민족의 위대한 부흥을 실현하기 위해 함께 분투하는 것을 이끌고 있다.

제1절 사회주의 핵심가치관은 중국의 앞날과 명운 그리고 인민의 행복과 평안과 관계된다

세계적인 범위에서 문화의 교류와 융합 그리고 충돌이 날로 빈번하게 이루어 지고 있는 오늘날, 중국 내 사회주의 시장경제 조건 하의 사상의식 또한 다원적이고 변화가 많은 특징을 보이고 있다. 이는 당대의 중국에서 다양한 민족, 국가가 과연 어떤 핵심가치관을 지켜야 하는가 하는 것을 깊이 사고하도록 하고 있다. 이것은 이론과 관련된 문제일뿐더러 실천과 관련된 문제이기도 하다. 시진핑 총서기는 "거듭 의견을 경청하고 각 방면의 인식을 취합한 뒤 우리는 부강·민주·문명·화합을 창도하고, 자유·평등·공정·법치를 창도하며 애국·충직·성실·친선을 창도하고 사회주의 핵심가치관을 적극 육성하고 실천할 것을 제기하였다. 부강·민주·문명·화합은 국가차원의 가치요구이고 자유·평등·공정·법치는 사회 차원의 가치

요구이며 애국·충직·성실·친선을 공민 차원의 가치요구이다."[2]라고 지적한 바 있다. 사회주의 핵심가치관의 제기는 '당대 중국에서 어떤 가치관을 고수해야 하는가'라는 시대적 질문에 답변한 것이며 중국이 어떤 국가를 세우고 어떤 사회를 만들어 가며 어떤 국민을 키워가느냐 하는 중대한 문제를 답변했다. 사회주의 핵심가치관의 제기는 "전국 여러 민족 인민들이 공동으로 인정하는 가치관의 '최대 공약수'를 확립하여 인민 전체가 한마음 한 뜻으로 단결 분투 하도록 하는 것은 나라의 미래와 명운과 관계되고 인민의 행복과 건강과 관계된다."를 취지로 한다.[3]

1. 사회주의 핵심가치관은 국가의 미래와 명운과 관계된다

가치관은 시대의 산물이고 문화의 핵심이다. 시진핑 총서기는 "시대별로 해당 시대의 시대적 정신이 있고 시대별로 시대적인 가치 관념이 있다."고 지적한 바 있다. 사회주의 핵심가치관은 중국 특색 사회주의의 본질적 규정을 반영한다.[4] 사회주의 핵심가치관은 공산당원과 인민이 우수한 전통문화를 계승하고 인류문명의 우수한 성과를 거울로 삼으면서 특히 혁명·건설·개혁과정에서 점차 형성하고 발전시킨 가치관과 가치 추구이

---

2   시진핑: 『청년들은 사회주의 핵심가치관을 자각적으로 실천해야 한다-베이징대학 교사와 학생 좌담회에서의 연설(青年要自覺踐行社會主義核心價値觀-在北京大學師生座談會上的講話)』(2014년 5월 4일), 인민출판사, 2014, 4-5면.

3   시진핑: 『청년들은 사회주의 핵심가치관을 자각적으로 실천해야 한다-베이징대학 교사와 학생 좌담회에서의 연설』(2014년 5월 4일), 인민출판사, 2014, 4면.

4   상동.

며 사회주의 제도의 본질적 속성과 가치 취향을 반영한다.

현재 우리는 세계적 범위의 사상문화 교류와 융합 그리고 충돌의 정세 하에서 서로 다른 가치관이 대결하는 새로운 태세에 직면하고 있다. 개혁개방과 사회주의 시장경제를 발전시키는 조건에서 사상 의식은 다원적이고 다양하며 변화가 많은 새로운 특징을 갖고 있다. 사회주의 핵심가치관을 적극 육성하고 실천하는 것은 이념 영역에서 마르크스주의의 지도적 지위를 공고히 하고 공산당 전체와 전국 인민이 단결분투하는 사상 기초를 공고히 하며 인간의 전면적 발전을 촉진하고 사회의 전면적 진보를 선도하며 샤오캉(小康)사회를 전면적으로 실현하고 중화민족의 위대한 부흥이라는 중국몽을 실현하는 강대한 긍정적 에너지를 집결시키는데 중요한 현실적 의의와 심원한 역사적 의의를 가진다.

한 민족, 한 나라에 있어서 가장 지속적이고 가장 심층적인 힘은 전 사회가 공동으로 인정하는 핵심가치관임을 인류사회 발전의 역사는 이미 보여주었다. 핵심가치관은 한 민족, 한 나라의 정신적 추구를 담고 있으며 사회의 시비곡직을 평가하는 가치 기준을 반영한다. 중화민족은 5,000년 유구한 문명 역사를 갖고 있으며 5,000여 년의 파란만장한 변화를 겪어왔다. 중국인들은 핵심가치관의 응집력에 세세대대로 의지해 왔기에 유구한 중화 문명이 오늘까지 지속되고 중화민족이 시종 세계 민족의 숲에 우뚝 서게 되었고 오늘의 중국이 위대한 부흥의 길로 들어서게 되었다.

시진핑 총서기는 "옛 사람들은 '대학의 취지는 광명정대한 품덕을 널리 알리고 생활 속에서 학습하고 응용하여 사람이 가장 나무랄 데 없는 경지에 이르게 하는 것이다. [大學之道, 在明明德, 在親民, 在止於至善]고 하였다.' 핵심가치관은 사실 일종의 덕(德)으로 개인의 덕일 뿐만 아니라 넓고 큰 인덕(人德)으로 나라의 덕이고 사회의 덕이다. 나라가 덕이 없으면 흥성할 수 없고, 사람이 덕이 없으면 바르게 설 수가 없다. 한 민족, 한 나라에 공동의 핵심가치관이 없고 일치된 결론을 내리지 못하며 행동에서 의지함이 없다면 그 민족과 국가는 발전할 수 없다. 이와 같은 경우는 중국의 역사에서나 오늘날의 세계에서 흔히 찾아 볼 수 있다."[5] 핵심가치관은 한 나라 또는 민족이 시비곡직을 평가하는 가치기준을 구현하고 그 나라 또는 민족은 가치 취향과 가치 요구를 반영하며 그 나라 또는 민족이 끊임없이 앞으로 발전하도록 밀어준다. 핵심가치관이 없는 나라와 민족이 시비곡직을 평가하는 가치기준을 잃게 되고 자기의 가치 취향과 가치 요구를 잃게 되며 또한 그 사회발전을 추진하는 가장 지구적이고 가장 심층적인 힘도 잃게 되며 그 나라 또는 민족은 망국과 멸종의 위기를 맞이할 수도 있다. 바로 이러한 의미에서 사회주의 핵심가치관을 확립하는 것은 중국의 미래와 명운과 관계된다고 할 수 있다.

가치관은 문화의 핵심이다. 문화는 통상 어떤 사회집단이 보편적으로 보유하고 있는 가치관, 가치 성향, 이상과 신념 그리고 가치판단 등을 포함하고 있다. 21세기에 들어선 후 인류는 문화(또는 가치관)의 사회발전과 진보면에서의 중요한 역할에 보다 높은 관심을 보이고 있다.

역사유물론의 선진적 가치관은 사회와 개인에게 모두 긍정적이고 선도적 역할을 할 수 있다고 보고 있다. 가치관은 일반적으로 체제, 지리, 대중 심리 등 여러 가지 요소들과 함께 작용한다. 선진적인 가치관은 경제발

---

5   시진핑: 『청년들은 사회주의 핵심가치관을 자각적으로 실천해야 한다-베이징대학 교사와 학생 좌담회에서의 연설』(2014년 5월 4일), 인민출판사, 2014, 4면.

전을 촉진하고 낙후한 가치관은 경제발전을 저해한다. 이와 같은 예는 결코 보기 드문 것은 아니다. 20세기 50~60년대에 비슷한 경제발전 수준에 처해 있던 개도국중에서 부동한 가치관의 인도 하에 일부는 가난하고 낙후한 국면을 신속히 벗어났다. 그러나 일부 국가는 경제발전의 진작이 미진하여 아직까지도 낮은 경제발전 단계에 처해있다 .

소련이 해체된 후 '냉전' 시대의 두 세계대국 또는 대국 집단이 서로 대립하는 국면도 종식되었다. 인류는 세계질서 재건의 과제에 다시 직면하게 되었다. 시진핑 총서기는 다음과 같이 지적하였다. "위풍당당한 시대의 조류, 그 조류를 따르는 자는 번창하고 거스르는 자는 몰락한다. 몸은 21세기에 들어섰으나 머리는 과거와 식민 확장의 구시대, 냉전 사유, 제로섬 게임의 낡은 틀에 머물러 있어서는 시대의 조류를 따라갈 수 없다."[6] 시대의 요구에 부응하는 가치관을 확립해야만 역사발전의 객관적법칙에 순응할 수 있으며 보다 조화롭고 공정한 세계질서를 구축하는 데 자신의 힘을 이바지할 수 있다.

가치관은 인류가 자연과 사회를 인식하고 개조하는 과정에서 생산하고 역할을 한다. 민족별, 나라별로 그 자연조건과 걸어온 길이 다름에 따라 생성되고 형성된 핵심가치관도 각자의 특징을 갖고 있다. 한 민족, 한 나라의 핵심가치관은 반드시 해당 민족과 나라의 역사와 문화에 부합되어야 하며 이 민족, 이 나라가 해결해야 할 시대적 과제들에 부응해야 한다. 시진핑 총서기는 "수천 년간 지속된 중화 문명은 독특한 가치체계를 갖고 있

---

6   시진핑: 『전진하는 시대의 흐름에 순응하여 세계의 평화발전을 촉진(順應時代前進潮流, 促進世界和平發展)』(2013년 3월 23일), 『시진핑 국정운영을 논함(習近平 談治國理政)』, 외문출판사, 2014, 273면.

　　　　　　　　　　　　　　　　　　신시대 사회주의 문화강국 건설

다. 중화의 우수한 전통문화는 이미 중화민족의 유전자가 되었으며 중국 사람의 마음속에 뿌리를 내리고 은연 중에 중국인의 이데올로기와 행위 방식에 영향을 미치고 있다. 오늘 우리가 제창하고 선양하는 사회주의 핵심가치관은 반드시 이로부터 풍부한 영양분을 섭취해야 하고 그렇지 않을 경우 생명력과 영향력을 가지지 못할 수 있다."[7] 사회주의 핵심가치관의 제기는 타 문명의 우수한 성과를 참고하였다. 시진핑 총서기는 "문명은 교류로 인해 다채롭고 서로를 배우는 과정에서 풍부해졌다. 문명의 교류와 상호배움은 인류문명의 진보와 세계의 평화적 발전을 추진하는 중요한 원동력이다."고 지적한 바 있다.[8]

　　요컨대, 사회주의 핵심가치관은 중국공산당이 전국 인민을 이끌고 달성한, 우수한 전통문화를 계승하고 인류문명의 우수한 성과를 거울로 삼으며 특히 혁명과 건설 그리고 개혁과정에서 점차 형성하고 발전시킨 가치관이다. 사회주의 핵심가치관에는 공산당 전체와 사회 전체의 공동 가치 의식이 응집되어 있다. 이는 중국 특색 사회주의 가치관을 반영하고 있으며 중국의 선진 문화가 나아가야 할 방향을 대표하고 있으며 국가의 앞날과 명운과 관련되는 중대한 의의가 있다.

7　시진핑: 『청년들은 사회주의 핵심가치관을 자각적으로 실천해야 한다-베이징대학 교사와 학생 좌담회에서의 연설』(2014년 5월 4일), 인민출판사, 2014, 7면.

8　시진핑: 『유네스코 본사에서 한 연설(在聯合國教文組織總部的演講)』(2014년 3월 27일), 『제3회 핵안보정상회의 참가 및 유럽4국 방문과 유네스코본부, 유엔본부 방문 시의 연설(出席第三屆核安全峰會幷訪問歐州四國和聯合國科教文組織總部, 歐盟總部時的演講)』, 인민출판사, 2014, 10면.

2. 사회주의 핵심가치관은 인민의 행복과 평안과 관련된다

나라의 앞날과 명운은 인민의 행복과 평안과 내적으로 통일되고 서로 전제되는 관계이다. 나라가 번영해야만 인민들이 행복하고 평화로운 삶을 누릴 수 있다. 인민들이 행복하고 평화로운 삶을 누릴 수 있어야 나라가 안정되고 경제가 발전하며 사회가 진보할 수 있다. 오늘날 시진핑 총서기를 핵심으로 하는 공산당 중앙은 가치관과 사회진보간의 긴밀한 관계를 깊이 인식하고, 사회주의 핵심가치관을 육성하고 실천하는 것은 중국 특색 사회주의 대업을 추진하고 중화민족 위대한 부흥의 중국몽을 실현하는 전략적 임무라고 명확히 제기했다. 거시적 차원에서 사회주의 핵심가치관을 확립하는 것은 중국의 미래와 명운과 관계된다. 구체적인 차원에서 사회주의 핵심가치관을 확립하는 것도 인민의 행복과 평안과 관계된다 .

어떠한 사회를 막론하고 다양한 가치관과 가치 지향이 존재한다. 개혁개방 초기부터 중국은 가치관 문제를 주목하기 시작하였다. 20세기 80년대 후기에 이르러 중국은 가치관과 관련하여 이미 비교적 보편적인 토론을 거쳤다. 중국의 개혁개방 정책은 이미 40년간 실시되어 왔고 중국은 현재 더욱 다양한 사회 사조, 더욱 다양한 가치 판단, 더욱 다양한 이익적 충돌을 마주하고 있다. 중화민족의 위대한 부흥을 실현하기 위하여 중국은 정신적 깃발, 사상적 선도, 문화적 선도가 특히 필요하고 사회적 공감대의 최대 공약수를 응집시켜 전진 과정에서 부딪친 각종 어려움과 도전에 일치단결하여 대처해 나가야 한다.

사회주의 핵심가치관의 제기는 가치관 영역의 사회적 분화를 해소하는 데 유리하다. 분화는 현대사회의 가장 뚜렷한 특징이다. 사회적 분화의 배후는 가치관의 분화이다. 가치의 다원화 나아가 가치 충돌은 이미 현대 사회가 직면한 주요한 문제의 하나가 되었다. 막스 베버(Max Weber)의 말을 빌리자면 우리는 귀신을 몰아낸 후 뭇신의 불화 시대에 처해있다. 중국은 사상 관념의 대충돌, 문화 가치의 대융합의 시대에 처해있다. 특히 개혁개방이 끊임없이 심화되고 시장경제가 지속적으로 발전함에 따라 가치관 영역에서 가치관의 상대화, 비속화, 물욕화, 허무화 등의 문제들이 나타났다.

시장경제는 양날의 칼이다. 사람들에게 여러 가지 경제적 편리와 물질적 향수를 가져다 줄 수 있지만 더불어 사회계층의 분화와 빈부격차를 확대시킬 수도 있다. 부의 분배가 불균형 하면 일부 분야나 일부 지역에서 가치의 분화가 가일층 확대될 수 있다. 거대한 이익과 부의 차이 앞에서 사람들은 공동의 가치와 동질감을 형성하기 어렵다. 이와 반대로 이와 같은 가치관의 분화와 혼란은 필연코 사회주의 시장경제 체계의 보완에 영향을 미치고 사회주의 시장경제 윤리의 구축을 방해하게 되며 따라서 가치관의 분화를 한층 더 격화시킬 수 있다. 그러므로 사회주의 핵심가치관은 바로 다원화된 사회의 큰 배경하에서 가치 인식의 분화, 혼란을 조준하여 제기되었다. 사회주의 핵심가치관의 제기는 가치 공감대를 재구축하여 화합 사회를 구축하는 데 튼튼한 토대를 마련하는 것을 취지로 한다.

사회주의 핵심가치관의 제기는 '네 가지 전면(全面)'의 전략적 배치를 실시하는 데 유리하다. 2014년 12월, 시진핑 총서기는 장쑤(江蘇)성에서 조사연구 할 때 처음으로 '네 가지 전면'의 전략적 배치를 명확히 제기했다. 2015년 2월, '네 가지 전면'은 정식으로 당중앙의 전략적 배치로 확정되었다. 이는 본질적으로 다음과 같은 의미가 있다. 처음으로 '전면적인 샤오캉

(小康)사회를 실현하는'것을 '중화민족의 위대한 부흥이라는 중국몽을 실현하는 관건적인 한걸음'으로 정했다. 처음으로 '개혁의 전면적인 심화'의 목표를 '사회주의 제도를 보완하고 발전시키며 국가 거버넌스 능력과 수준의 현대화를 추진하는 것'으로 확정했다. 처음으로 '전면적인 의법치국'이라는 논지를 '개혁의 전면적 심화'와 같은 지위에 놓아 '새의 두 날개', '차의 두 바퀴'와 같은 구도를 만들었다. 처음으로 '전면적으로 당을 엄하게 다스리는(從嚴治黨)' 길을 제정하여 '당을 엄하게 다스리는 체계성, 예견성, 창조성, 실효성을 증강시킬 것'을 요구하였다 .

'네 가지 전면'전략은 시진핑 총서기를 핵심으로 하는 공산당 중앙이 새로운 형세 하에서 제기한 국정운영 기본계획(master plan)이다. '네 가지 전면'은 상부상조의 관계로 마르크스주의와 중국의 실천을 접목하여 실현한 또 한 차례의 역사적 도약이다. 우선, 사회주의 핵심가치관은 곧 '네 가지 전면'전략의 가치적 추구이다. 그리고 '네 가지 전면'전략은 사회주의 핵심가치관의 육성 실천에 필요한 플랫폼과 토대를 제공해 주었다. 다음, 사회주의 핵심가치관은 '네 가지 전면'전략의 정신적 통솔자와 사상적 버팀목이기도 하다. 가장 폭넓은 대단결, 대연합을 실현하는 데 가장 폭넓고 강력하며 지속적인 힘을 지원한다. '네 가지 전면'전략을 조화롭게 추진하기 위해서는 사회주의 핵심가치관의 중요한 역할 즉 정신과 힘을 응집시키는 역할을 충분히 발휘해야 한다. '네 가지 전면'전략을 끊임없이 추진해야만 사회주의 핵심가치관은 전국 여러 민족 인민들이 공동으로 인정하는 가치관의 '최대 공약수'로 진정으로 자리잡을 수 있다. 양자는 서로 전제와 조건이 되면서 중화민족의 위대한 부흥이라는 중국몽을 실현하는 역사적인 길에서 통일되게 될 것이다.

사회주의 핵심가치관의 제기는 중국 국가 이미지를 세우는 데 이롭다. 새로운 역사 조건하에서 중국이 국제사회의 경제, 정치, 문화활동에 참가하는 깊이와 폭은 날로 확대될 것이다. 중국은 개혁개방 후, 경제, 정치 문화와 사회 등의 영역에서 괄목할만한 성과를 이루어 냈고, 경제 총량은 글로벌 2위로 도약했다. 중국의 강성과 더불어 '중국위협론', '국강필패(國强必覇)'식의 여론이 나타났고 심지어 중국의 이미지를 더럽히고 왜곡하고 악마화시키고 있다. 복잡한 국제형세 속에서 중국의 국가 이미지를 구축하는 것이 현실적으로 시급한 과제가 되고 있다. 시진핑 총서기는 "우리나라의 국가 이미지를 부각하는 데 중시해야 한다. 역사의 깊이를 갖고 있고 여러 민족이 다원일체(多元一體)되었으며 다양하고 조화로운 문화를 가진 문명 대국의 이미지를 비중 있게 알리고, 청명한 정치, 발전한 경제, 번영한 문화, 안정된 사회, 단결된 인민, 아름다운 산과 물을 가진 동방 대국의 이미지를 비중 있게 알려야 한다. 평화적 발전을 고수하고 공동 발전을 촉진하며 국제적인 공평한 정의를 수호하고 인류를 위해 기여하는 책임감이 있는 대국의 이미지를 비중 있게 보여주고 대외적으로 더욱 개방되고 더욱 친화력이 있으며 희망이 넘치고 활력이 넘치는 사회주의 대국의 이미지를 비중 있게 보여주어야 한다."고 지적했다.[9]

사회주의 핵심가치관의 제기는 중국의 국가 이미지를 구축하는 중요한 수단 중의 하나이다. 옛 사람들이 이르기를 '이익을 위해 사귄 자는 이익이 다하면 흩어지고, 힘을 위하여 사귄 자는 힘이 무너지면 기울어진다. 권

---

9   시진핑: 「제18기 중앙정치국 제12차 집단학습시의 연설(在十八屆中央政治局第十二次集體學習時的講話)」(2013년 12월 30일), 『시진핑의 사회주의문화건설에 대한 논술발췌(習近平關於社會主義文化建設論述摘編)』, 중앙문헌출판사, 2017, 202면.

력을 위하여 사귄 자는 권력을 잃으면 버리고, 정으로 사귄 자는 정이 끊기면 상하기 마련이다. 오로지 마음으로 사귀어야 오래 지속될 수 있다(以利相交, 利盡則散; 以勢相交, 勢敗則傾; 以權相交, 權失則棄; 以情相交, 情斷則傷; 唯以心相交, 方能成其久遠).' 이른 바 '마음으로 사귐'이란 '마음이 통하고 뜻이 맞는 것(心通意合)'이다. '마음이 통하고 뜻이 맞으려면' 모종의 공동 가치 동일성을 구축하는 것이 필요하다. 모종의 공동 가치 동일성을 구축해야만 다양한 민족사이에서 '마음으로 사귀고', '마음과 뜻이 맞을 수' 있으며 인류운명공동체를 구축하기 위한 튼튼한 기반을 다질 수 있으며 중국의 국가 이미지 메이킹을 위해 보다 광범위한 민심의 지원과 도의적 지원을 받을 수 있다.

결과적으로 사회주의 핵심가치관은 국가, 사회와 개인 세 가지 차원에서 세계를 향하여 중국이 중화민족의 위대한 부흥 중국몽을 실현하려는 가치관을 알렸다. 이는 중국의 국가 이미지 메이킹의 정신력이고 핵심이며 중국의 국가 이미지 향상을 위한 참신한 실현을 제공했다. 물론 사회주의 핵심가치관의 제기는 중국 이데올로기의 재정립과 통합에 대해서도 상당히 중요한 작용을 하고 있다.

제2절 사회주의 핵심가치관으로 중국의 정신, 중국의 가치, 중국의 힘을 구축하다

당대 중국에서 민족과 국가가 반드시 고수해야 하는 사회주의 핵심가치관은 공산당 18차 당 대표대회에서 제기한 '부강·민주·문명·화합·자유·평등·공정·법치·애국·충직·성실·친선'이다. 동 24자는 중국의 문화 소프트파워의 핵심이고 중국의 각 인민이 공동으로 인정하는 가치관의 '최대 공약수'를 반영하고 있다. 그의 제기는 중국이 만들어가고자 하는 나라의 모습, 사회, 키우려고 하는 국민의 모습을 답변한 중대한 문제이다. 시진핑 총서기는 "사회주의 핵심가치관으로 정신력과 힘을 모으고 중국의 정신, 중국의 가치, 중국의 힘을 보다 훌륭히 구축하며 중국 특색 사회주의 사업을 위해 정신적 동력과 도덕적 자양분을 끊임없이 공급해야 한다"고 지적했다.[10]

1. 만들어 가고자 하는 나라

부강·민주·문명·화합은 국가적 차원에서 추구하는 사회주의 핵심가치관의 가치로 어떤 나라를 만들어야 하는가 하는 문제에 대한 답변이다. 이는 중국 사회주의 현대화국가의 건설 목표이고 국가 차원에서 사회주의 핵심가치관의 기본적 이념이 응축되어 있으며 사회주의 핵심가치관에서 가장 높은 지위에 있고 기타 차원의 가치 이념에 대해 통솔 역할을 한다.

'부강'은 나라가 부유하고 국민이 강하다는 뜻으로 사회주의 현대화국가를 위한 국가 경제건설이 있어야 할 상태이다. 이는 중화민족이 바라던 아름다운 소원이며 나라가 번영창성하고 인민이 행복하고 평안할 수

---

10   시진핑: 「전국의 도덕모범 표창활동에 대한 서면의견(對全國道德模範表彰活動作出的批示)」 (2015년 10월 14일), 『시진핑의 사회주의문화건설에 대한 논술발췌』, 중앙문헌출판사, 2017, 146면.

있는 물질적 기초이다. 근대 이전, 중국은 세계에서 경제가 가장 발달하고 문화가 가장 발전한 문명 고국이었다. 세계의 산업혁명이 왕성한 기세로 발전하고 인류사회가 심각한 변혁을 겪었던 그 시점에 중국은 세계와 진보를 함께 할 수 있는 기회를 잃고 수동적으로 매 맞는 처지로 전락했다. 더욱이 아편전쟁 후 중화민족은 가난과 쇠약이 축적되고 어육이 되어버리는 참상에 빠져들었다. 부유한 나라, 강한 국민은 중화민족이 근대 이후에 꿈꿔오던 것이고 몇 대에 걸쳐 중국인을 분발시킨 동력이었다. 40년의 개혁개방을 거쳐 중국의 경제는 세계가 괄목할만한 성과를 거두었고 인민의 생활수준도 뚜렷한 향상을 가져왔다. 하지만 중국은 여전히 경제구조가 불합리하고, 경제발전 수준이 불평등하며 경제발전 방식의 지속성이 떨어지며 도농 지역 발전 및 주민 소득 격차가 여전히 크다는 것 등의 문제점을 안고 있음을 직시해야 한다. 전국의 여러 민족인민들이 단결하고 정신력과 힘을 모아 샤오캉사회를 전면적으로 건설하는 분투 목표의 지도 하에 중국 특색 사회주의 위업이 새로운 단계로 나갈 수 있도록 끊임없이 밀어주어야 한다.

'민주'란 곧 인민이 주인이 되는 것이다. 민주는 사회주의민주정치의 본질과 핵심이다. 우리가 좇아서 구하는 민주는 곧 인민의 민주이고 인민이 주인이 되는 것을 보증하고 지원한다. 민주는 사회주의의 생명이고, 인민의 아름답고 행복한 생활을 창조하는 정치적 보장이다. 인민의 민주를 실현하고 인민이 나라의 주인으로 되는 것을 보증하려면 국가의 모든 권력이 인민에게 있다는 헌법 이념을 고수해야 한다. 인민 민주를 실현하고 인민이 주인 되는 것을 보증하려면 국정운영의 대 방침이 인민 내부의 각 방면에서 광범위한 협상을 거치는 것이 요구된다. 인민 민주를 실현하고 인민이 주인으로 되는 것을 보증하는 것의 실현 방식은 다양하다. 판에 박힌 듯한 방식에 국한되어서는 아니되고 세상 천하에 모두 맞는 평가 표준이 하나밖에 없다고 할 수도 없다. 인민 민주를 실현하고 인민이 주인으로 되는 것을 보증하려면 반드시 구체적이고 현실적으로 중국 공산당의 국정 운영에 반영되고 당과 국가기관 관련 분야, 다양한 계층의 업무에 반영되어야 한다. 인민 민주는 공산당이 시종일관 높이 날리고 있는 빛나는 깃발이자 국가 정치 건설 분야에서의 기본 가치 목표이며 인민이 자유와 민주를 충분히 누려야만 중화민족의 위대한 부흥을 실현하는 데 양호한 정치적 조건과 환경을 창조할 수 있다.

'문명'은 사회 진보의 중요한 지표이고 사회주의 현대화 국가의 중요한 특징이다. 사회주의 현대화 국가 건설의 당연한 상태이자 현대화·세계·미래를 지향하는 민족적·과학적·대중적인 사회주의 문화를 요약한 것이며 중화민족의 위대한 부흥을 실현하는 중요한 버팀목이다. 중국은 유구한 문명을 가진 국가이다. 세계의 몇몇 고대문명중에서 중화 문명은 유일하게 단절되지 않고 오늘날까지 지속된 문명으로 이미 5,000여 년의 역사를 갖고 있다. 5,000년 문명 역사 중에서 중화민족은 풍부하고 우수한 문화전통을 창조하고 전승했다. 이것은 중화민족의 '뿌리'와 '정신력'이다. 한 민족이 부흥을 실현하려면 물질적인 힘이 필요할 뿐더러 강력한 정신적 힘이 필요하다. 중화민족의 위대한 부흥을 실현하기 위해서는 기적을 창조하는 것이 필요할뿐더러 정신문화 상의 빛을 다시 발하게 해야 한다. 사회주의 핵심가치관이 창도하는 '문명'은 민중의 사상 도덕과 과학문화 자질을 끊임없이 향상시키는 것을 취지로 하고 인민의 총명함과 자질을 높이고 도덕을 육성하며 민족의 '뿌리'와 '정신력'을 이어서 중화민족의 위대한 부흥을 실현하는 데 필요한 건실한 정신적 기반을 닦는 것이다.

'화합'은 사회주의 국가의 사회건설 영역에 대한 가치적 소구로 중국 전통문화의 기본 이념을 담고 있다. 사람과 자연, 사람과 사회 및 사람과 사람 사이의 관계를 변증적으로 처리할 것을 요구한다. 불공정한 사회 상황 개편을 요구하고 배우고자 하면 학교를(学有所教), 일하면 소득을(劳有所得), 병이 나면 의료를(病有所医), 늙으면 돌봄을(老有所养), 거주하고자 하면 살 곳이 있도록(住有所居)하는 것은 경제사회의 조화로운 안정, 지속적이고 건전한 발전을 위한 중요한 보증이다. 그러므로 조화롭고 안정된 사회는 중국 특색 사회주의의 본질적 속성이고 개혁 발전의 기본적인 전제조건이다. 조화롭고 안정된 사회환경이 없다면 개혁발전이라는 것을 모두 운운하기 어렵고 아무리 뛰어난 계획과 해법도 실현하기 어려우며 이미 취득한 성과마저 잃을 수 있다. 조화롭고 안정된 사회를 지킴에 있어서 사회 모순을 타당하게 처리하는 것이 중요하다. 발전의 전면성, 조화성, 지속성을 증강 발전시키고 인민의 기본민생문제를 적극 해결하며 사회의 조화롭고 안정된 물질적 기초를 끊임없이 다지고 공공연히 하면서 가능한 한 사회 모순을 원천적으로 예방하고 감소시켜야 한다.

결과적으로 사회주의 핵심가치관중의 '부강·민주·문명·화합'은 사회주의 국가가 경제건설, 정치 건설, 문화 건설과 사회건설 분야의 가치적 소구와 기본적 목표를 각각 반영하고 있으며 중화민족의 위대한 부흥이 국가 차원에서 기본적 요구를 실현하는 것이다.

2. 만들어야 하는 사회

사람은 사회적인 동물로 함께 생활하면서 전체 사회를 구성한다. 건전한 사회에는 공동 이익적 소구가 있을 뿐더러 공동의 가치 추구도 있다. '자유·평등·공정·법치'는 아름다운 사회에 대한 생동한 설명이고 사회주의 핵심가치관의 기본 이념을 사회적 차원에서 응축하여 표현한 것이다. '자유·평등·공정·법치'는 현대사회의 기본적 가치 추구일뿐더러 중국 특색 사회주의의 기본속성이기도하다. '자유·평등·공정·법치'의 이상 사회는 중국공산당이 굳건한 의지로 오랜 세월 동안 실천해 온 핵심적인 가치 이념이고 중화민족의 위대한 부흥을 실현하는 목표의 중요한 구성부분이다.

'자유'란 사람의 의지의 자유, 존재와 발전의 자유이며 인류사회의 아름다운 소망이며 마르크스주의가 추구하는 사회 가치의 목표이다. 사람의 자유로운 발전을 추구하는 것은 마르크스주의의 가치적 버팀목과 최종 귀착점이다. 1848년 마르크스와 엥겔스가 공동으로 집필한《공산당선언》에는 이와 같은 유명한 논술이 있다. '이 연합은 계급대립적인 자산계급의 낡은 사회를 대체할 것이다. 그곳에서 개개인의 자유로운 발전은 모든 이들이 자유롭게 발전하는 조건이다.'[11] 이 유명한 논술은 마르크스와 엥겔스가 생각하던 미래 이상 사회에 대한 이상적 모습으로 마르크스주의자가 구상한 이상사회의 기준이다. 이 이상사회에서 개개인은 스스로의 의지에 따라 자유롭게 발전하고 개개인의 자유 발전은 또한 타인이 자유로 발전

---

11 『마르크스·엥겔스 문집(馬克思恩格斯文集)』 제2권, 인민출판사, 2009, 53면.

하는 전제와 조건이다. 이는 모든 이들이 자유 발전을 실현하는 사회이고 자유의 의지를 가진 사람들로 구성된 연합이다. 사회주의 핵심가치관 중 '자유'는 곧 마르크스와 엥겔스가 자유 사회에 대한 가치적 추구를 반영하고 있다.

'평등'은 공민이 법 앞에서 일률로 평등하며 법에 따라 사람마다 평등하게 참여하고 평등하게 발전하는 권리를 갖는 것이다. 사회주의 핵심가치관의 '평등'에는 '실질적 평등'의 가치적 소구가 포함되어 있다. 사회주의 핵심가치관이 추구하는 평등은 권리의 평등, 기회의 평등, 인격의 평등이다. 현재의 중국에서 빈부의 격차는 아직 매우 크다. 이리하여 어떤 이들은 중국 사회 각 계층간 유동성이 날로 작아지고 있고 부유 계층, 중간 계층과 빈곤계층이 나날이 고착되고 있다고 보고 있다. 이는 잘못된 관점이다. 이 관점대로라면 서로 다른 사회계층에 있는 사람은 평등한 발전의 기회를 충분히 누릴 수 없다. 하지만 사회주의 핵심가치관의 평등은 '수시로 인민의 목소리에 귀를 기울이고 인민의 기대에 부응하며 인민의 평등 참여, 평등 발전의 권리를 보장하여 사회의 공평과 정의를 수호해야 한다.'[12] 광범위한 인민 군중이 '인생을 빛낼 수 있는 기회를 함께 누리고 꿈을 이루기 위한 기회를 함께 누리며 조국과 시대와 함께 성장하고 진보할 수 있는 기회를 함께 누리는 것'을 보증해야 한다.[13]

'공정'은 곧 사회 공평과 정의이다. 이는 중국 특색 사회주의의 내적 요구이고 중국공산당이 추구하는 숭고한 가치적 목표이며 국가와 사회가

---

12 이 책의 편집팀: 『중국몽을 떠받들자-시진핑 동지가 제12기 전국인대1차회의에서 한 연설을 학습(托起中國夢-學習習近平同志在十二屆全國人大一次會義上的講話)』, 신화출판사, 2013, 4면.

13 위와 같은 책, 3면.

반드시 갖추어야 하는 근본적 가치이념이다. 사회주의 핵심가치관이 창도하는 '공정'은 평등과 자유 두 가지 가치를 유기적으로 결합시키고 통일한 것이다. 이는 사람의 해방과 자유평등 권리의 획득을 전제로 하는데 사회에 평등이 있고 자유가 없으면 활력을 잃게 되고 자유는 있으나 평등이 없으면 질서를 잃기 때문이다. 공정은 사회의 공정성을 보장하는 각종 제도를 서둘러 보완하고 공평하고 정의로운 사회환경을 적극 조성하며 인민의 평등한 참여, 평등한 발전의 권리를 충분히 보장할 것을 요구한다. 공정은 법의 생명선이며 사법 공정은 또한 사회 공정에서 중요한 선도적 역할을 한다. 반대로 사법이 공정하지 못하면 사회 공정에 치명적인 데미지를 입히게 된다. 이른바 '정직한 사람을 등용하여 그릇된 사람의 위에 놓으면 백성들이 따르고, 그릇된 사람을 등용하여 정직한 사람의 위에 놓으면 백성들은 따르지 않는다(擧直錯諸枉, 則民福; 擧枉錯諸直, 則民不服).' 사회의 공평과 정의를 실현하려면 사법 공정을 위한 노력을 끊임없이 실천하여 사회가 공동으로 공평과 정의의 환경을 조성하도록 인도해야 한다 .

'법치(法治)'는 국정운영의 기본 방식이며 의법치국은 사회주의 민주정치의 기본요구이다. 법제 건설을 통해 공민의 근본이익을 지키고 보장하는 것은 자유와 평등, 공평과 정의의 제도적 보증이다. 문명사회는 모두 법제 사회이고 법제의 방식으로 자유와 평등 그리고 공정한 사회를 실현한다. 공산당의 18차 대표대회이후 시진핑 총서기를 핵심으로 한 공산당 중앙은 중국 특색 사회주의를 견지하고 발전시키는 전체의 국면에서 출발하고 국가 거버넌스 체계와 운영능력 현대화의 높이에서 출발하여 전면적으로 의법치국하는 중요한 전략적 배치를 제기했다. 공산당 19차 당 대표대회는 의법치국을 재차 강조하였다. 당의 영도와 인민이 주인이 되는 것을 견지하는 기초에서 당의 영도, 인민의 주인 지위, 의법치국을 유기적으로 통일시켜 중국 특색 사회주의 의법치국의 길을 흔들림 없이 가고 사회주의 법치국가를 건설할 것을 요구했다.

사회주의 핵심가치관 중 '자유·평등·공정·법치'는 사회주의 국가가 이상사회를 구축하는 가치적 소구와 목표이며 중화민족의 위대한 부흥을 실현하는 데 없어서는 안되는 사회 차원의 가치적 기초이기도 하다.

3. 키우려는 공민

'애국·충직·성실·친선'은 공민의 기본적인 도덕규범으로 개인 행위 차원에서 응집시켜 반영한 사회주의 핵심가치관이다. 사회 도덕 생활의 여러 분야를 포함하고 있고 공민이 반드시 지켜야 하는 도덕 준칙인 동시에 공민의 도덕 행위를 평가하기 위해 선택한 기본적 가치표준이다.

'애국'은 개인이 조국에 대한 의존관계를 바탕으로 한 깊은 감정이고 개인과 조국의 관계를 조절하는 행위 준칙이다. 사회주의와 긴밀하게 연관되어 있고 민중이 중화의 진흥을 임무로 민족 단결을 촉진하고 조국의 통일을 지켜내며 자각적으로 조국을 위해 보답할 것을 요구한다. 애국주의와 관련하여 시진핑 총서기는 여러 장소에서 깊이 있는 논술을 밝힌 적이 있다. 시진핑 총서기는 과거, 현재와 미래라는 세 개의 시간을 기준으로 애국주의를 이해해야 한다고 했다. 우선, 애국주의는 중화민족의 전통적인 미덕이고 중화 민족을 단결시키는 정신적 핵심과 힘이다. '이와 같은 정신은 힘을 모아서 나라를 흥하게 하는 정신력이고 나라를 강하게 하는 기백이다.'[14] 개개인이 애국주의정신을 품고 '나라의 흥망성쇠는 백성에게도 책임이 있다'는 오랜 신조를 굳게 지켜야만 개인의 영광과 치욕을 조국의 명운과 긴밀히 연결시킬 수 있으며 개인의 창조 열정과 혁신능력을 불러일으킬 수 있으며 중화민족의 위대한 부흥을 위해 힘을 기여할 수 있다.

다음, 애국주의는 '중국몽'과 긴밀하게 연결되어 있다. 2015년 12월 30일, 시진핑 총서기는 중앙정치국 제29차 집단학습에서 "중화민족의 위대한 부흥이라는 중국몽을 실현하는 것은 당대 중국 애국주의의 선명한 주제이다"를 명확히 제기했다.[15] 이는 우리가 당대 중국의 애국주의를 정확히 파악하는 데 중요한 근거를 제공했다.

마지막으로, 청소년의 애국주의 정신을 키우는 것을 특히 중요시해야 한다. 청소년은 조국의 미래이다. 양계초(梁啓超)는 《소년중국설(少年中國說)》에서 소년이 지혜로우면 나라가 지혜롭고, 소년이 부유하면 나라가 부유해지고, 소년이 강하면 나라가 강해지고, 소년이 자유로우면 나라가 자유롭고, 소년이 유럽의 소년을 이길 수 있으면 나라가 유럽을 이기고, 소년이 지구촌을 주름 잡으면 나라가 지구촌을 주름 잡을 수 있다고 하였다. 그러므로 사회주의 핵심가치관을 선양하고 실천하는 것을 결합하여 광범위한 청소년을 대상으로 깊이 있고 지속적이며 생동적인 애국주의 교육을 추진하여 애국주의 정신을 광범위한 청소년의 마음 속 깊이 착근시키고 이들의

---

14 이 책의 편집팀: 『중국몽을 떠받들자-시진핑동지가 제12기 전국인대1차회의에서 한 연설을 학습』, 신화출판사, 2013, 3면.

15 시진핑: 『18기 중앙정치국 제29차 집단학습시의 연설』(2015년 12월 30일), 『인민일보(人民日報)』, 2015년 12월 31일 1면; 『시진핑 샤오캉사회를 전면적으로 건설할 데 대한 논술 발췌』, 중앙문헌출판사, 2016, 123면.

애국 정서를 함양하고 강국의 뜻을 연마하며 나라를 위한 길을 실천하도록 하여 애국주의 정신이 세세대대 전해지고 길이 빛나게 해야 한다.

'충직'은 공민의 직업 행위 준칙에 대한 가치 평가로, 공민이 직무에 충직하고, 멸사봉공하며 인민을 위해 봉사하고 사회를 위해 봉사할 것을 요구하는 사회주의 직업정신을 충분히 담고 있다. '충직'은 직업 행위 준칙의 기본 요구일 뿐만 아니라 직업 윤리의 핵심이다. 현대화 사회는 협업의 사회이고 개개인은 소속된 산업의 일원이다. 물질지상주의 현대사회에서 물질적 향수를 쫓다가 방향을 잃고 스스로의 직업을 돈을 벌고 생계를 도모하는 수단으로 잘못 인식하고 자기 가치의 실현과 사회봉사의 합리적 경로로 간주하지 못하고 있는 사람들이 적지않다. 사회주의 핵심가치관이 창도하는 '충직'은 사람들이 직업의 가치를 다시 반성하도록 하는 것을 취지로 한다. 개개인이 진심 어린 태도, 고생을 마다하지 않는 자세로 본연의 직업을 대해야 맡은 바 업무를 능력 발휘하며 잘 수행할 수 있고 본인의 인생 가치를 실현할 수 있으며 중화민족의 위대한 부흥을 위해 본인의 응분의 공헌을 할 수 있다.

사회주의 핵심가치관의 '성실'은 성실과 신용을 뜻한다. 이는 인류사회가 수천 수백 년간 전승해온 도덕 전통이고 중화 전통미덕중의 핵심적인 요구이며 옛사람들이 자성 자제하는 신조의 하나는 곧 '신용이 없는 자는 세상에서 발을 붙일 수 없다(人無信不立)'이다. '성실'은 사회주의 도덕 건설의 중요한 내용이고 성실하게 노동하고, 충실하게 약속을 지키며 진심으로 남을 대하며 속임 없이 진실되고 영예를 소중히 여기는 것이다. 중국공산당 제18기 중앙위원회 제4차 회의에서 통과한 《의법치국의 전면적 추진 관련 약간의 중대문제에 대한 중공 중앙의 결정》은 사회주의 '성실' 건설을 강화하고 공민과 조직의 준법 신용 기록을 건전히 하며 준법과 성실 신용에 대하여 표창하는 기제와 위법 신용상실행위를 징벌하는 기제를 개선하며 법률을 준수하는 것을 전체 인민의 공동 추구 및 자각적인 행동으로 자리잡게 할 것을 요구했다. 현재 사회 성실 신용을 강화하는 것은 전면적으로 심화된 개혁의 중요한 내용으로 되었고 더욱이 공산당 간부들이 지켜야 하는 행위 준칙과 도덕 표준으로 되었다. 성실 신용이 개개인이 자성하는 신조, 행위 준칙, 시비 판단의 표준으로 되어야만 중화민족의 위대한 부흥이 탄탄한 성실 신용의 뿌리를 갖추게 된다.

'친선'은 공민 간 서로 존중하고 관심 갖고 도와주는 것을 강조하고 화목하고 우호적으로 사회주의 신형 인간관계를 적극 형성하는 것을 강조한다. '친선'은 일상에서 사람이나 사물을 대함에 있어 보여주는 넉넉함으로, 문화와 교양일뿐더러 사람간 교제에서 거리감과 모순을 줄이는 윤활제이다. 현재 중국의 개혁은 이미 난관을 돌파하는 단계, 심화 단계에 들어서서 사회 깊숙한 곳에 있는 관계와 이익 모순을 불가피하게 건드리게 되었으며 이리하여 개인의 '친선'적 품격 양성이 필요하게 되었다. 개개인이 남을 너그럽게 대해야 사회가 더욱 조화롭고 사랑과 따뜻함이 넘치게 될 것이며 수없이 많은 작은 변화들이 축적되면서 중화민족의 위대한 부흥을 위한 도덕의 반석을 다져나갈 수 있다.

요컨대, 사회주의 핵심가치관은 국가, 사회, 공민과 관련된 가치 요구를 하나로 융합시켜 사회주의의 본질적 요구를 반영했을 뿐더러 사회주의 선진문화의 정수를 반영했으며 중국 특색 사회주의의 발전의 방향을 결정했다. 현재 중국은 이미 사회주의 건설의 신시대로 들어섰고 중화민족의 위대한 부흥 중국몽을 향한 호각도 이미 울렸다. '꿈, 기회 그리고 분투가 있다면 모든 아름다운 사물을 창조할 수 있다. 전국의 각 민족 인민들은 사명을 잘 간직하고 함께 고민하고 함께 노력하면서 13억의 지혜와 힘을 집중하여 천하무적의 웅대한 힘을 형성해야 한다'.[16] 그러므로 우리는 사회주의 핵심가치관을 적극 양성하고 실천하여 마음 속에 내재화시키고 실천으로 의제화해야 한다.

제3절 사회주의 핵심가치관을 마음 속에 내재화시키고 실천으로 의제화하는 것을 고수해야 한다

19차 당 대표대회는 민족 부흥의 중임을 짊어질 수 있는 시대의 신인을 양성하는 것을 주안점으로 하여 교육으로 인도하고 실천으로 양성하며 제도로 보장하는 것을 강화하면서 사회주의 핵심가치관을 사회 발전의 여러 분야에 융합시켜 사람들의 정서적 동질감과 행위습관으로 전환시킬 것을 주문했다. 사회주의 핵심가치관을 양성하고 실천함에 있어서 마음속에 내재화 시키고 실천으로 의제화 시킬 것을 요구했다. 시진핑 총서기는 "사회주의 핵심가치관을 육성하고 고양하는 것을 정신의 결집과 근본을 공고히 하는 기초공사로 삼아야 한다. 중화의 우수한 전통문화와 전통 미덕을 계승 발양하며 사회주의 핵심가치관에 대한 선전 교육을 널리 전개하고

---

16 이 책의 편집팀: 『중국몽을 떠받들자-시진핑 동지가 제12기 전국인대1차회의에서 한 연설을 학습(托起中國夢-學習習近平同志在十二屆全國人大一次會義上的講話)』, 신화출판사, 2013, 4면.

도덕을 존중하고 도덕을 지키며 고상한 도덕 이상을 추구하도록 국민들을 적극 인도함으로써 중국 특색 사회주의 사상 도덕의 토대를 끊임없이 튼튼히 다져 나가야 한다."고 강조했다.[17] 구체적으로는 아래 몇 가지를 잘 처리하는 것이 필요하다.

1. 중화의 우수한 전통문화에 입각해야 한다

핵심가치관은 모두 고유의 근본을 갖고 있다. 전통을 버리고 근본을 포기하는 것은 스스로의 정신 명맥을 절단한 것과 같다. 넓고 깊이 있는 중화의 우수한 전통문화는 우리가 세계의 문화적 충돌 속에서 입지를 굳힐 수 있는 토대이다. 길고 먼 흐름을 거친 중화 문화에는 중화민족의 가장 심층적인 정신적 추구가 축적되어 있고 중화민족의 독특한 정신 특성을 대표하며 중화민족의 끊임없는 성장, 발전, 장대를 위하여 풍부한 자양분을 제공했다. 시진핑 총서기는 "중화의 우수한 전통문화는 이미 중화민족의 유전자로 되였으며 중국 사람의 마음속에 뿌리를 내리고 은연 중에 중국인의 사상 방식과 행위 방식에 영향을 미치고 있다. 오늘날 우리는 사회주의 핵심가치관을 제창하고 고양함에 있어서 반드시 그 속에서 풍부한 자양분을 섭취해야 한다. 그렇지 않으면 생명력과 영향력을 가질 수 없다"고 강조했다.[18]

---

17   시진핑: 「사회주의 핵심가치관을 육성하고 선양하자(培育和弘揚社會主義核心價値觀)」(2014년 2월 24일), 『시진핑 국정운영을 논함』, 외문출판사, 2014, 163면.

18   시진핑: 『청년들은 사회주의 핵심가치관을 자각적으로 실천해야 한다-베이징대학 교사

중화의 전통 미덕은 중화 문화의 정수이고 사상 도덕의 지적 자원을 풍부하게 내포하고 있다. 수 년간 중화민족의 개인 품성 수양과 행위규범에 대한 사고와 표현이 집결되어 있고 상고 이후 중국인의 골수 속에 깊숙이 자리잡은 전통 미덕을 기록하고 있다. 이를테면 중화 문화는 '백성은 나라의 근본(民惟邦本, 민유방본)', '천인합일(天人合一)', '화이부동(和而不同)'을 강조한다. '강건하게 운행하는 하늘처럼 군자는 몸과 마음을 가다듬기를 멈추지 말아야 한다(天行健, 君子以自强不息)', '대도가 행해지면 천하는 모든 사람의 것이 된다(大道之行也, 天下爲公)'를 강조한다. '천하의 흥망성쇠는 백성에게도 책임이 있다(天下興亡, 匹夫有責)'를 강조하고 덕으로 나라를 다스리며, 이치로 사람을 감화시키는 것을 강조한다. '군자는 의리에 밝다(君子喩於義)', '군자는 평온하고 너그럽다(君子坦蕩蕩)', '군자는 의로움으로 바탕을 삼는다(君子義以爲質)'를 강조했다. '말에는 반드시 신의가 있고 행동에는 반드시 성과가 있다(言必信, 行必果)', '사람의 신의가 없으면 그 쓸모를 알 수가 없다(人而無信, 不知其可也)'를 강조했다. '덕이 있는 사람은 외롭지 않다. 반드시 이웃이 있다(德不孤, 必有隣)', '마음이 어진이는 타인을 사랑한다(仁者愛人)', '타인과 함께 선한 일을 하다(與人爲善)', '내가 원치 않는 일을 남에게 행하지 말라(己所不欲, 勿施於人)', '벗이 되어 출입을 함께 하고, 서로 돕고 지켜준다(出入相友, 守望互助)', '자기 어르신을 공경하는 마음으로 다른 어르신을 공경하고, 자기 자식을 사랑하는 마음으로 남의 자식을 보살핀다(老吾老以及人之老, 幼吾幼以及人之幼)', '가난을 구제하고 부를 나눠 공생한다(扶貧濟困)', '적음을 근심하지 않고 고르지 못함을 근심한다(不患寡而患

와 학생 좌담회에서의 연설』(2014년 5월 4일), 인민출판사, 2014, 7면.

　　　　　　　　　　　　　　　　　신시대 사회주의 문화강국 건설

不均)' 등이다. 시진핑 총서기는 이에 대해 다음과 같이 지적했다. "이와 같은 사상과 이념은 과거나 오늘을 막론하고 선명한 민족 특색이 있고 영원히 색깔이 바래지 않는 시대적 가치가 있다. 이와 같은 사상과 이념은 시간의 흐름과 시대의 변화와 더불어 끊임없이 발전하고 자체의 연속성과 안정성을 갖고 있다는 것이다. 중국인으로서 가장 근본적인 것은 중국인 고유의 정신세계를 갖고 있고 일반인들이 항상 접하지만 느끼지 못하고 있었던 고유의 가치관이 있다. 우리가 제창하는 사회주의 핵심가치관은 중화의 우수한 전통문화에 대한 전승과 승화를 충분히 반영한 것이다."[19]

본래(本來)를 잊지 않아야 미래를 개척할 수 있고 계승에 능해야 보다 훌륭한 혁신이 가능하다. 역사문화 특히 선조들이 전수하고 계승한 가치 이념과 도덕 규범은 옛 것을 오늘의 현실에 맞게 받아들이고 쓸모 없는 것은 버리고 좋은 것은 찾아내 새로운 방향으로 발전시켜 나가야 한다. 구분하여 대하고 계승하며 중화민족이 창조한 모든 정신 자산을 이치로 삼아 사람을 감화시키고 육성시켜야 한다. 사회주의 핵심가치관은 전통문화의 단순한 계승과 현대사회로의 복귀가 아닌 마르크스주의의 지도 아래 '옛 것을 오늘에 활용하고 낡은 것을 버리고 새 것을 창조하며 정수를 취하고 찌꺼기를 제거한다'는 방침을 지켜 중화 전통문화에 새로운 시대적 함의를 주입하는 것이다. 이는 사회주의 핵심가치관을 육성하고 실천함에 있어서 중화 우수한 전통문화 중 도덕과 사상의 정수를 찾아내고 해석해야 할 뿐더러 중화의 전통문화가 창조적으로 전환되고 혁신적으로 발전되

---

19 시진핑: 『청년들은 사회주의 핵심가치관을 자각적으로 실천해야 한다-베이징대학 교사와 학생 좌담회에서의 연설』(2014년 5월 4일), 인민출판사, 2014, 7-8면.

도록 추진하여 사회주의 핵심가치관을 함양하는 중요한 원천으로 되게 할 것을 요구한다.

시진핑 총서기는 "중화의 우수한 전통문화의 역사적 근원, 발전 맥락, 기본방향을 명료하게 알리고 중화 문화의 독특한 창조, 가치 이념, 선명한 특색을 명료하게 밝히며 문화에 대한 자신감과 가치관에 대한 자신감을 증강하여야 한다. 중화의 우수한 전통문화의 사상 도덕적 정수를 진지하게 섭취하고 애국주의를 핵심으로 하는 민족정신과 개혁 혁신을 핵심으로 하는 시대정신을 대대적으로 고양하여야 한다. 중화의 우수한 전통문화가 인애를 중시하고 민본(民本)을 중시하며 성실 신용을 지키고 정의를 숭상하고 화합을 존중하며 대동(大同)을 추구하는 시대적 가치를 깊이 발굴하고 천명해야 한다. 이로써 중화의 우수한 전통문화가 사회주의 핵심가치관을 함양하는 중요한 원천으로 되게 해야 한다. 계승과 창조성 발전의 관계를 잘 처리하고 창조성 전환과 혁신적 발전을 중점적으로 잘해야 한다."고 지적했다.[20]

'중화 전통문화의 창조적 전환'이란 새로운 시기의 요구에 따라 오늘까지 거울로 삼을 수 있는 내포와 표현을 개조하여 신시대의 내포와 현대적인 표현 형식을 부여하는 것을 말한다. '중화 전통 문화의 혁신적 발전'이란 작금의 새로운 진보와 발전 추세에 따라 중화전통문화의 내포를 보완하고 확장시키며 이로부터 그의 영향력과 생명력을 증강시키는 것이다.

요컨대, 사회주의 핵심가치관을 육성하고 실천하려면 반드시 중화

---

20   시진핑: 『사회주의 핵심가치관을 육성하고 선양하자』(2014년 2월 24일), 『시진핑 국정운영을 논함』, 외문출판사, 2014, 164면.

──────   신시대 사회주의 문화강국 건설

전통문화에 입각해야 하고, "우리 나라 인민들이 장기적인 실천 과정에 육성하고 형성한 전통 미덕을 계승하고 고양하여야 한다. 마르크스주의 도덕관을 견지하고 사회주의 도덕관을 견지하여야 한다. 조잡한 것을 버리고 정밀한 것을 취하며 가짜를 버리고 진짜를 남기는 기초 위에서 옛 것을 오늘에 활용하고 낡은 것을 버리고 새 것을 창조하는 것을 견지하여야 한다. 중화전통미덕의 창조적 전환과 혁신적인 발전을 힘써 실현하여야 한다. 사람들이 도덕을 중시하고 도덕을 존중하며 도덕을 지키는 생활을 동경하고 추구하도록 인도함으로써 13억 인구의 모든 구성원이 중화 미덕과 중화 문화를 전파하는 주체가 되게 해야 한다."[21]

2. 애국주의 정신을 적극 선양해야

사회주의 핵심가치관 중에서 가장 깊은 곳, 가장 근본적인 것, 가장 영원한 것은 애국주의이다. 사회주의 핵심가치관을 육성하고 실천하려면 반드시 애국주의 교육을 영원한 주제로 삼아 국민 교육과 정신문명 건설에 시종일관 일치시켜야 하며 사회주의 핵심가치관 육성과 실천에 시종일관 일치시켜야 한다. 애국주의 정신의 선양과 관련하여 시진핑 총서기는 누차 중요한 논술을 했었다. 가장 집중적인 한 차례 논술은 2015년 12월 30일 중공 중앙정치국 제29차 집단 학습을 주최하면서 중화민족 애국주의

---

21   시진핑: 「국가의 문화 소프트 파워 향상(提高國家文化軟實力)」(2013년 12월 30일), 『시진핑 국정운영을 논함』, 외문출판사, 2014, 160-161면.

정신의 역사적 형성과 발전을 두고 한 연설이다. 시진핑 총서기는 위대한 사업은 위대한 정신이 필요하다고 강조했다. "중화민족의 위대한 부흥을 실현하는 중국몽은 당대 중국 애국주의의 선명한 주제이다."[22] 애국주의는 중화민족 정신의 핵심이다. 애국주의 정신은 중화민족의 마음에 깊숙이 뿌리 박았고 중화민족의 정신 유전자로 되어 중화의 여러 민족의 단결과 통일을 이어가고 있으며 중화의 아들딸들이 중국의 발전과 번영을 위해 세세 대대 끊임없이 분투하도록 격려하고 있다. 중화민족이 5,000여 년의 세월 속에서 상상하기 어려운 무수한 위험과 고난을 겪으면서도 왕성한 생명력을 유지하고 끊임없이 대를 이어올 수 있었던 것은 중화민족의 깊이 있고 지구적인 애국주의 전통과 긴밀히 연결되어 있다. 중국공산당은 애국주의 정신을 선양하고 실천하면서 중화민족의 위대한 부흥을 당의 역사적 사명으로 보고 있다. 지난 90여 년간 공산당이 전국 인민들을 단결시키고 이끌어 진행한 혁명, 건설, 개혁의 실천은 애국주의의 위대한 실천으로 중화민족 애국주의 정신을 위해 빛나는 글을 써내려 간 것이다.

애국주의를 선양하려면 애국주의와 사회주의의 상호 통일을 견지하고, 시종일관 민족 부강과 인민 행복 실현을 중심으로 잡아야 한다. 애국주의를 선양하려면 반드시 조국통일과 민족 단결을 지켜야 하고 국가를 분열시키려는 도모, 민족 단결을 파괴하려는 언행을 선명하게 반대해야 한다. 애국주의 정신을 선양하려면 중화민족 역사와 문화를 존중하고 전승해야 하며 중화의 우수한 전통문화의 선양을 사회주의 핵심가치관의 육성

---

22   시진핑: 『18기 중앙정치국 제29차 집단학습시의 연설(在十八届中央政治局第二十九次集體學習時的講話)』(2015년 12월 30일), 『시진핑 샤오캉사회를 전면적으로 건설할 데 대한 논술 발췌(習近平關於全面建成小康社會論述摘編)』, 중앙문헌출판사, 2016, 123면.

신시대 사회주의 문화강국 건설

및 실천과 접목시켜 인민들을 이끌고 정확한 역사관, 민족관, 국가관, 문화관을 수립하고, 중화민족의 귀속감, 동질감, 존엄성, 영예감을 지속적으로 증강시켜야 한다. 애국주의정신을 선양하려면 민족에 입각하고 세계를 지향해야 하며 다양한 문명 속에서 지혜를 얻고 자양분을 섭취하면서 중화문명의 생기와 활력을 증강시켜야 한다. 애국주의를 선양하려면 사회주의 가치관의 선양과 실천을 결합시켜 광범위한 청소년에게 깊이 있고 지속적이며 생동한 애국주의 선전과 교육을 진행하여 애국주의 정신이 광범위한 청소년들 속에서 건실하게 뿌리 내리고, 광범위한 청소년들이 애국지정을 키우고 강국의 뜻을 다지며 보국(報國)의 길을 실천토록 하게 하고 애국주의 정신이 세세 대대로 전해지고 빛나게 해야 한다.

이로부터 알 수 있다시피, 애국은 사회주의 핵심가치관이 공민 도덕에 대한 가치적 요구일 뿐더러 현재 중국의 시대 주제와 개방되고 자신감 있는 민족 정신을 보여주고 있기도 한다. 그러므로 사회주의 핵심가치관을 육성하고 선양하는 과정에서 애국주의 정신을 지속적이고 적극적으로 선양하고, 더욱이 애국주의 정신의 선양을 지침으로 삼아 사회주의 핵심가치관을 실제적이고 심층적으로 육성하고 실천해야 한다.

3. 사회주의 사상도덕건설을 지속적으로 심화시켜야 한다

사회주의 핵심가치관을 육성하고 실천하는 기본목적은 이치대로 인민을 감화시키고 인성을 길러주는 것인데 그 중에서 가장 관건적인 것은 도덕 가치의 역할을 부각시키는 것이다. 시진핑 총서기는 "정신의 힘은 무한하고 도덕의 힘 역시 무한하다. 중화의 문명은 기나긴 역사 속에서 중화민족의 귀한 정신적 품격을 키워냈고 중국인민의 숭고한 가치 추구를 육성해 냈다. 스스로 노력을 게을리 하지 않는 사상, 고상한 품성을 지닌 자가 중요한 짐을 짊어진다는 사상은 중화민족이 세세 대대 전승을 이어갈 수 있었던 힘이었고 오늘날에도 개혁개방과 사회주의 현대화건설을 추진하는 강력한 정신적 힘으로 남아 있다"고 지적했다.[23] 2013년 11월 시진핑 총서기는 산둥성 취푸(曲阜)에서 공부와 공자학원을 방문하면서 나라가 덕이 없으면 흥성할 수 없고, 사람이 덕이 없으면 바르게 설 수가 없다고 지적했다. 사회전체의 사상도덕건설을 강화하고 선량한 도덕적 의지, 도덕적 정서를 형성토록 분발시키고 정확한 도덕적 판단과 도덕적 책임을 육성하며 도덕 실천 능력, 특히 자각적인 실천능력을 향상시키며 사람들이 도덕을 이야기하고, 도덕을 존중하며, 도덕을 지키는 생활을 지향하도록 이끌어 진취적인 힘과 선을 따르는 것을 형성한다.

2014년 5월 4일, 시진핑 총서기는 베이징대학 교사와 학생 좌담회에서의 연설에서 "핵심가치관은 사실 일종의 덕(德)으로 개인의 덕일 뿐만 아니라 넓고 큰 인덕(人德)으로 나라의 덕이고 사회의 덕이다. 나라가 덕이 없으면 흥성할 수 없고, 사람이 덕이 없으면 바르게 설 수가 없다. 한 민족, 한 나라에 공동의 핵심가치관이 없고 일치된 결론을 내리지 못하고 행동의 의지가 없다면 그 민족과 국가는 전진할 수 없다."고 지적했다.[24] 사회주

---

23 시진핑: 「중국꿈을 실현하기 위해 유력한 도덕적 지원을 축적(爲實現中國夢凝聚有力道德支撐)」(2013년 9월 26일), 『시진핑 국정운영을 논함』, 외문출판사, 2014, 158면.

24 시진핑: 『청년들은 사회주의 핵심가치관을 자각적으로 실천해야 한다-베이징대학 교사와 학생 좌담회에서의 연설』(2014년 5월 4일), 인민출판사, 2014, 4면.

의 핵심가치관을 육성하고 실천함에 있어서 가치 판단력과 도덕적 책임감을 높이는 것이 중요하다. 사회주의 핵심가치관은 眞·善·美(참됨, 착함, 아름다움)를 추구하는 가치관이고 중화민족은 스스로 노력을 게을리 하지 않는 민족이고 고상한 품성을 지닌 자가 중요한 짐을 짊어진다는 사상을 가진 민족으로 개개인의 마음속 깊은 곳에 있는 선량한 도덕적 의지, 도덕적 정서는 곧 우리가 사회주의 핵심가치관을 육성할 수 있는 가장 깊고 두터운 토양이다.[25]

그러므로 '사회 전체의 가치 판단력과 도덕 책임감을 증강시키는 것을 선전 교육의 중요한 작용점으로 하여 무엇이 참되고 착하고 아름다운 것인지, 무엇이 거짓되고 악하고 추한 것인지를 구분하여 선덕을 수행하고 선한 마음을 가지며 선한 일을 자발적으로 하도록 이끌어야 한다. 현재 가장 심각한 문제는 일부 영역과 일부 사람들이 가치 판단의 기준이 없고 한계도 없고 심지어 가짜를 진실로, 추함을 아름다움으로, 수치를 영예로 간주하고 있다. 문제를 직시하고 긍정적 교육과 여론 감독을 결합시키며 사회 이슈를 대중의 도덕 평가와 결합시키면서 참되고 착하고 아름다운 것을 선양하고 거짓되고 악하며 추한 것을 배척하면서 정확한 방향을 잡고 모호하던 인식을 분명하게 하며 규범에 어긋나는 행위를 바로잡아 악을 물리치고 선을 권장하는 사상 도덕의 장을 형성하며 양호한 도덕 모범의 건설자, 사회의 문명이 진보하도록 밀어주는 추진자가 되도록 이끌어준다.'[26]

---

25   류윈산(劉雲山)의 「사회주의 핵심가치관의 양성과 실천에 진력(着力培堉和踐行社會主義核心價值觀)」를 참조, 『구시(求是)』, 2014년 2기.

26   류윈산의 「사회주의 핵심가치관의 양성과 실천에 진력」을 참조, 『구시』, 2014년 2기.

요컨대, 사회주의 핵심가치관을 육성하고 실천하는 과정에서 사상 도덕 건설을 지속적이고 심층적으로 추진하고 眞·善·美의 도덕 가치를 창도하고 선양하면서 사회 전체에서 덕을 숭상하고 선을 따르며 덕과 재능을 갖춘 이를 본받고 덕을 천하에 행하는 분위기를 적극 조성해야 한다.

4. 세부화, 정교화, 내실화에 힘써야 한다

사회주의 핵심가치관을 착실히 육성하고 실천하며 '세부화, 정교화, 내실화에 힘써야 한다'. 한 가지 가치관이 진정한 역할을 하려면 반드시 사회생활과 융합되어 사람들이 실천 속에서 느끼고 깨달을 수 있게 해야 한다. 사회주의 핵심가치관이 제창하는 것을 사람들의 일상생활과 긴밀히 연관 지어 세부화, 정교화 내실화에 힘써야 한다. 사회주의 핵심가치관을 육성하고 실천하는 것을 생활의 각 방면에 관철시키고 사람들의 일상과 긴밀히 연결시키며 실천 속에서 느끼고 깨달으며 '매일 쓰면서도 알지 못하는'정도에 이르러야 진정으로 '마음속에 내재화'하는 것을 실현한 것이고 진정으로 내재화된 가치관만이 항구적인 생명력을 갖출 수 있다. 실천은 가장 설득력 있는 교과서이다. 사회주의 핵심가치관의 가장 큰 설득력은 중국 특색 사회주의의 새로운 승리를 취득하고 중국몽을 실현하는 생동한 실천에서 비롯된 것이다. 사회주의 핵심가치관이 창도하는 가치 이념은 중국몽을 위해 정신적 버팀목을 제공한 동시에 거대한 생명력을 부각시키면서 사람들의 영혼 속 깊은 곳에 이르러 보다 자발적으로 동질감을 형성하고 따르면서 보다 적극적으로 행복한 생활을 추구하는 행동으로 전환하게 한다.

구체적으로, 교육을 통한 인도, 여론을 통한 선전, 문화를 통한 영향, 실천을 통한 양성, 제도를 통한 보장 등을 통해 사회주의 핵심가치관을 사람들의 정신적 추구로 내재화 시키고 사람들의 자발적 행동으로 외재화 시킨다. 이른바 "교육을 통한 인도"는 바로 층위를 구분하고 중점을 부각 시키는 것이다. 우선 모범의 역할을 충분히 활용한다. 모범의 힘은 무궁한 것이다. 광범위한 공산당원, 간부는 반드시 사회주의 핵심가치관을 앞장서 학습하고 선양하고 스스로의 모범 행위와 고상한 인격으로 대중을 감화시키고 동원해야 한다. 다음, 어린시절부터 시작하고 학교로부터 시작하여 올바른 사람이 되는 것을 배우며 인생의 첫 단추를 잘 끼우도록 한다. 사회주의 핵심가치관의 육성과 실천을 교과서에 포함시키고 학습의 장에 포함시키며 학생들의 머리 속에 자리 잡도록 해야 한다. 마지막으로 광범위한 청년들의 정확한 도덕인지, 자각적인 도덕 양성, 적극적인 도덕 실천을 결합시켜 사회주의 핵심가치관을 자각적으로 수립하고 실천하며 양호한 사회 풍기를 앞장서 창도하게 해야 한다. 사상도덕 수양을 강화하고 애국주의, 집단주의, 사회주의 사상을 자각적으로 선양하며 사회 공덕, 직업 도덕, 가정 미덕을 적극 창조해야 한다.

이른바 '여론을 통한 선전'은 각종 시기와 장소를 이용하고 각종 문화 형식을 동원하여 사회주의 핵심가치관을 생동하고 구체적으로 표현하며 양호한 여론 분위기를 조성하면서 '적당한 봄바람과 비처럼 만물을 소리없이 적셔주는 것이다'. 구체적으로 퀄리티가 있고 수준 높은 작품으로 사람들에게 참되고 착하고 아름다운 것, 거짓되고 악하며 추한 것, 긍정하고 찬양해야 할 것, 반대와 부정해야 할 것을 알려 사회주의 핵심가치관의 육성과 선양에 유리한 삶의 터전과 사회적 분위기를 조성하며 핵심가치관의 영향력이 공기 마냥 무소부재(無所不在)하고 무시불유(無時不有)하게 해야 한다

이른바 '문화를 통한 영향력'이란 정규적 이론의 선전과 설명, 사상교육을 제외하고 글로써 사상을 표현하고 이치를 설명하며 널리 알리는 장점을 중시하여 '이치로 사람을 감화시키는' 보이지 않는 교육, 연성 교육을 많이 실시하는 것을 가리킨다. 사회주의 핵심가치관이 사회의 발전과 진척 및 개체의 운명의 변화 등 전형적인 사례에 포커스를 맞추고 예술의 형식으로 깊은 큰 도리와 백성에게 밀착된 작은 도리를 결합하여 잘 알리고 확산시키면서 사람들이 즐기는 과정에서 진리의 매력을 느끼고 사회주의 핵심가치관에 대한 동질감을 증강시키도록 하는 것이다.

이른바 '실천을 통한 양성'이란 여러 가지 예의 제도를 만들고 규범화하여 다양한 형식의 기념 축제와 이벤트를 가지고 주류 가치를 확산시키며 사람들의 동질감과 귀속감을 증강시키는 것이다. 사회주의 핵심가치관의 요구를 각종 정신문명의 창건 활동에 용합시키고 대중들의 광범위한 참여를 이끌어내며 가족을 위해 행복을 도모하고 타인에게 온기를 전하고 사회를 위해 기여하는 과정에서 정신적 경지를 높이고 문명 풍조를 육성해야 한다.

이른바 '제도를 통한 보장'은 정책의 지도 역할을 충분히 활용하여 경제, 정치, 문화, 사회 등 영역에서 모두 정책이 사회주의 핵심가치관의 육성에 유리하도록 하는 것이다. 법률로 핵심가치관의 구축을 추진해야 한다. 각종 사회 관리는 사회주의 핵심가치관을 창도하는 책임을 짊어져야 하고 일상 관리 속에서 가치의 지도 역할을 중시하여 핵심가치관에 부

합되는 행위가 격려를 받고 핵심가치관과 어긋나는 행위는 제약 받도록 해야 한다

요컨대, 사회주의 핵심가치관을 육성하고 실천함에 있어서 중화민족의 우수한 전통문화, 특히 중화의 우수한 전통 미덕에 입각해야 한다. 애국주의 정신을 적극 선양하고 이를 사회주의 핵심가치관의 실천과 긴밀히 연결시켜야 한다. 사회주의 사상 도덕 건설을 적극 강화하고 사회 전체에서 덕을 존중하고 선(善)을 따르는 분위기를 잘 조성해야 한다. 특히 일상과 긴밀히 연결시켜 세부화, 정교화, 내실화에 힘을 투입해야 한다.

제4장

중화의 우수한 전통문화의 창조적 전환과 혁신적 발전을 실현

중국공산당 제18차 당 대표대회 후 시진핑 총서기는 공산당의 우수한 전통을 계승함에 있어서 '어떠한 중국 특색 사회주의를 견지하고 발전시키며 어떻게 중국 특색 사회주의를 견지하고 발전시킬 것인가?'하는 새로운 시대적 과제를 중심으로, '구분하여 대하고 계승하며 창조적으로 전환하고 혁신적으로 발전'하는 기본방침을 견지하면서, 중화의 우수한 전통문화 사상을 경제건설, 정치 건설, 문화 건설, 사회건설, 생태문명건설 및 당의 건설, 국제관계 등 국정운영의 여러 분야에 적용시켰다. 시진핑 총서기는 중화의 우수한 전통문화에 참신한 시대적 함의를 부여했고 당의 혁신 이론이 중화의 우수한 전통문화의 옥토 속에 깊이 뿌리박게 했다. 이는 공산당의 사회주의 문화발전 법칙과 중화의 우수한 전통문화 인식을 새로운 경지로 끌어올렸고 새로운 단계로 들어서게 했으며 신시대 조건하에서 중화의 우수한 전통문화를 계승하고 선양하는 데 필요한 근거와 근본적 지침을 제공했다. 중국공산당 18차 당 대표대회 이후의 실천이 충분히 증명했듯이 중화의 우수한 전통문화는 이미 공산당 국정운영의 중요한 문화적 기초가 되었고 공산당 혁신 이론의 중요한 사상적 원천으로 되었을 뿐만 아니라 당대 중국 공산당원이 글로벌 거버넌스를 위해 내놓은 중국의 지혜, 중국식 해법의 역사적 근거로 되었다.

제1절 중화의 우수한 전통문화의 역사적 입지

동서고금을 막론하고 국가와 민족의 발전과 진흥은 모두 문화의 흥성을 버팀목으로 한다. 중화민족이 거듭되는 역경을 딛고 세계 민족의 숲속에 우뚝 서 있을 수 있고 5,000여 년의 세월이 지났으나 여전히 왕성한 생명력을 유지할 수 있었던 것은 넓고 심오한 중화의 문화가 한가지 중요한 원인으로 된다. 시진핑 총서기의 중요한 논술은 중화의 우수한 전통문화의 역사적 입지를 심층적으로 밝혔고 공산당이 국정을 운영하는 오늘날 무엇 때문에 중화의 우수한 전통문화를 적극 승계하고 선양해야 하는지에 대한 중대한 문제를 과학적으로 답변한 것이며 공산당이 중화의 우수한 전통문화의 본질적 의미에 대한 새로운 인식을 반영한 것이다.

1. 중화민족이 끊임없이 번성하고 발전한 정신적 자양분

문화는 민족이 생존하고 발전하는 중요한 힘이다. 중화민족은 위대한 민족이다. 5,000여 년의 문명 발전 과정에서 중국 인민은 근면함과 용감함 그리고 지혜에 의지하여 여러 민족이 화목하게 공존하는 아름다운 삶의 터전을 마련했고 긴 세월속에서도 색깔이 바래지 않는 우수한 문화를 축적했으며 인류의 문명과 진보를 위해 지워버릴 수 없는 기여를 했다. 이에 대하여 시진핑 총서기는 다음과 같이 피력했다. "중국은 유구한 문명을 가진 국가이다. 세계 고대 문명 중에서 중화 문명은 단절이 없이 오늘까지 발전된 문명으로 이미 5,000년 역사를 갖고 있다. 우리의 조상이 수천 년

전에 창조한 문자는 지금까지 사용되고 있다. 2,000여 년 전 중국에는 제자 백가의 성황이 나타난 적이 있다. 노자, 공자, 묵자(墨子)등 사상가들은 위로는 천문, 아래로는 지리를 통달하고 사람과 사람, 사람과 사회, 사람과 자연 관계의 참 뜻을 광범위하게 토론하며 넓고 심오한 사상체계를 제기했다. 그들이 제기한 이념들-효제충신(孝悌忠信, 부모에게 효도하고 형에게 공손하고 임금에게 충성을 다하고 친구에게 신의를 지키는 것), 예의염치(禮義廉恥, 예절, 의리, 청렴, 부끄러움을 아는 태도), 인자애인(仁者愛人, 마음이 어진 사람은 남을 사랑한다), 여인위선(與人爲善, 남과 더불어 선을 행하는 것), 천인합일(天人合一, 하늘과 사람은 하나), 도법자연(道法自然, 도는 자연을 본받는 것), 자강불식(自强不息, 스스로 힘쓰고 쉬지 않는 것) 등은 지금까지 중국인들의 생활에 커다란 영향을 미치고 있다. 중국인이 세계와 사회 그리고 인생을 바라보는 시각은 고유 가치 체계가 뒷받침되어 있다. 중국인의 독특하고 역사적 깊이가 있는 정신 세계는 중국인이 강한 민족 자신감을 가질 수 있는 근원이고 이는 애국주의를 핵심으로 하는 민족 정신을 육성해 냈다."[1]

2013년 3월 17일, 제12기 전국인민대표대회 제1차 회의에서 한 연설에서 시진핑 총서기는 다음과 같이 지적했다. "수천 년에 달하는 파란만장을 겪은 뒤에도 중국의 56개 민족, 13억 인민이 굳게 결속될 수 있었던 것은 함께 겪었던 비범한 분투, 함께 창조한 아름다운 터전, 함께 육성한 민족정신이 있었기 때문이다. 그리고 그 과정 전체에서 함께 지켜온 이상과

1 시진핑: 『브뤼허 유럽 아카데미에서 한 연설(在布魯日歐洲學院的演講)』(2014년 4월 1일), 『제3회 핵안보정상회의 참가 및 유럽4국 방문과 유네스코본부, 유엔본부 방문 시의 연설(出席第三屆核安全峰會幷訪問歐州四國和聯合國科敎文組織總部, 歐盟總部時的演講)』, 인민출판사, 2014, 41-42면.

신념이 중요한 역할을 했다."[2] 중화민족은 비범한 창조력을 가진 민족이다. 위대한 중화 문명을 창조했고 또한 중국의 국정에 알맞는 발전의 길을 계속하여 확장하고 잘 걸어갈 수 있는 능력을 갖고 있다. 전국의 각 인민들은 중국 특색 사회주의의 이론 자신감, 도로적(노선) 자신감, 제도 자신감을 증강해야 하고 정확한 중국의 길을 따라 확고히 나아가야 한다.

2. 중화민족의 문화 유전자와 정신의 터전

독특한 특색을 가진 문화와 정신은 국가와 민족이 걱정 없는 삶을 영위하는 근본이다. 2014년 5월 4일, 베이징대학의 교사와 학생들과 가졌던 좌담회에서 시진핑 총서기는 "수천 년의 역사를 가진 중화 문명은 독특한 가치체계를 갖고 있다. 중화의 우수한 전통문화는 이미 중화민족의 유전자가 되었으며 중국인의 마음속에 뿌리를 내리고 은연중에 중국인의 이데올로기와 행위 방식에 영향을 미치고 있다."[3]

중국공산당 당원은 확고한 마르크스주의자이다. 마르크스 레닌주의, 마오쩌둥(毛澤東)사상과 중국 특색 사회주의 이론체계를 지도사상으로 한다. 동시에 중국공산당 당원은 역사 허무주의자도 아니고 문화 허무주

---

2 「제12기 전국인민대표대회 제1차 회의의 연설(在第十二屆全國人民代表大會第一次會議上的講話)」(2013년 3월 17일), 『시진핑 국정운영을 논함(習近平 談治國政)』, 외문출판사, 2014, 39면.

3 시진핑, 『청년들은 사회주의 핵심가치관을 자각적으로 실천해야 한다-베이징대학 교사와 학생 좌담회에서의 연설(靑年要自覺踐行社會主義核心價値觀-在北京大學師生座談會上的講話)』(2014년 5월 4일), 인민출판사, 2014, 7면.

자도 아니다, 자국의 역사를 잘 모르거나 망각해서는 아니되고 스스로를 하찮게 여겨서도 아니된다. 제18기 중앙정치국 제18차 집단 학습에서 시진핑 총서기는 "중화의 전통문화는 아득히 멀고 유구하며 넓고 심오하다. 중화민족이 형성되고 발전되는 과정에서 생산된 여러 가지 사상 문화는 중화민족이 장기적인 분투 속에서 추진한 정신적 활동(psychomotility), 이성적 사고, 창조된 문화 성과를 기록하고 있으며 중화민족의 정신적인 추구를 반영한다. 그중 가장 핵심적인 내용은 이미 중화민족의 가장 기본적인 문화 유전자가 되었다."고 강조했다.[4]

거대한 중화는 유구한 역사와 위대한 문명을 갖고 있다. 역사 기준으로 보면 중화의 전통 사상문화 속의 우수한 코드는 중화 문명이 형성된 이래 수천 년을 중단되지 않고 발전하면서 단결되고 통일된 중국의 정치 국면이 형성되고 유지되며 풍부한 중화민족의 정신을 형성하는 과정에서 모두 매우 중요한 역할을 했다. 중화의 우수한 전통문화는 중화민족 고유의 정신 특성을 대표하고 중화민족이 생생불식하고 발전하고 장대해지는 풍부한 자양분이며 중화민족의 '뿌리'와 '정신력'이고, 중화민족의 영원한 정신적 터전이다. 중화민족은 어떤 곳에서 생활하던 막론하고 선명한 중화 문화의 코드를 갖고 있다. 2012년 12월, 시진핑 총서기는 광둥성을 시찰하면서 우리는 중화민족의 우수한 전통문화를 포기할 수 없고 오히려 훌륭

---

4   시진핑: 「제18기 중앙정치국 제18차 집단학습에서 한 연설(在十八届中央政治局第十八次集體
     學習時的講話)」(2014년 10월 13일), 『인민일보』, 2014년 10월 14일, 1면, 동시에 『공자 탄신
     2565주년 기념 국제학술세미나 및 국제유학연합회 제5회 회원대회 개회식에서의 연설
     (在紀念孔子誕辰2565周年國際學術研討會暨國際儒學聯合會第五屆国际儒学联合会第五屆會員大會開幕
     會上的講話)」을 참조, 인민출판사 2014, 12면.

하게 전승하고 선양해야 한다고 하면서 이것은 중화민족의 '뿌리'와 '정신력'이고 그것을 잃게 되면 토대를 잃는 것이기 때문이라고 덧붙였다.

중국문학예술계연합회 제10차 전국대표대회, 중국작가협회 제9차전국대표대회 개회식에서의 연설에서 시진핑 총서기는 "중화 문화는 우리나라와 민족의 정신적 혈맥을 이어가고 있다. 대대로 이어나가야 할뿐 아니라 시대와 더불어 앞으로 나아가고 낡은 것을 버리고 새 것을 창조하여야 한다. 중화의 우수한 전통문화에 대한 발굴과 해석을 강화하여 중화민족의 가장 기본적인 문화 유전자가 현시대 중국문화에 적응되고 현대사회와 조화를 이루면서 시공간을 뛰어넘고 국경을 초월하며 영원한 매력을 지닌 그리고 당대의 가치를 지닌 문화 정신을 고양하도록 해야 한다. 그 내재적인 강대한 생명력을 불러일으키고 중화 문화로 하여금 각국 인민들이 창조한 다채로운 문화와 함께 인류에게 정확한 정신적 지침을 제공하게 해야한다."고 강조했다.[5]

3. 중화민족의 가장 튼실한 문화 소프트파워

문화 소프트파워는 한 나라가 문화를 기반으로 갖춘 응집력과 생명력 그리고 이로 비롯된 흡인력과 영향력을 집중적으로 반영한다. 시진핑

---

5   시진핑: 『중국문학예술계연합회 제10차전국대표대회, 중국작가협회 제9차전국대표대회 개회식에서의 연설(在中國文聯十大, 中國作協九大開幕式上的講話)』(2016년 11월 30일), 인민출판사, 2016, 15-16면.

신시대 사회주의 문화강국 건설

총서기는 "중화의 우수한 전통문화는 중화민족의 뚜렷한 우세이고 가장 튼실한 문화 소프트파워이다."고 지적한 바 있다.[6] 중화인민공화국은 건국 후, 특히 개혁개방 후, 세계가 주목하는 발전을 가져왔고 중국식 발전의 길을 개척해 냈으며 위대한 중국 정신을 응집시켜 작금의 인류사회의 진보와 세계 문명을 위해 새로운 기여를 했다.

오늘날, 샤오캉사회를 전면적으로 건설하고 중화민족의 위대한 부흥을 실현 함은 중화의 우수한 전통문화라는 버팀목을 떠날 수 없다. 같은 생각을 하고 단합된 정신력을 갖추는 노력이나 사회 풍조를 선도하고 문화의 번영과 발전을 선도하는 노력을 막론하고 모두 전통문화로부터 자양분을 섭취하고 민족전체의 창조력을 불러 일으켜 경제사회가 건전하게 발전하고 중국의 문화 소프트파워와 국제경쟁력을 지속적으로 증강시키는 것이 필요하다.

4. 중화의 우수한 전통문화는 인류 공통의 정신적 자산이다

'한 송이 꽃으로 어찌 봄을 알리오, 백화가 만개하니 정원에 춘색이 가득하구나(一花獨放不是春, 百花齊放滿春園)' 세상에 오직 한떨기 꽃만 피어 있다면 그 자태가 아무리 어여쁘다 할지라도 단조롭기 마련이다. 시진핑 총서기는 "중화문명이나 세계의 기타 문명을 막론하고 모두 인류문명

---

6   시진핑: 「사상선전업무를 더욱 잘 수행하자(把宣傳思想工作做得更好)」(2013년 8월 19일), 『시진핑 국정운영을 논함(習近平 談治國理政)』, 외문출판사, 2014, 155면.

의 성과이다."[7]고 지적한 바 있다. 중화 문명은 중국의 발전에 대하여 지대한 영향을 일으켰을 뿐더러 인류문명의 진보에 대하여 중요한 기여를 했다. 중화의 전통문화에는 인류가 함께 따라야 할 보편적인 생존의 지혜를 포함하고 있고 사람과 사람, 사람과 사회, 사람과 자연이 조화롭게 생존발전하는 법칙을 반영한 진리적 인식을 포함하고 있다. 노자, 공자, 묵자, 맹자, 장자 등 중국의 제자 백가의 학설은 오늘까지도 세계적인 그리고 문화적인 의의를 갖고 있다. 이와 같은 사상과 사고는 인류가 생존하고 발전하는 근본적인 문제들을 다루었고 그 지혜의 빛은 역사에 관통되어 있다. 또한 그의 사상적 가치는 시간과 공간을 넘어서 바래지 않은 색깔을 유지하면서 인류 공동의 정신적 자산으로 남았다.

오늘 세계에서 인류문명은 물질적으로나 정신적으로 모두 거대한 진보를 했고 특히 물질적으로는 고대에서는 상상할 수 없었던 풍부함을 달성했다. 하지만 당대의 인류 역시 많은 난제에 직면하고 있다. 이를테면 빈부격차가 지속적으로 확대되고 있고, 물욕 추구는 절제를 잃었다. 개인주의가 부정적인 면으로 팽창하고 사회의 성실과 신용 의식이 지속적으로 낮아지고 있다. 윤리와 도덕이 날로 악화되고 있고 사람과 자연의 관계가 팽팽하게 긴장되고 있는 등 문제가 끊임없이 일어나고 있다. 이와 같은 문제를 해결하려면 인류가 오늘날 발견하고 발전시킨 지혜와 힘을 동원해야 할 뿐더러 인류가 역사 속에서 축적한 지혜와 힘 또한 동원해야 한다. 중화의 우수한 전통문화 속에는 당대의 인류가 직면하고 있는 난제들을 해결

---

7   시진핑: 『유네스코 본사에서 한 연설』(2014년 3월 27일), 『제3회 핵안보정상회의 참가 및 유럽4국 방문과 유네스코본부, 유엔본부 방문시의 연설』, 인민출판사, 2014, 10면.

하는 데 필요한 단서들이 숨겨져 있다. 이를테면 도법자연(道法自然), 천인 합일(天人合一)의 사상, 천하위공(天下爲公), 대동세계(大同世界)의 사상, 자강 불식(自强不息), 후덕재물(厚德載物)의 사상, 이민위본(以民爲本), 안민·부민· 낙민(安民富民樂民)의 사상, 이정이덕(以政以德, 덕으로 정치를 하는 것), 정자정 야(政者正也, 정치란 올바르게 하는 것)의 사상, 구일신 일일신 우일신(苟日新日 日新又日新, 어느 날 새로워지면 날마다 새로워지고 더욱 새로워질 것이다), 혁고정신 (革故鼎新), 시대와 더불어 발전하는 사상, 착실하고 실사구시 사상, 경세치 용(經世致用), 지행합일(知行合一), 궁행실천(躬行實踐)의 사상, 집사광익(集思廣 益), 박시중리(博施衆利), 군책군력(群策群力)의 사상, 인자애인(仁者愛人), 이덕 입인(以德立人)의 사상, 이성대인(以誠待人, 성심으로 사람을 대하는 것), 강신수 목(講信修睦)의 사상, 청렴종정(淸廉從政, 깨끗하게 직무 수행), 근면봉공(勤勉奉 公, 나라와 사회를 위하여 힘써 일함)의 사상, 검약자수(儉約自守, 낭비하지 않고 아 껴 씀), 역계사화(力戒奢華, 사치스럽고 화려함을 극력 경계)의 사상, 중화(中和, 어 느 한쪽에도 치우치지 않는 상태), 태화(泰和), 구동존이(求同存異), 화이부동(和而 不同), 화해상처(和諧相處, 화목하게 지냄)의 사상, 안불망위(安不忘危, 편안한 중 에서도 위험을 잊지 않는 것), 존불망망(存不忘亡, 잘 나갈 때 망할 수 있음을 잊지 말 아야 한다), 치불망란(治不忘亂, 세상이 잘 되어갈 때 어지러운 경우를 잊어버리지 않 는다), 거안사위(居安思危, 편안함을 누릴 때 위기를 생각하는 것) 등 사상을 예로 들 수 있다. 중국의 우수한 전통문화는 풍부한 철학사상, 인민 정신, 교화 사상, 도덕 이념 등을 포함하고 있다. 사람들이 세계를 알아가고 개조하는 데 유익한 시사점을 줄 수 있고 국정 운영과 도덕 건설을 위해 유익한 시 사점을 줄 수 있다. 전통문화중에서 사회관계를 원활히 하고 국민들이 적 극적이고 선(善)한 삶을 영위하도록 하는 부분에 대해서 우리는 시대적 조건과 결합시켜 계승하고 발전시키며 새로운 함의를 부여해야 한다.

제2절 중화의 우수한 전통문화의 시대적 가치

시진핑 총서기가 중화의 우수한 전통문화를 이처럼 중시하는 것은 그의 역사적 가치에 주안점을 둔 것도 원인이 되겠지만 그의 시대적 가치에서 출발한 점이 더욱 중요한 원인이라고 볼 수 있다. 바꾸어 말하면 시진핑 총서기는 신시대 공산당의 국정운영 능력을 전면적으로 향상시키고 이론적 혁신을 추진하며 중국 특색 사회주의를 견지하고 발전시키며 중화민족의 위대한 부흥 중국몽을 실현하는 전략적 높이에서 중화의 우수한 전통문화의 시대적 가치를 바라보았다. 이로부터 중화의 우수한 전통문화의 창조적 전환과 혁신적 발전을 위해 명확한 방향을 제시했다.

시진핑 총서기는 "본래를 잊지 않아야 미래를 개척할 수 있고 계승에 능해야 보다 훌륭한 혁신이 가능하다. 역사 문화 특히, 선조들이 전수하고 계승한 가치 이념과 도덕 규범은 옛 것을 오늘의 현실에 맞게 받아들이고 쓸모 없는 것은 버리고 좋은 것은 찾아내 새로운 방향으로 발전시켜 나가야 한다. 구분하여 대하고 계승하며 중화민족이 창조한 모든 정신 자산을 이치로 삼아 사람을 감화시키고 육성시켜야 한다."고 강조한 바 있다.[8] 이를테면 중화 문화는 '백성은 나라의 근본(民惟邦本)', '천인합일(天人合一)', '화이부동(和而不同)'을 강조한다. '강건하게 운행하는 하늘처럼 군자는 몸

---

8   시진핑: 『사회주의 핵심가치관을 육성하고 선양하자(培育和弘揚社會主義核心價値觀)』(2014년

과 마음을 가다듬기를 멈추지 아니하여야 한다(天行健, 君子以自强不息)', '대
도가 행해지면 천하는 모든 사람의 것이 된다(大道之行也, 天下爲公)'를 강조
한다. '천하의 흥망성쇠는 백성에게도 책임이 있다(天下興亡, 匹夫有責)'를 강
조하고 덕으로 나라를 다스리며(以德治國), 이치로 사람을 감화시키는 것(以
文化人)을 강조한다. '군자는 의리에 밝다(君子喩於義)', '군자는 평온하고 너
그럽다(君子坦蕩蕩)', '군자는 의로움으로 바탕을 삼는다(君子義以爲質)'를 강
조했다. '말에는 반드시 신의가 있고 행동에는 반드시 성과가 있다(言必信,
行必果)', '사람의 신의가 없으면 그 쓸모를 알 수가 없다(人而無信, 不知其可
也)'를 강조했다. '덕이 있는 사람은 외롭지 않다. 반드시 이웃이 있다(德不
孤, 必有隣)', '인자애인(仁者愛人)', '타인과 함께 선한 일을 하다(與人爲善)', '내
가 원치 않는 일을 남에게 행하지 말라(己所不欲, 勿施於人)', '벗이 되어 출입
을 함께 하고, 도적에 대비해 지키고 망을 볼 때에도 서로 도와준다(出入相
友, 守望互助)', '자기 어르신을 공경하는 마음으로 다른 어르신을 공경하고,
자기 자식을 사랑하는 마음으로 남의 자식을 보살핀다(老吾老以及人之老, 幼
吾幼以及人之幼)', '가난을 구제하고 부를 나눠 공생한다(扶貧濟困)', '적음을
근심하지 않고 고르지 못함을 근심한다(不患寡而患不均)' 등이다. "이와 같은
사상과 이념은 과거나 오늘을 막론하고 선명한 민족 특색이 있고 영원히
색깔이 바래지 않는 시대적 가치가 있다. 막론하고 사상과 이념은 시간의
흐름과 시대 변화와 더불어 끊임없이 발전하고 자체의 연속성과 안정성을
갖고 있다."[9]

2월 24일), 『시진핑 국정운영을 논함』, 외문출판사, 2014, 164면.

9   시진핑: 『청년들은 사회주의 핵심가치관을 자각적으로 실천해야 한다-베이징대학 교사
     와 학생 좌담회에서의 연설(靑年要自覺踐行社會主義核心價値觀-在北京大學師生座談會上的講話)』

1. 중화민족의 위대한 부흥 중국몽을 실현하는 견실한 버팀목

　　부강한 나라, 진흥하는 민족, 행복한 인민은 중국 인민이 근대에 들어서서 가슴에 품고 있던 간절한 꿈이고 추구이다. 시진핑 총서기는 '중화민족의 위대한 부흥을 실현하는 중국몽'이라는 인민들이 가장 익숙하고 친근하게 느끼고 있으며 대중화 된 언어로 그 꿈을 간결하게 요약시켰고 생동하고 형상적인 표현으로 국내외 중화 아들 딸의 보편적 공감대를 이끌어 냈다. '중국몽'은 중화의 역사문화의 정수를 기반으로 도출한 중요한 개념으로 신시대의 조건에서 중국 고대 '대동세계'의 꿈과 근대 이후 민족 부흥의 꿈을 이어받고 또 승화시킨 것이다.

(가) 중국몽을 실현하는 것은 중국공산당이 짊어지고 있는 역사적 책임이다

　　중화민족의 위대한 부흥인 중국몽은 당대 중국인의 꿈이며 중화민족의 유구한 역사적 전통을 이어받은 것이다. 중화민족의 선조들은 일찍부터 '천하대동(天下大同)'의 청사진을 제기하고 물질 생활은 걱정없이 풍족하고, 도덕의 경지가 충분히 승화를 가져온 대동 세계를 동경했다. 근대에 들어서서 중국 인민은 민족 부흥의 꿈을 향한 노력을 멈춘 적이 없다. 손중산(孫中山)선생이 '중화 진흥'의 구호를 제기한 후 중화민족의 위대한 부흥을 실현하기 위하여 수많은 지사들이 항쟁에 뛰어들었지만 실패를 거듭했다. 중

（2014년 5월 4일), 인민출판사, 2014, 7-8면.

　신시대 사회주의 문화강국 건설

국공산당은 창당된 그날부터 중화민족의 위대한 부흥이라는 역사적 사명을 짊어졌다. 중국공산당은 인민을 이끌고 끊임없이 완강히 싸우면서 가난하고 낙후했던 낡은 중국을 날로 번영하고 부강한 새 중국으로 건설했다. 중화민족의 위대한 부흥은 전례없이 밝은 미래를 자신 있게 보여주게 되었다. 당대 중국 공산당원의 책임은 "전당과 전국 여러 민족 인민들을 단합 인솔하여 역사의 바통을 이어받아 중화민족의 위대한 부흥을 실현하기 위해 계속 노력 분투하면서 중화민족이 세계 민족의 숲 속에 더욱 당당하게 설 수 있게 하여 인류를 위해 더 크고 새로운 공헌을 해야한다"[10]

(나) 중화의 우수한 전통문화는 중국몽을 실현하는 강력한 정신적인 힘이다

문명 특히 사상 문화는 한 나라, 한 민족의 정신력이다. 한 나라, 한 민족의 강성은 문화의 홍성을 버팀목으로 한다. 어떤 국가, 어떤 민족을 물론하고 스스로의 사상문화를 귀중히 여기지 않고 내버린다면 그 나라, 그 민족은 당당히 설수가 없다.[11] 문명의 계승과 발전, 문화의 선양과 번영이 없다면 중국몽은 실현될 수 없다. 중화민족의 위대한 부흥을 실현하려는 중국몽을 달성하려면 중국 정신이 있어야 한다. 중국 정신은 반드시 사회주의 핵심 가치체계를 고수하는 것을 전제로 오랜 역사속에서도 색이 바

---

10   시진핑: 「인민이 아름다운 생활에 대한 동경은 곧 우리의 분투목표이다(人民對美好生活的向往, 就是我們的奮鬪目標)」(2012년 11월 15일), 『시진핑 국정운영을 논함』, 외문출판사, 2014, 4면.

11   『공자 탄신 2565주년 기념 국제학술세미나 및 국제유학연합회 제5회 회원대회 개회식에서의 연설(在紀念孔子誕辰2565周年國際學術研討會暨國際儒學聯合會第五次国际儒学联合会第五届會員大會開幕會上的講話)」(2014년 9월 24일), 인민출판사, 2014, 9면.

래지 않는 중화민족의 정신세계를 적극 탐색하며, 중화민족의 적극적이고 진취적인 사상문화를 계승하고 선양 시켜 사회주의 핵심가치관의 육성과 실천을 위해 봉사하고 사회주의 선진문화를 건설하기 위해 봉사하도록 하고 공산당과 국가의 발전을 위해 봉사하도록 해야 한다. 중화민족의 위대한 부흥을 실현하는 중국몽을 실현하려면 우수한 전통문화를 적극 선양하고 사회주의 선진문화를 건설하며 만고의 난을 헤치고 나갈 수 있는 강대한 힘을 반드시 결속해야 한다.

(다) 문화의 부흥은 중화민족의 위대한 부흥의 중요한 방면이다

시진핑 총서기는 "한 민족이 부흥하려면 강력한 물질적 힘이 필요할 뿐더러 강력한 정신적 힘도 필요하다. 적극적으로 이끌어 가는 선진 문화가 없고, 인민이 풍요로운 정신세계가 없으며 민족의 정신적인 힘이 지속적으로 증강되지 않는다면 한 나라, 한 민족은 세계 민족의 숲 속에서 당당하게 나설 수 없다."[12]고 지적한 바 있다. 한 나라가 분투의 목표를 실현하려면 물질적 부를 풍부히 해야 할 뿐더러 정신적 자산을 쉼없이 풍부하게 해야 한다. 중국몽을 실현하는 것은 물질적 문명과 정신적 문명이 나란히 발전하는 과정이다. 중국의 넓은 대지에 고층 건물을 수풀처럼 세우는 동시에 중화민족의 정신 세계에도 높고 큰 건물을 지어야 한다.[13] '두개의 백 년' 분투 목표를 실현하고 중화민족 위대한 부흥의 중국몽을 실현하

---

12   시진핑: 『문예업무좌담회의에서 한 연설(在文藝工作座談會上的講話)』(2014년 10월 15일), 인민
      출판사, 2015, 5면.

13   시진핑: 『문예업무좌담회의에서 한 연설(在文藝工作座談會上的講話)』(2014년 10월 15일), 인민
      출판사, 2015, 6면.

려면 공산당 전체, 중국 전체, 전국 각 민족 인민들이 보유하고 있는 위대한 지혜를 충분히 발휘해야 할 뿐더러 중화민족이 5,000여 년간 축적한 위대한 지혜를 충분히 동원해야 한다. 중화민족의 역사적 지혜는 중국 인민이 세세 대대로 형성하고 축적한 것이다. 중화민족의 위대한 부흥을 실현하는데 있어서 가장 중요한 것은 우리 민족의 우수한 문명, 우수한 문화를 부흥시키는 것이다. 고도로 발달된 생산력만 있고 정신세계의 풍요로움이 결여된다면 중화민족의 위대한 부흥을 실현할 수 없다. 고대의 우수한 전통문화, '5.4운동'의 신 문화, 혁명 전쟁 연대에 형성된 혁명 문화, 사회주의 혁명·건설·개혁시기의 문화를 모두 총결하고 좋은 것은 발양시켜 중화민족의 위대한 부흥을 실현하는 위업에 힘이 되도록 해야 한다.

2. 중국 특색 사회주의가 뿌리를 둔 문화의 옥토

시진핑 총서기는 인민이 보다 전면적이고 객관적으로 당대의 중국을 인식하고 외부 세계를 바라볼 수 있도록 이끌어야 한다고 강조했다. 중국의 특색을 알리고 국가별, 민족별 역사 전통, 문화의 축적, 서로 다른 기본 국정을 잘 알리고 발전의 길도 각자의 색깔이 있었음을 잘 알려야 한다. 중화문화에는 중화민족의 가장 깊은 곳의 정신적 추구가 축적되어 있고 중화민족이 생생불식하게 발전장대된 풍부한 자양분이 축적되어 있음을 잘 알려야 한다. 중화의 우수한 전통문화는 중화민족의 뛰어난 우세이고 가장 깊이 있는 문화 소프트파워임을 잘 알려야 한다. 중국 특색 사회주의는 중화 문화의 옥토 속에 뿌리를 내리고 있고 중국인민의 의지를 반영하고 있으며 중국과 시대의 발전과 진보의 요구에 부응하고 있으며, 탄탄한 역사의 뿌리와 광범위한 현실적 기초를 보유하고 있음을 잘 알려야 한다.[14] 중국 특색 사회주의를 중화의 우수한 전통문화를 전승하는 것과 잘 접목시키고, 중국 특색 사회주의가 중국에 뿌리내리고 끊임없이 성장하는 사상 문화의 기초를 분명히 부각시키는 것은 중국 공산당이 중국 특색 사회주의의 길, 이론체계, 제도에 대한 인식이 새로운 높이까지 승화되었고 중국 공산당 역사에서 중대한 이론적 돌파를 가져왔음을 나타낸다.

(가) 중국 특색 사회주의는 중화민족의 역사문화전통에 뿌리를 두고 있다 어떤 과학적인 이론과 제도를 막론하고 현지화 되어야만 진정으로 역할을 할수 있다. 어떤 국가의 제도 설계를 막론하고 반드시 자국의 역사문화 전통에 뿌리를 두고 있어야 하고 그렇지 않을 경우 수토불복(水土不服)을 앓기 십상이다. 마르크스주의나 사회주의가 중국에서 승자로 남을 수 있었던 것은 중국화의 노력을 멈추지 않았고 중국의 실정에 밀착시켜 운용했기 때문이다. 한 나라가 선택한 발전의 길이 과연 적절하냐 하는 것은 그 나라의 인민이 가장 큰 발언권을 갖고 있다. 중국은 타국의 발전모델을 있는 그대로 베껴올 수 없고 반드시 스스로의 역사문화 전통을 존중하고 그 중에서 지혜와 힘을 얻으면서 스스로의 역사와 국정에 맞는 발전의 길을 개척해야 한다.[15] 중국은 중국이다. 역사의 발전과 문화 전통은 중국이 결코 타

---

14 시진핑: 「사상선전업무를 더욱 잘하자(把宣傳思想工作做得更好)」(2013년 8월 19일), 『시진핑 국정운영을 논함』, 외문출판사, 2014, 155-156면.

15 시진핑: 「사상선전업무를 더욱 잘하자」(2013년 8월 19일), 『시진핑 국정운영을 논함』, 외문출판사, 2014, 156면.

국 혹은 서방 사회로 바뀔 수 없음을 결정한다. 중국의 문제를 해결하려면 오로지 중국의 대지에서 중국에 맞는 길과 방법을 찾아야 한다.

(나) 중국 특색 사회주의 길은 중화의 문명을 전승하는 과정에서 개척된 길이다 지난 수천 년 간 중화민족은 타국과 타민족의 문명과 구별되는 발전의 길을 걸어왔다. 공산당이 인민을 이끌고 개척한 중국 특색 사회주의 길은 우연한 것이 아닌 중국의 역사 전승과 문화전통으로 결정된 것이다.[16] 중국의 오늘은 중국의 어제와 그제에서 발전되어 온 것이다. 중국몽을 실현하려면 중국의 길을 걸어야 한다. 이것이 곧 중국 특색 사회주의 길이다. 결코 쉽지 않았던 이 길은 개혁개방 40년의 위대한 실천 속에서 닦아진 길이며 중화인민공화국이 성립한 뒤 70여 년간 멈춘 적이 없었던 탐색 중에서 걸어낸 길이다. 이는 근대사회 170여 년의 발전과정에서 심각한 경험 도출이며 이는 또한 5,000년 중화민족의 문명을 승계하는 과정에서 닦아낸 길이다.

(다) 중국 특색 사회주의 길에서 중화민족의 역사문화의 뿌리를 반드시 지켜야 한다 중화의 우수한 전통문화는 중국의 가장 뿌리깊은 문화 소프트 파워이고 또한 중국 특색 사회주의가 착근하고 있는 문화적 옥토이다. 여러 국가와 민족은 역사 전통, 문화적 축적, 기본적인 국정이 서로 다른 원인으로 발전의 길이 필연코 각자의 색깔을 갖고 있기 마련이다.[17] 국

---

16   시진핑: 『제18기 중앙정치국 제18차 집단학습시의 연설(在十八屆中央政治局第十八次集體學習時的講話)』(2014년 10월 13일), 『인민일보』, 2014년 10월 14일, 1면.

17   시진핑: 「제18기 중앙정치국 제18차 집단학습시의 연설」(2014년 10월 13일), 『인민일보』,

내외 일부 다른 속셈을 가진 사람들이 중국의 민족문화를 폄하하고 부정하며 부정적으로 만드는 것은 다른 목적이 있기 때문이다. 그들은 정신적으로 중화민족의 뿌리를 뽑아버려 중국인의 정신을 공백으로 만든 후 서방문화를 활개 시키면서 그들의 서방화, 분화 정치 전략에 이용하려고 한다. 이점에 대해서 중국은 반드시 명철하게 간파하고 꾐에 넘어가서는 안될뿐더러 적극적으로 방비하여 효과적으로 막아내야 한다. 조상이 남겨준 것들을 모두 부정하는 것은 곧 우리 민족의 근간을 송두리째 뽑아 버리는 것과 마찬가지이다. "우리의 인민이 중국의 대지에서 형성 발전된 도덕 가치를 견지하지 못하고 구분없이 맹목적으로 서방 도덕 가치의 예스맨으로 전락한다면 우리의 국가와 민족이 정신적 독립성을 잃지 않을지에 대한 문제를 제기해야 한다. 정신적 독립성이 없다면 정치, 사상, 문화, 제도 등의 독립성은 부저추신(釜底抽薪)되게 된다."[18] 역사는 인민이 창조한 것이고 문명 또한 인민이 창조한 것이다. 중국 혁명의 역사는 부정할 수 없고 근대 이후 중국 인민의 투쟁의 역사도 부정할 수 없으며 수천 년을 생생불식하며 발전해 온 역사 및 그에 수반된 사상문화 창조 활동 역시 부정할 수 없다.

2014년 10월 14일, 1면.

18   시진핑: 「성·부급 주요지도 간부의 18기 3중전회 정신 학습관철 및 전면적인 개혁 심화 심포지움에서 한 연설(在省部級主要領導幹部學習貫徹十八屆三中全會精神全面深化改革專題研討班上的講話)」(2014년 2월 17일), 『시진핑 개혁을 전면심화할 데 대한 논술 발췌(習近平關於全面深化改革論述摘編)』, 중앙문헌출판사, 2014, 88면.

3. 중국공산당 국정 운영의 역사적 귀감

역사는 비록 과거에 발생한 것이지만 항상 이런저런 방식으로 오늘의 삶에서 모습을 드러낸다. 시진핑 총서기는 "역사는 가장 훌륭한 스승이다. 기나긴 역사의 진척 속에서 중화민족은 둘도 없는 찬란한 문화를 창조했고 풍부한 국정운영 노하우를 축적했다. 그 중에는 태평성대 사회발전 진보의 성공비결이 있는가 하면 난세의 교훈도 있다. 중국은 고대에 '백성은 나라의 근본(民惟邦本, 민유방본), 정령은 민의와 일치해야 하는 것(政得其民, 정득기민), 행위는 예법과 일치해야 하는 것(禮法合治, 예법합치), 덕을 주로 하고 법을 보조적 수단으로 하는 것(德主刑輔)을 주장했고 정치를 함에 있어서 사람을 얻는 것을 우선으로 한다(爲政之要莫先于得人), 나라를 잘 다스리려면 우선 관료를 잘 다스려야 하는 것(治國先治吏), 덕으로 정치하는 것(以政爲德), 스스로를 단정히 하고 성실신용으로 스스로를 요구하는 것(正己修身), 편안하게 지낼 때도 위기를 항상 생각하며 대비하는 것(居安思危), 개제와 개혁(改易更化)' 등을 주장했다. 이와 같은 것은 모두에게 시사점을 준다. 나라와 사회를 다스리는 데 있어서 우리가 오늘 부딪치고 있는 문제들은 역사에서 비슷한 문제들을 찾을 수 있다. 또한 역사에서 발생했던 허다한 일들은 모두 오늘의 거울로 삼을 수 있다.[19]

제자 백가 시대, 각 학파의 사상과 정치가들은 국정운영을 두고 많은 진지적견(眞知的見)을 내놓았다. 『논어(論語)』, 『맹자(孟子)』, 『상서(尙書)』, 『예

---

19 시진핑: 「제18기 중앙정치국 제18차 집단학습시의 연설」(2014년 10월 13일), 『인민일보』, 2014년 10월 14일, 1면.

기(禮記)』, 『주역(周易)』, 『춘추(春秋)』, 『한비자(韓非子)』, 『사기(史記)』, 『정관정요(貞觀政要)』, 『한비자(韓非子)』, 『군서치요(群書治要)』, 『자치통감(資治通鑑)』 등 대량의 문화 경서는 각 왕조의 국정운영 성패에 대하여 상세한 기록을 남겼다. 그 중에는 태평성세에서 사회가 발전하고 진보한 경험, 난세에서 흔들리는 사회의 심각한 교훈을 포함하고 있다. 국정운영의 사상과 경험은 중국의 고대에서 중요한 역할을 했을 뿐만 아니라 세계에 광범위한 영향을 미쳤고 오늘날까지 거울로 여겨지고 있다.

한 나라의 국정운영 체계와 능력은 해당 국가의 역사 전승, 문화 전통과 긴밀히 연관되어있다. 시진핑 총서기는 "중국의 오늘은 중국의 어제와 그제에서 발전되어 온 것이다. 오늘의 중국을 잘 운영하려면 중국의 역사와 전통문화를 깊이 있게 이해하고 고대 국정운영에 탐색과 지혜를 적극 총결해야 한다."를 강조한다.[20] '귤은 회남에서 크면 귤이 되고 회북에서 크면 탱자가 된다.' 중국이 국정운영의 체제와 능력의 현대화를 실현 함은 인류문명의 모든 우수한 성과를 학습하고 거울로 삼아야 하지만 서방의 정치 이념과 제도 패턴을 그대로 옮겨오는 것이 아니고 서방화와 자본화도 절대 아니다. 그렇지 않을 경우 수토 불복을 앓을 수 있고 심지어 재난적인 후과를 가져올 수도 있다. 역사의 경험 교훈을 섭취한 기초에서 국정운영의 체계와 능력의 현대화를 추진하기 위해 유익한 경험을 제공해야 한다. 공산당 18차 당 대표대회에서 19차 당 대표대회까지 시진핑 총서기를 핵심으로 하는 공산당 중앙이 제기한 일련의 국정운영의 중대한 조치

---

20 시진핑: 「제18기 중앙정치국 제18차 집단학습시의 연설」(2014년 10월 13일), 『인민일보』, 2014년 10월 14일, 1면.

신시대 사회주의 문화강국 건설

는 공산당의 성격, 취지와 우량한 전통을 강조했을 뿐더러 중국 역사상 국정운영 이념과 경험을 충분히 섭취하고 거울로 삼았다.

(가) 민유방본, 정득기민의 사상 중국 고대의 국정운영은 중민(重民) 사상을 주장한다. '백성(民)'을 어떻게 대하느냐 하는 문제는 중국 역대의 국정운영 사상의 중요한 내용이다. 중국역사에서 왕권(王權)의 관점이 장기적으로 통치 지위를 차지하고 있었지만 민본(民本)사상 역시 오랫동안 지속되었다. 秦代에서 明·淸代에 이르기까지 중국의 조상들은 다양한 시각과 차원에서 민본 사상을 밝혀왔다. 예로, '민유방본, 본고방녕(民惟邦本, 本固邦寧, 인민은 나라의 근본이고 근본이 든든해야 나라가 안정된다)', '민자, 군지본야(民者, 君之本也, 백성은 군왕의 근본이다)', '부패왕지소시야, 이인위본, 본리칙국고, 본란칙국위(夫覇王之所始也, 以人爲本, 本理則國固, 本亂則國危, 패업이 시작은 백성을 근본으로 하고, 근본이 다스려지면 나라가 굳건하고 근본이 어지러우면 나라가 위태롭다)', '정지소흥, 재순민심; 정지소폐, 재역민심(政之所興, 在順民心; 政之所廢, 在逆民心, 정치가 융성해지는 것은 위정자가 민심을 따름으로써 이루어지고, 반대로 정치가 황폐해지는 것은 민심을 거역하는 데에서 비롯한다.)', '인민지소리이리지(因民之所利而利之, 백성들이 이롭게 여기는 것에 따라 백성들을 이롭게 한다)', '민위귀, 사직차지, 군위경(民爲貴, 社稷次之, 君爲輕, 백성이 귀하고 사직은 그 다음이고 군주는 하찮다)', '위군지도, 필서선존백성(爲君之道, 必須先存百姓, 군주의 도리는 마땅히 백성을 먼저 살피는 데 있다)', '위정지도, 이순민심위본, 이후민생위본, 이안이불요위본(爲政之道, 以順民心爲本, 以厚民生爲本, 以安而不擾爲本 정치를 함에 있어서 민심을 따르는 것이 근본으로 하고 백성의 삶을 풍요롭게 하는 것을 근본으로 하고, 백성에게 폐를 주지 않고 평안하게 하는 것을 근본으로 한다)' 등을

들 수 있다. 이와 같은 사상들은 중국의 역사발전에 중요한 영향을 미쳤다. 시대적 조건의 제한으로 중국의 민본 사상은 오늘날 우리가 말하는 인민주의 사상은 아니지만 국정운영은 반드시 민중에 관심을 갖고 민중의 행복에 기반하는 사상은 어떤 시대를 막론하고 통용된다. 중국 고대의 민본 사상 및 그의 실천에서 정권을 잡은 자는 백성의 뜻을 따르고 백성들의 이익을 도모해야 하며 안민(安民), 부민(富民, 백성의 삶을 넉넉하게 함), 육민(育民)만이 한 정권을 존속시킬 수 있다는 중요한 결론을 내릴 수 있다. 인심의 향배는 정권의 흥망성쇠를 결정하는 결정적 힘이다. 이는 역사가 우리에게 남겨준 무게 있는 시사점이다.

(나) 예법합치(禮法合治), 덕주형보(德主刑輔)의 사상과 관련하여 법률과 도덕은 사회 행위를 규범화하고 사회질서를 지키는 역할을 한다. 중국 고대의 국정운영은 예로부터 법률과 형벌에 의존할 뿐더러 도덕을 통한 교육과 도덕을 통한 감화를 중시하여 법률과 도덕이 조화롭게 적용되고 서로 보완하도록 한다. 중국은 고대에 예(禮)와 법(法)을 용합시키고 예를 법에 연결시켜 도덕을 법률화시키고, 법은 악에 대한 징계에서 교화를 보조하는 역할이 추가되었다. 다른 한편, 법에 예를 부가하여 법률을 도덕화하고 예를 벗어나면 형벌의 범위에 포함시켰다. 예와 법은 각자의 용도가 있고 혼란을 바로잡는 정치에서 형법이 우선이며 태평성대에는 교화가 위주이다. '발생하기 이전에는 예(禮)로 금지하고, 발생한 이후에는 법(法)으로 처벌한다', '권선(勸善)'은 예로, '징악(懲惡)'은 법으로 한다. 공자(孔子)는 '도지이정, 제지이형, 민면이무치, 도지이덕, 제지이례, 유치차격(道之以政, 齊之以刑, 民免而無恥, 道之以德, 齊之以禮, 有恥且格, 백성들을 정치로 인도하고 형벌로

다스리면 백성들은 형벌을 면하고도 부끄러워함이 없다. 그러나 덕으로 인도하고 예로써 다스리면 백성들은 부끄러워할 줄도 알고 또한 잘못을 바로잡게 된다)'라고 했다. 순자(荀子)의 '이선지자대지이례, 이불선지자대지이형(以善至者對之以禮, 以不善之者對之以刑 선을 가져온 이는 예로써 대하고, 선하지 않은 것을 가져온 이는 형벌로 대한다)'는 도덕과 법률이 사회질서를 유지, 사람의 행위를 규범화하는 데 대한 다양한 역할을 깊고 예리하게 짚어냈다. 주원장(朱元璋)은 30여 년의 국정운영 실천을 바탕으로 '예악자, 치평지고량, 형정자, 구폐지약석(禮樂者, 治平之膏梁, 刑政者, 救弊之藥石 예악은 나라를 다스림에 있어서 고량진미이고, 형정은 나라를 다스림에 있어서 약석의 역할을 한다)'로, 오직 '이덕화천하(以德化天下, 덕으로 천하를 감화시키는 것)'와 '명형제구이제지(明刑制具以齊之, 명확한 형벌과 제도를 모두 갖추는 것)'를 함께 해야만 국가의 장기적인 안정을 실현할 수 있다고 말했다. 법률, 도덕, 예의 등 수단으로 나라를 다스리는 것은 중국 고대의 창조된 이념으로 동양적인 치국책략이다. 국가와 사회를 다스림에 있어서 법률의 규범 역할을 발휘해야 할 뿐더러 도덕의 교화 역할을 발휘해야 한다. 이는 또한 역사 속에서 취득한 유익한 시사점이다.

(다) 정치를 함에 있어서 인재를 최우선으로 득하고 나라를 다스림에 있어서 우선 관료를 다스려야 한다는 사상과 관련하여 국정운영의 주체는 사람이다. 우리의 조상들은 '나라를 다스림에 있어서 현재를 얻는 것이 근본이다(理國以得賢爲本)'고 보았고, 재능만 보이면 임용하고, 인재를 갈구하고 유능한 사람만 등용했다. 당 태종 이세민(李世民)은 '천하의 인재를 발탁하여 천하의 정무를 처리한다(選天下之材, 爲天下之務)'고 한바 있다. 인재를 어떻게 식별하느냐에 대해서도 중국 고대에는 독보적인 견해가 있었다.

왕안석(王安石)은 "한 사람의 품성을 알려면 그의 행동을 살펴야 하고 재능을 알려면 말을 들어보아야 한다. 언행을 알고자 하면 일을 시켜봐야 한다(欲審知其德, 問以行; 欲審知其才, 問以言. 得其言行, 則試之以事)"고 한 바 있다. 강희(康熙) 황제는 인재를 판단함은 백성에게 물으라고 했다. "신하가 현명한 신하인지 깊은 궁궐 속에 있는 짐은 알 길이 없다. 짐은 자주 순행을 하고 이르는 곳마다 백성들에게 물어서 알게 되었다.(臣下之賢否, 朕處深宮, 何由得知?緣朕不時巡行, 凡經歷之地, 必諮詢百姓, 以是知之)" 어질고 유능한 사람을 등용하는 방법에 대하여 옛 사람들은 공정하고 객관적이며 일가친척이나 원수를 피하지 않고 관습을 타파하고 가문을 따지지 않으며, 능력에 따라 관직을 주고 단점을 버리고 장점을 취하며 사람을 쓰면 의심하지 않고 모략하는 말을 믿지 않는다고 보았다. 이른바 '외인을 추천함에 있어서 원수라도 회피하지 않고 집사람을 추천함은 아들이라도 회피하지 않는다(外擧不避仇, 內擧不避子)', '장점을 임용하고 단점을 묻지 않는다; 잘하는 것을 맡기고 잘하지 못하는 것을 강요하지 않는다[任人之長, 不强其短; 林人之工, 不强其拙.', '군왕과 신하가 서로 의심하면서 허심탄회하게 대화하지 못한다면 나라에 큰 해를 미칠 수 있다[儻君臣相疑, 不能備盡肝膈, 實爲國之大害也]', '형식에 구애되어 인재를 잃는다[不拘一格降人材]' 등이 담은 이념과 방법들은 지금까지 시사하는 바가 크고 참조 가치가 있다.

(라) '위정이덕, 정기수신(爲政以德, 正其修身)' 사상과 관련하여 중국의 고대 국정운영 사상은 위정자가 스스로 몸가짐을 바로 하고 덕을 쌓는 것을 강조했다. 고대인들이 명확히 제기했던 '극명준덕(克明俊德)'의 주장을 명확히 제기했는데 나라를 다스리는 자가 고상한 도덕을 빛내고 발전시킨

신시대 사회주의 문화강국 건설

다면 백관이 직무가 분명하고 만국의 조화롭게 발전하며 천하의 민심이 선하게 될 수 있다고 보았다. 공자는 '덕으로 정치를 하는 것은 북극성은 제자리에 있고 모든 별들이 그를 받들며 따르는 것에 비유할 수 있다[爲政以德, 譬如北辰, 居其所爾衆星共之]', '정치란 바르게 한다는 것입니다. 선생께서 바른 도리로써 이끌어 주신다면 누가 감히 바르지 않은 일을 하겠습니까?[政者, 正也. 子帥以正, 孰敢不定?]'라고 했다. 한비자(韓非子)는 '수신하여 결백하고 공정한 해동을 하며 한편으로 기울지 않고 관직에 종사할 때는 사리를 도모하지 않는 것이 신하의 공의이다[修身潔白而行公行正, 居官無私, 人臣之公義也]'라고 했다. 양웅(揚雄)은 '나라를 다스리는 근본은 군주 본인에게 있다. 도덕을 훌륭하게 수양하면 정치를 청명하게 한다[政之本, 身也. 身立則政立矣]'라고 했다. 『정관정요(貞觀政要)』에는 '천하가 안정되기를 바란다면 군주 된 자는 먼저 그 몸을 바로잡아야 한다. 몸을 바로잡지 못하여 그림자가 굽혀진다면 사회 상층은 통치가 되었으나 사회 하층은 혼란해 진다[若安天下, 必須先正其身, 未有身正而影曲, 上治而下亂者]'고 써 있다. 즉 고상한 품성을 지니고 몸으로 실천하는 사람만이 벼슬을 함에 있어서 사적인 정에 치우치지 않고 겸손하게 정사를 보며 친민할 수 있으며 공평하게 계획을 만들 수 있다. 중국 역사에서 부지런히 정사를 본 제왕이 적지 않고 청렴한 관리도 부지기수이다. 고대 현인들의 금옥같은 말씀들은 오늘날, 특히 지도자들에게 큰 무게가 있는 참조 의미가 있다.

(마) 거안사위(居安思危)사상과 개역갱화(改易更化)의 사상 중국의 고대 정치는 거안사위의 우환 의식을 강조한다. 예로, '안이불망위, 존이불망망, 치이불망난[安而不忘危, 存而不忘亡, 治而不忘亂, 편안할 때 위기를 잊어

서는 안 되고, 생존할 때 멸망을 잊어서는 안 되며, 안정할 때 혼란을 잊어서는 안 된다]', '생어우환이사어안락[生於憂患而死於安樂, 근심과 걱정은 사람을 살아나게 하고 안일한 쾌락은 사람을 죽게 한다]', '안자비일일이안야, 위자비일일이안야(安者非一日而安也, 危者非一日而安也, 평안은 하루아침에 이루어 지지 않고, 위험도 하루에 이루어지는 것이 아니다.)', '군자어안사위, 위치우란[君子於安思危, 於治憂亂, 군자는 안정속에서 위험함을 고민하고 다스리는 속에서 혼란을 염두에 두어야 한다]' 등이 있다. 이와 같은 인식을 바탕으로 중국 역대 정치가와 사상가들은 모두 거안사위(居安思危)와 견미지저(見微知著)를 매우 강조하면서 각종 잠재적 위협을 경계하고 사전에 방지책을 세웠다. '사칙유비, 유비무환(思則有備, 有備無患, 생각을 하면 대비를 하게되고, 대비를 하면 근심이 없다)' 노자는 '위지어미유, 치지어미란(爲之於未有, 治之於未亂 일이 생기기전에 타당하게 처리하여야 하고, 화란이 생기기전에 미리 준비하여야 한다)'라고 했다. 사물 발전의 보편적 규칙을 밝힌 지적이다. 중국 고대의 국정운영은 이로운 것을 일으키고 해로운 것을 없애며, 혁고정신(革故鼎新)을 중시했고 사람들이 형세의 변화에 따라 자기 조정과 개선을 진행하여 적폐를 없애고 쇠락해진 시국을 진흥시키고 서로 다른 시기에 정책을 달리할 것을 요구한다. '당시이입법, 인사이제례(當時以立法, 因事而制禮, 시세에 따라 법도를 세우고 나라의 구체적 상황에 따라 예법과 예식을 제정한다)', '(수시이거사, 인자이입공(隨時以擧事, 因資而立功, 시기에 따라 처사하고, 조건을 빌어 입공한다), '개수시이변, 인속이동(皆隨時而變, 因俗而動, 때에 따라 변화가 있고 풍속을 좇아 움직였을 뿐이다)', '구일신, 일일신, 우일신(苟日新, 日日新, 又日新 진실로 하루가 새로워지려면, 나날이 새롭게 하고, 또 날로 새롭게 하라.)'이 있다. 중국 역사에는 여러 차례 변법이 이루어졌다. 유명한 것으로는 상앙변법, 왕안석변법,

장거정변법 등이 있다. 대세의 흐름을 파악하고 인심의 향배를 읽으며 끊임없이 변화와 혁신을 도모하는 것은 중국 고대 국정운영 중에서 매우 중요한 전략사상이다.

4. 사회주의 핵심가치관의 중요한 원천을 함양

가치관은 인류가 자연과 사회를 인식하고 바꾸어 가는 과정에서 나타나고 역할을 일으킨다. 서로 다른 민족, 서로 다른 나라는 자연 조건과 발전 역사가 같지 않기 때문에 생산되고 형성된 핵심가치관도 각자의 특징을 갖고 있다. 시진핑 총서기는 인류사회 발전의 역사가 보여주다시피 민족과 국가에게 있어서 가장 지속적이고 가장 심층적인 힘은 곧 사회 전체가 함께 인정하는 핵심가치관이라고 지적했다. 핵심가치관은 한 민족, 한 국가의 정신적 추구를 담고 있고 한 사회가 시비곡직을 평가하는 가치 표준을 반영한다. 한 민족, 한 국가의 핵심가치관은 반드시 이와 같은 민족, 해당 민족, 국가의 역사 문화와 일치해야 하고 해당 민족 국가 인민이 진행 중인 분투와 결합되어야 하며 해당 민족, 국가가 해결하고자 하는 시대 문제와 연계되어야 한다. '중국인으로 태어난 우리는 근본적으로 중국인 고유의 정신 세계를 갖고 있고, 백성들이 항상 접하고 있으나 일상에서는 느끼지 못하는 세계관이 있다.'[21]

---

21 시진핑: 『청년들은 사회주의 핵심가치관을 자각적으로 실천해야 한다-베이징대학 교사와 학생 좌담회에서의 연설』(2014년 5월 4일), 인민출판사, 2014, 8면.

시진핑 총서기는 우리가 제창하는 사회주의 핵심가치관은 중화의 우수한 전통문화 전승과 승화를 충분히 보여주었고, 근대 이후 중국 인민이 천신만고 끝에 확립한 이상과 신념이 실려 있고 전국 인민들이 공동으로 인정하는 가치관의 '최대공약수'를 반영한다고 강조했다. 중국인이라면 반드시 사회주의 핵심가치관을 자각적으로 육성하고 실천해야 한다. 시진핑 총서기의 일련의 중요한 논술은 중화의 우수한 전통문화와 사회주의 핵심가치관의 내적 연계를 깊이 있게 밝혔고 중화의 우수한 전통문화가 사회주의 핵심가치관을 육성하고 실천하는 것에 대한 중요한 의의를 심도 있게 들여다 보게 하였다.

(가) 중화의 우수한 전통문화는 사회주의 핵심가치관을 육성하고 선양하는 입각점이다 한 민족, 한 나라는 정체성, 걸어왔던 역사, 앞으로 가야할 길에 대하여 명료한 인식이 있고 정확한 판단이 있어야 흔들림 없이 앞으로 나아갈 수 있다. 시진핑 총서기는 "사회주의 핵심가치관을 육성하고 선양하려면 반드시 중화의 우수한 전통문화를 기반으로 하여야 한다. 확고한 핵심적 가치관은 그 특유의 근본이 있기 마련이다. 전통을 포기하고 근본을 버리면 곧 자기의 정신적 생명을 끊어버리는 것과 같다. 넓고 심오한 중화의 우수한 전통문화는 우리가 세계문화의 격랑 속에서 입지를 굳힐 수 있는 토대이다. 유구한 역사를 갖고 있는 중화문화에는 중화민족의 가장 심층적인 정신적 추구가 담겨있다. 중화민족의 독특한 정신을 상징하고 있는 중화 문화는 중화민족이 끊임없이 번성하고 발전하는 데 풍부한 자양분을 제공해 주었다", "본래(本來)를 잊지 않아야 미래(未來)를 개척할 수 있고 계승을 잘해야 보다 훌륭한 혁신이 가능하다. 역사문화, 특히

선조들이 전수하고 계승하며 전해진 가치 이념과 도덕 규범은 옛 것을 오늘의 현실에 맞게 받아들이고 쓸모 없는 것은 버리고 좋은 것은 찾아내 새로운 방향으로 발전시켜 나가야 한다. 선별적으로 대하고 계승하여 중화민족이 창조한 모든 정신 자산의 이치를 바탕으로 사람을 감화시키고 교육시켜야 한다."고 말한 적이 있다.[22]

수천 년 역사를 지닌 중화 문명은 독특한 가치체계를 갖고 있다. 넓고 심오한 중화의 우수한 전통문화는 이미 중화민족의 유전자가 되었고 중국인의 마음속 깊은 곳에 뿌리를 내렸으며 중국인의 사고 방식과 행위 방식에 소리 없는 영향을 미치고 있다. 오늘날 사회주의 핵심가치관을 제창하고 선양하면서 반드시 중화의 우수한 전통문화에 입각하고 그 속에서 영양분을 섭취해야 한다. 그렇지 않을 경우 생명력과 영향력을 가질 수 없다.[23] 중화의 우수한 전통문화의 사상 정수와 도덕 정수를 섭취하고 애국주의를 핵심으로 하는 민족정신과 개혁 혁신을 핵심으로 하는 시대적 정신을 적극 선양해야 한다. 중화의 우수한 전통문화가 인애를 중시하고 민본(民本)을 중시하며 성실 신용을 지키고 정의를 숭상하고 화합을 존중하며 대동(大同)을 추구하는 시대적 가치를 깊이 발굴하고 천명하여 중화의 우수한 전통문화가 사회주의 핵심가치관을 함양하는 중요한 원천으로 되게 해야한다.[24]

---

22 시진핑: 「사회주의 핵심가치관을 육성하고 선양하자」(2014년 2월 24일), 『시진핑 국정운영을 논함』, 외문출판사, 2014, 163-164면.

23 시진핑: 『청년들은 사회주의 핵심가치관을 자각적으로 실천해야 한다-베이징대학 교사와 학생 좌담회에서의 연설』(2014년 5월 4일), 인민출판사, 2014, 7면.

24 시진핑: 「사회주의 핵심가치관을 육성하고 선양하자」(2014년 2월 24일), 『시진핑 국정운영을 논함』, 외문출판사, 2014, 164면.

(나) 중화의 우수한 전통문화는 사회주의 핵심가치관이 착근하는 옥토이다 서로 다른 민족과 나라는 자연 조건과 발전 역사가 같지 않기 때문에 생산되고 형성된 핵심가치관도 각자의 특징을 갖고 있다. 중화의 우수한 전통문화의 역사적 근원, 발전 맥락, 기본 방향을 명료하게 알리고 중화문화의 독특한 창조, 가치 이념, 선명한 특색을 명료하게 밝히며 문화에 대한 자신감과 가치관에 대한 자신감을 증강하여야 한다.[25] 사회주의 핵심가치관은 중화의 우수한 전통문화의 깊은 옥토에 뿌리를 내리고 있다. 우수한 전통문화로부터 섭취하는 영양분이 없다면 사회주의 핵심가치관은 원천이 없는 물, 뿌리가 없는 나무로 될 것이다.

중국은 고대로부터 격물치지(格物致知, 사물의 이치를 궁극에까지 이르러 나의 지식을 극진하게 이른다), 성의정심(誠意正心, 바른 마음과 정성), 수신제가(修身齊家, 몸과 마음을 닦아 수양하고 나라를 다스림), 치국평천하(治國平天下, 나라를 잘 다스리고 온 세상을 평화롭게 함)를 주장해 왔다. 일부는 격물치지, 성의정심, 수신(修身)은 개인적인 요구이고 제가(齊家)는 사회적인 요구이며 치국평천하는 국가차원적인 요구라고 보고 있다. 우리가 제기한 부강·민주·문명·화합·자유·평등·공정·법치·애국·충직·성실·친선의 사회주의 가치관은 국가, 사회, 국민과 관련된 가치 요구를 일체로 융합시켜 사회주의의 본질적 요구를 반영할 뿐더러 중화의 우수한 전통문화를 계승하면서 세계문명의 유익한 성과를 흡수하고 시대적 정신을 구현했다.[26]

---

25 같은 책, 164면.

26 시진핑: 『청년들은 사회주의 핵심가치관을 자각적으로 실천해야 한다-베이징대학 교사와 학생 좌담회에서의 연설』(2014년 5월 4일), 인민출판사, 2014, 5면.

(다) 중화의 우수한 전통문화는 사회주의 핵심가치관을 함양하는 중요한 원천이다 시진핑 총서기는 "중화의 우수한 전통문화는 중화민족의 정신적 명맥이고 사회주의 핵심가치관을 함양하는 중요한 원천이며 우리가 세계문화의 격동 속에도 흔들림 없이 자리를 굳건히 했던 튼튼한 기초이다."라고 한 바 있다.[27] 중화 문명은 수천 년 지속되어 내려온 문명이다. 중국인은 독특한 가치 체계를 가지고 세계를 보고, 사회를 보며, 인생을 바라본다. 오늘 중국이 사회주의 핵심가치관을 제창하고 선양하려면 중화의 우수한 전통문화속에 내포되어 있는 사상과 윤리에 대한 풍부한 소스를 잘 활용해야 하고 진지한 자세로 중화의 우수한 전통문화의 사상과 윤리의 정수를 섭취해야 한다. 중화의 우수한 전통문화가 인애를 중시하고 민본(民本)을 중시하며 성실 신용을 지키고 정의를 숭상하고 화합을 존중하며 대동(大同)을 추구하는 시대적 가치를 깊이 발굴하고 천명하여 중화의 우수한 전통문화가 사회주의 핵심가치관을 함양하는 중요한 원천으로 되게 해야 한다. 옛 사람들이 말하는 '세상 사람들이 근심하기에 앞서서 근심하고, 천하 사람들이 즐긴 후에야 비로서 즐긴다[先天下之憂而憂, 後天下之樂而樂]'의 정치적 포부, '자리는 이천하나 우국우민은 잊을 수 없고[位卑未敢忘憂國]', '나라에 이롭다면 생사를 가리지 않음이 마땅하고 어찌 화복을 따져 몸을 사릴것인가(苟利國家生死以, 豈因禍福避趨之)'과 같은 나라에 대한 충정, '부귀해져도 마음이 동요되지 않고 빈천한 상황에 처해도 의지가 변함이 없으며 위세와 무력에도 지조를 굽히지 않는다(富貴不能淫, 貧賤

27   시진핑: 『문예실무자회의에서의 연설(在文藝工作座談會上的講話)』(2014년 10월 15일), 인민출판사, 2015, 25면.

不能移, 威武不能屈)'는 호연지기, '인생은 자고로 그 누가 죽지 않으리, 뜨거운 충정 간직하여 청사에 남기리라(人生自古誰無死, 留取丹心照漢靑)', '나라를 위하여 온 힘을 다 바쳐 죽을 때까지 그치지 않다[鞠躬儘瘁, 死而後己]'는 헌신정신등은 모두 중화민족의 우수한 전통문화와 민족의 정신을 읽을 수 있는 글귀들로 반드시 계승하고 빛내가야 한다.

5. 공산당과 국가의 외교 이념, 외교정책 혁신의 중요한 사상 원천

공산당 18차 당 대표대회 후 시진핑 총서기는 국내 사무를 처리함에 있어서 중화의 우수한 전통문화의 정수를 섭취하고 활용하는 것을 중시했을 뿐더러 중화의 우수한 전통문화의 사상으로 시대적 특징을 파악하고 중화의 우수한 전통문화의 지혜로 세계의 대세를 파악하며 중화의 우수한 전통문화의 이념으로 중국의 대외정책의 이론과 실천을 지도했다. 차례로, 정확한 의리관(義利觀)을 실천하고 협력과 상생을 핵심으로 하는 신형 국제관계를 구축하며 인류운명공동체를 결성하고 세계적인 파트너십 네트워크를 구축하고 공통, 종합, 협력, 지속가능한 안전관 등의 이념을 제기하였고 이는 국제사회의 폭넓은 환영을 받았다. 중화의 우수한 전통문화는 이미 공산당과 국가가 외교 이념과 외교정책을 혁신하는 중요한 사상적 원천으로 자리 잡았다.

(가) 중화의 우수한 전통문화 속에는 국제관계 처리와 관련된 다양한 기본 이념이 내포되어 있다 시진핑 총서기는 '한 민족의 진정한 정신적 추구는 세대를 이어 전해온 민족정신의 유전자를 분석해야 알 수 있다.'[28] 중화민족은 평화를 사랑하는 민족이다. 5,000여 년의 문명 역사를 갖고 있고 시종일관 평화를 사랑해왔다. 평화·화목·화합에 대한 추구는 중화민족의 정신세계 속에 깊이 자리잡고 있고 중화 인민의 혈맥 속에 녹아있다. 중화의 문화는 화합을 숭상하고 중화민족은 평화를 사랑하는 민족으로 타민족과 화목하게 살아왔다. 유구한 역사를 가진 중국의 '화(和)'문화는 천인합일(天人合一)의 우주관, 협화만방(協和萬邦, 세상의 모든 나라와 화합)의 국제관, 화이부동(和而不同)의 사회관, 인심화선(人心和善, 온화하고 선량한 인심)의 도덕관을 포함하고 있다. 평화를 사랑하는 사상은 중화민족의 정신세계속에 깊숙이 자리잡고 있고 중국인민의 혈맥 속에 녹아 있으며 중국인의 행위에서 반영되고 있는 동시에 오늘까지 중국이 국제관계를 처리하는 기본 이념이다. 중국은 자고로 '나라가 크더라도 호전적이라면 반드시 망하게 되어 있다'는 잠언이 있다. '이화위귀[以和爲貴, 화목이 으뜸이다]', '화이부동(和而不同, 친화하되 무리를 짓지 않는다)', '화건과위옥백[化乾戈爲玉帛, 전쟁을 평화로 바꾸다]', '국태민안(國泰民安)', '목린우방(睦隣友邦, 선린 우호국)', '협화만방(協和萬邦)', '친인선린, 국지보야(親仁善隣, 國之寶也, 이웃과 가까이 하고 인국과 우호적인 것은 우리의 국보이다)', '사해지내개형제야[四海之內皆兄弟也, 온 세상의 사람들이 모두 형제]', '원친불여근린[遠親不如近隣, 먼 친척

28 시진핑: 『독일 쾨르버재단에서 한 연설(在德國科爾伯基金會的演講)』(2014년 3월 28일), 『인민일보』 2014년 3월 30일, 2면; 『시진핑 국정운영을 논함』을 참조, 외문출판사, 2014, 265면.

보다 가까운 이웃이 더 낫다]', '친망친호, 린망린호[親望親好, 隣望隣好, 이
웃은 이웃이 잘되기를 바라고, 친척은 친척이 잘되기를 바란다]', '천하태
평(天下太平)', '천하대동(天下大同)', '기소불욕, 물시어인(己所不欲, 勿施於人, 내
가 원치 않는 일을 남에게 행하지 말라)' 등 이념이 세대를 이어서 전해지고 있
고 오늘도 중국이 국제관계를 처리하는 근본적 이념으로 되고 있다. 중국
은 역사상 장기적으로 세계에서 가장 강한 국가 중의 하나였지만 타국을
식민지화 하고 침략했던 기록은 없다. 중국이 견지하는 평화 발전의 길은
중화민족이 평화를 사랑하는 문화전통을 전승하고 빛내는 길이다.[29]

**(나) 인류운명공동체를 구축하는 것은 인류가 직면하고 있는 작금의
난제를 해결하는 중국의 답안이다** 시진핑 총서기는 "중국공산당은 중국
인민을 위하여 행복을 도모하는 정당이고 인류의 진보 사업을 위하여 분
투하는 정당이다. 중국공산당은 인류를 위하여 새롭고 큰 기여를 하는 것
을 당의 사명으로 한다."[30]라고 지적한 적이 있다. 공산당 18차 당 대표대
회 이후 시진핑 총서기를 핵심으로 하는 당 중앙은 인류운명공동체 구축
을 창도하고, 글로벌 거버넌스의 변혁을 촉진하며 중국의 국제 영향력, 감
화력, 구축력을 진일보 향상시키면서 세계평화를 위해 새로운 기여를 했
다. 시진핑 총서기는 오늘의 국제형세 하에서 나라 사이에서는 '한 사람이

29   시진핑: 『독일 쾨르버재단에서 한 연설』(2014년 3월 28일), 『인민일보』 2014년 3월 30일,
      2면; 『시진핑 국정운영을 논함』을 참조, 외문출판사, 2014, 265면.
30   시진핑: 『샤오캉사회 건설의 전면적 승리, 신시대 중국 특색 사회주의의 위대한 승리를
      이룩하자─중국공산당 제19차 전국대표대회에서의 보고(決勝全面建成小康社會 奪取新時代中
      國特色社會主義偉大勝利-在中國共産黨第十九次全國代表大會的 報告)』(2017년 10월 18일), 인민출판
      사, 2017, 57-58면.

부귀해지면 모두 따라서 부귀해지고, 한 사람이 망하면 모두 따라서 망하는' 연대적 효과가 이미 형성되었다. "어떤 나라도 인류가 직면하고 있는 여러 가지 도전에 혼자의 힘으로 대응할 수 없고, 스스로를 외딴 섬에 가두어 둘 수 있는 나라도 없다."[31], "국토 면적과 파워, 경제력의 크기와 관계없이 모두 평화의 수호자와 촉진자가 되어야 한다. 한쪽이 장(場)을 만들면 다른 한쪽이 파괴하는 것이 아닌 서로 힘을 보태면서 훌륭한 장을 이어가야 한다". "각자 자기 집 문 앞의 눈만 쓸고, 남의 집 기와의 서리는 상관하지 마라"가 아닌 협력과 상생을 실현해야 한다. 하나의 지구촌에서 살면서 여러 가지 어려움을 함께 직면해야 하는 우리는 견고한 운명공동체 의식을 수립해야 한다. '합쳐 싸우면 강하고, 외롭게 싸우면 약하다(合則强, 孤則弱)', '아름드리 나무는 애나무가 성장한 것이고, 아홉 층의 축대는 한 소쿠리 흙에서 시작되어 쌓아진 것이다(合抱之木, 生於毫末; 九層之臺, 起於累土)'. 여러 나라는 '수 많은 강을 받아들이는 바다와 같은(海納百川, 有容乃大)' 흉금으로 협력하고 함께 발전을 도모해야 한다. 공산당 19차 당 대표대회에서 시진핑 총서기는 여러 나라 인민들이 동반 협력하여 인류운명공동체를 구축하고 지구적인 평화, 보편적인 안전, 공동 번영, 개방적인 포용, 청정하고 아름다운 세상[32]을 건설하고 인류의 아름다운 미래를 함께 창조할 것을 재삼 호소했다. 세계적으로 많은 정치인과 전문가, 학자들은 불투명한 글로

31 시진핑: 「샤오캉사회 건설의 전면적 승리, 신시대 중국 특색 사회주의의 위대한 승리를 이룩하자-중국공산당 제19차 전국대표대회에서의 보고」(2017년 10월 18일), 인민출판사, 2017, 58면.

32 시진핑: 「샤오캉사회 건설의 전면적 승리, 신시대 중국 특색 사회주의의 위대한 승리를 이룩하자-중국공산당 제19차 전국대표대회에서의 보고」(2017년 10월 18일), 인민출판사, 2017, 58-59면.

벌 경제와 충돌이 거듭되는 정치 현황의 해결법을 제시하는 중국이 바야흐로 글로벌 세상의 리더로 성장할 것이라고 보고 있다. 인류운명공동체를 구축하는 것은 작금의 인류의 공동 난제를 풀어갈 수 있는 중국 해법이고 글로벌 거버넌스를 재정립하는 중국의 솔루션이며 공산당이 시대와 세계 관점에 대한 공산당의 중요한 변화를 뜻한다. 시진핑 총서기가 국제무대에서 제기한 중국의 글로벌 거버넌스에 대한 주장과 해법은 중국을 대표하여 중국의 목소리를 널리 알린 것으로 국제사회의 강한 공감대를 이끌어 냈다.

(다) 중화의 전통적 의리관은 신형 국가이익관의 이론적 기초이다 이익을 가볍게 여기고 도의를 중시하며, 이익보다 의리를 앞자리에 놓고, 이익을 취함에 있어 도의를 지켜야 한다. 이는 중화민족이 수천 년간 일관적으로 실천해온 도덕 준칙과 행위규범이다. 중화민족의 선조들은 '나라는 이익을 취하는 것만을 이익으로 삼지 아니하고, 의를 구현하는 것을 이익으로 삼는다(國不以利爲利, 以義爲利也)', '이익을 따지려면 천하에 이익이 될 것인지를 따져야 마땅하다(計利當計天下利)'를 주장해 왔다. 국제협력속에서 이익을 중시해야 하고 특히 의로움을 중시해야 한다. 중화민족은 '군자는 의로움으로 바탕을 삼는 것'을 주장하고 '의롭지 않으면서 부귀를 누리는 것은 뜬구름과 같은 것이다'를 강조한다. '국제관계 속에서 의로움과 이로움의 관계를 타당하게 처리해야 한다. 정치적으로 국제법과 국제관계의 기본원칙을 지키고 공평과 정의를 견지하며 평등하게 대우하는 것을 견지해야 한다. 경제적으로는 대승에 입각하고, 미래를 지향하며 호혜와 상생 그리고 공동 발전을 견지해야 한다. 나만이 아닌 타인도 잘 지낼 수 있게

해야 한다.' 국제관계를 처리함에 있어서 제로섬 사고방식을 버리고 남은 적게 나는 많이 가지거나 타인에게 해를 주고 나만 이익을 챙겨서는 안된다. 남을 지게 하고 내가 이기며 혼자서 독식하는 것은 더욱 안된다. 의로움과 이로움을 모두 살펴야 두 가지를 모두 가질 수 있고 양자가 형평성을 갖추어야 두 가지를 모두 얻을 수 있다.[33]

2014년 11월에 소집된 중앙외교사무실무회의에서 시진핑 총서기는 국제협력에서 정확한 의리관을 견지하여 의로움과 이로움을 함께 고려하고 신의를 지키고 정과 의로움을 중시하며 정의를 선양하고 도의를 세워야 한다고 강조했다. 대외원조업무를 충실히 하고 '대외로 정의를 널리 알리고 대방과 이익을 융합하는 것'을 진실하게 실천해야 한다. 특히 중국과 장기적으로 우호적인 관계를 유지하고 있으나 자체 발전의 짐이 무거운 주변국가와 개도국을 대상으로 상대방의 이익을 많이 고려하고 많이 주고 적게 취하며 절대로 타인에게 손해를 끼치지 않으면서 스스로의 이익을 도모하지 않고 화를 남에게 전가시키지 말아야 한다. 그래야만 순조롭게 왕래하고 함께 발전할 수 있다. 2016년 4월, 제18회 중앙정치국 제31차 집단학습에서 시진핑 총서기는 "우리 스스로의 이익을 발전시키는 동시에 다른 나라의 이익을 더 많이 고려하고 배려해야 한다. 정확한 의리관을 견지하여 의로움을 우선시 하고 의리와 이로움을 병행하되 눈앞의 이익에만 급급하여 단기적인 행위를 하지 말아야 한다. 우리 나라와 연선 국가의 공동이익, 차이가 있는 이익의 관심 사안을 함께 고려해 보다 많은 이익적 합

---

33   시진핑: 「중한협력의 미래를 창조하고 아시아의 진흥과 번영에 일조하자-한국국립서울
      대학에서 한 연설(共創中韓合作未來 同襄亞洲振興繁榮-在韓國國立首爾大學的演講)」(2014년 7월 4
      일), 『인민일보』, 2014년 7월 5일, 2면.

의점을 찾아 연선 국가의 적극성을 동원해야 한다."[34]라고 지적했다. 물론 우리의 정당한 이익을 절대 포기할 수 없고 국가의 핵심 이익을 희생할 수 없다. 시진핑 총서기는 세계를 향하여 중국은 절대로 타국의 이익을 희생하면서 자국을 발전시키지 않고 자국의 정당한 권리와 이익도 절대로 포기하지 않을 것임을 누차 표명했다. 어떤 국가를 막론하고 중국이 자국의 핵심 이익을 조건으로 거래하리라 기대하지 말고, 어떤 국가도 중국이 자국의 주권, 안전, 발전 이익에 손상을 입는 쓴 맛을 볼 것이라는 환상은 하지 말아야 한다.

(라) 중화민족의 지위와 영향력은 문화의 강력한 호소력과 흡인력에 의존한다 시진핑 총서기는 미국 『허핑턴 포스트』(The Huffington Post)의 『더 월드 포스트』(The World Post) 창간호 인터뷰에서 "우리는 '투키디데스 함정'에 빠지는 것을 피해야 한다. 강대국은 패권을 추구할 수 밖에 없다는 주장은 중국에 적용되지 않는다. 중국은 이와 같은 유전자를 갖고 있지 않다."라고 지적한 바 있다.[35] 2013년 미국 방문 시, 시진핑 총서기는 "세상에는 원래 투키디데스가 없었지만 대국 간에 전략적 오판이 거듭된다면 스스로 '투키디데스 함정'을 만들 수 있다"고 다시 강조했다. 포용심을 갖는다면 '문명의 충돌'은 존재하지 않고 문명의 화합을 실현할 수 있다. 중국은 세

---

34   시진핑: 「'일대일로' 건설을 추진하고 개혁과 발전의 새로운 공간을 적극 확장하자(推進 "一帶一路" 建設, 努力拓展改革發展新空間)」(2016년 4월 29일), 『시진핑 국정운영을 논함』 제2권, 외문출판사, 2017, 501면.

35   선명저(申孟哲): 「강대국이 '투키디데스 함정'을 피면하는 길은?(大國如何避免 "修昔底德陷穽"?」, 『인민일보』(해외판), 2015년 11월 27일, 16면.

계 최강국 중의 하나였던 역사는 있지만 타국을 식민지화 하고 침략했던 기록은 없다. 중화민족이 역사 속에서 세계적인 입지와 영향력을 가질 수 있었던 것은 무력을 휘두르거나 대외 확장에 의존한 것이 아닌 중화 문화의 강대한 감화력과 흡인력이 있었기 때문이다. 중화민족의 선조는 일찍부터 '먼 곳의 백성이 귀순하여 따르지 않으면 학문과 덕을 쌓아 불러와야 한다(遠人不服, 則修文德以來之).'는 이치를 터득하고 있었다. 덕(德)으로 사람을 이끌고 문화로 사람을 바꾸어 간다는 사고방식은 중화민족의 천성, 특징, 정신 등을 해석함에 있어서 빠질 수 없는 부분이다.[36] 중화민족의 혈액 속에는 타인을 침략하고 세계를 제패하려는 유전자가 없고 중국 인민 역시 '국강필패(國强必覇)'의 논리를 수용하지 않는다.

제3절 과학적인 태도로 중화의 전통문화를 대하자

시진핑 총서기는 과학적인 태도로 중화 전통문화를 대해야 한다는 관점을 일련의 중요한 논술에서 명확히 제기하여 공산당이 장기적으로 견지했던 전통문화에 대한 기본방침을 풍부히 하고 발전시켰다. 본국의 역사를 어떻게 대하고 본국의 전통문화를 어떻게 대하느냐 하는 것은 어떤 나라를 막론하고 현대화를 실현하는 과정에서 반드시 잘 해결해야 하는 문제이다. 역사는 비록 지나간 시간 속의 일이지만 항상 이런저런 방식으

36　시진핑: 『문예업무좌담회의에서 한 연설(在文藝工作座談會上的講話)』(2014년 10월 15일), 인민 출판사, 2015, 3면.

로 오늘의 생활 속에서 그 모습을 찾아 볼 수 있다. 중국의 전통 사상 문화의 뿌리는 사회생활 속에 있고 사람들의 생각과 관점, 풍속 습관, 생활 방식, 정서가 집중적으로 반영되는 것이다. 전통문화에 대하여 과학적으로 분석하고 유익하고 좋은 것은 계승하고 발양하며 부정적이고 좋지 못한 것은 방어하고 극복하면서 찌꺼기는 버리고 정수는 취해야 한다. 전체적으로 받아들이거나 전체적으로 포기하는 절대주의 태도는 취하지 말아야 한다. 계승과 발전의 관계를 잘 처리하고 창조적인 전환과 혁신적인 발전을 비중 있게 잘해야 한다.[37]

1. 역사를 경험으로 삼고 활용하는 것은 중국공산당의 우수한 전통이다

역사는 한 민족, 한 국가가 형성, 발전 및 흥망성쇠의 과정에 대한 진실한 기록이고 선인들의 '백과전서'이며 선인들의 지식, 경험과 지혜를 취합한 것이다. 역사는 어제부터 오늘날까지 걸어왔고 또 다시 내일로 향한다. 역사적인 연계는 끊어낼 수 있는 것이 아니다. 사람들은 항상 선인들로부터 이어 받은 것을 바탕으로 앞으로 발전한다. 동서고금이 모두 예외일 수 없다.[38] 오늘 세계가 봉착했던 일들은 모두 역사 속에서 그림자를 찾을

---

37 시진핑: 「제18회 중앙정치국 제18차 집단학습에서의 연설(在18届中央政治局際18次集體學習時的講話)」(2014년 10월 13일), 『인민일보』, 2014년 10월 14일, 1면.

38 「간부들은 역사를 읽어야 한다-중앙당교 2011년 추계 개학식에서의 연설(領導幹部要讀点歷史-在中央當校2011年秋季學期開學典禮上的講話)」(2011년 9월 1일), 『학습시보(學習時報)』, 2011

수 있다. 역사에서 발생한 많은 일들은 오늘의 거울로 삼을 수 있다. 역사를 중요시하고 연구하며 거울로 삼으면 어제를 알고 오늘을 포착하며 내일을 개척하는 지혜를 얻을 수 있다. 그러므로 역사는 인류의 가장 훌륭한 선생님이다. 중국공산당은 창당이래 중화의 우수한 전통문화의 충실한 전승자, 선양자였고 중국 선진문화의 적극적인 창도자와 발전자였다. 중화의 우수한 전통문화의 양분은 이미 공산당의 혈맥 속에 깊숙이 자리잡고 있다. 역사를 학습하고 역사 경험을 총결하고 실천하며 역사법칙속에서 전진하는 정확한 방향과 길을 인식하고 파악한 것은 중국공산당이 90여 년간 중국의 혁명, 건설, 개혁 속에서 지속적으로 승리를 취득할 수 있었던 중요한 원인이다.[39] '역사를 거울로 삼으면 흥망성쇠를 알 수 있다.' 이는 수천 년 전의 사람들도 알고 있었던 도리이다. 중국공산당은 역사의 경험, 교훈, 경고를 명심해야 한다.[40]

2. 중화 문명을 더욱 존중하고 연구해야 한다

역사를 잊지 않아야 미래를 개척할 수 있고 계승을 잘해야 혁신을 더 잘할 수 있다. 당대 중국은 역사 속 중국의 연속이고 발전이다. 당대 중국

년 9월 5일, 1면.

39 시진핑: 「간부들은 역사를 읽어야 한다-중앙당교 2011년 추계 개학식에서의 연설」(2011년 9월 1일), 『학습시보(學習時報)』, 2011년 9월 5일, 1면.

40 시진핑: 「제18회 중앙정치국 제18차 집단학습에서의 연설」(2014년 10월 13일), 『인민일보』, 2014년 10월 14일, 1면.

의 사상문화 역시 중국 전통 사상 문화가 전승되고 승화되어 얻어진 것이다. 오늘의 중국, 오늘의 중국인을 알려면 중국의 문화 혈맥을 깊이 있게 이해해야 하고 중국인에게 자양분을 주었던 문화 토양을 정확히 파악해야 한다. 중국의 역사, 중국의 문화, 중국인의 정신세계, 당대 중국의 심각한 변혁을 이탈해서는 중국을 정확히 알 수 없다. 역사는 인민이 창조한 것이고 문명도 인민이 창조한 것이다. 5,000여 년의 중화 문명에 대하여 우리는 더욱 존중하고 계속하여 연구해야 한다.[41] 서방 이론과 방법을 가늠자로 중국 역사의 발전을 단순히 헤아리고 중국의 고대 역사를 이른바 '독재', '암흑'과 동등시하며 중국 고대 정치 문명의 발전과정에서 축적한 성공적인 경험과 유익한 방법을 낡오되고 경직되었으며 부패하고 때 지난 물건으로 간주하여 헌신 버리듯 버려서는 안된다. 이는 역사유물주의적 태도가 아니다. 중국공산당원은 마르크스주의자로 마르크스주의 과학 학설을 견지하고 중국 특색 사회주의를 견지한다. 하지만 중국 공산당원은 역사허무주의자도 문화허무주의자도 아니다. 자국의 역사를 잘 모르거나 망각해서는 아니되고 스스로를 하찮게 여겨서도 아니 된다. 역사로부터 미래로 향하고 민족문화의 혈맥을 이어가는 과정 속에서 앞길을 개척해야만 오늘의 사업을 잘 해낼 수 있다.

---

41   시진핑: 「제18회 중앙정치국 제18차 집단학습에서의 연설」(2014년 10월 13일), 『인민일보』 2014년 10월 14일, 1면.

3. 구별하여 대처하고 승계하는 것을 견지한다

전통문화는 그의 형성과 발전과정에서 그 시대 사람들의 인지 수준, 시대적 조건, 사회제도의 제한성으로 비롯된 단점과 영향을 비껴갈 수 없다. 그러므로 진부하거나 이미 찌꺼기로 전락된 문화가 존재하는 것은 불가피하다.[42] 전통문화 특히, 선조들로부터 전해온 가치 이념과 도덕 규범은 옛 것을 중시하고 현재의 것을 가벼이 해서는 안될 뿐만 아니라 오늘을 중시하고 옛 것을 가벼이 하는 것 역시 취할 바가 못된다. 그리고 있는 그대로 접수하거나 있는 그대로 포기하는 절대주의 태도는 더욱 취할 수 없다. 마르크스주의 방법 그리고 마르크스주의 태도로 옛 것을 현실에 맞게 받아들이고, 낡은 것을 없애고 새 것을 창조하며 분별하여 대하고 계승하면서 우수한 것은 따라 배우고 부족한 부분은 스스로에게도 있는지 반성하고, 있으면 바로잡아야 한다. 합리적 알맹이를 품고 있으나 구시대적 요소도 함께 가지고 있는 콘텐츠는 정수를 취하고 찌꺼기는 버려야 한다. 현 시대의 요구를 충족시킬 수 없는 콘텐츠는 명확히 걸러내야 한다.

4. 창조적 전환과 혁신적 발전이 관건이다

중화의 우수한 전통문화와 사회주의 시장경제, 민주정치, 선진문화,

42 　시진핑:『공자 탄신 2565주년 기념 국제학술세미나 및 국제유학연합회 제5회 회원대회 개회식에서의 연설(在紀念孔子誕辰2565周年國際學術研討會暨國際儒學聯合會第五次国际儒学联合会第五屆會員大會開幕會上的講話)』(2014년 9월 24일), 인민출판사, 2014, 11면.

사회 거버넌스 등의 관계는 아직도 조율과 적응이 필요한 부분이 있다. 중화의 우수한 전통문화를 선양하려면 계승과 발전의 관계를 잘 처리해야 하고 창조적인 전환과 혁신적인 발전에 중심을 두고 현실 문화와 융합하면서 이치로 사람을 감화(以文化人)시키는 시대적 과제를 잘 처리하기 위해 함께 노력해야 한다. 창조적 전환이란 시대적 특징과 요구에 따라 오늘까지 참조 가치가 있는 내포와 진부한 표현의 형식을 개조하여 새로운 시대의 내포와 현대적 표현 방식을 부여하면서 생명력을 불어넣는다. 혁신적 발전이란 시대의 새로운 진보와 진척에 따라 중화의 우수한 전통문화의 내포를 보완, 확장, 완비시키며 영향력과 호소력을 높이는 것이다. 우수한 전통문화와 현실 문화를 발전시키는 것을 유기적으로 통일시키고 긴밀히 결합시키면서 계승 중에서 발전하고 발전 중에서 계승해야 한다. 민족문화는 한 민족이 타민족과 구별되는 독특한 지표이다. 중국의 우수한 전통문화를 보다 적극 발굴하고 명쾌히 알리고 발전시키면서 중화의 전통 미덕을 창조적으로 전환하고 혁신적으로 발전시켜 시간과 공간 그리고 국가의 한계선을 뛰어넘어 영원한 매력을 갖고 있고 당대 가치가 있는 문화 정신을 선양해야 한다. 우수한 전통문화를 계승하고 시대적 정신을 선양하면서 본국에 입각하고 미래를 지향하는 당대 중국의 문화 혁신 성과를 멀리 알려야 한다.[43]

---

43 시진핑: 「중국 특색 사회주의 제도로 국가를 효과적으로 다스리는 능력을 지속적으로 향상시키자(不斷提高運用中國特色社會主義制度有效治理國家的能力)」(2014년 2월 17일), 『시진핑 국정운영을 논함』, 외문출판사, 2014, 105-106면.

5. 타국과 타민족의 우수한 문명 성과를 정확히 대해야 한다

중화의 우수한 전통문화를 계승하고 선양하는 것은 결코 제자리걸음 이나 눈을 감고 세계를 외면하는 것이 아니다. 스스로를 외부와 차단시키 는 것이 아니고 천상천하 유아독존은 더욱 아니다. 중화민족은 세상의 하 천을 모두 받아들일 수 있는 바다와 같은 민족이다. 기나긴 역사의 흐름 속 에서 남의 좋은 것을 배움에 게을리 하지 않고, 남의 좋은 것을 스스로의 것으로 만들어가야 우리 민족 고유의 색을 만들어 갈 수 있다.[44] 문명은 교 류하며 다양해 지고 서로를 배움으로써 풍부해 진다. 우리는 스스로의 사 상문화를 아끼고 지켜내야 하며 타국과 타민족의 사상문화를 인정하고 존 중해야 한다. 각국 인민이 창조한 우수한 문화성과, 서방자본주의 국가의 우수한 문화 성과를 포함하여 모두 학습하고 거울로 삼으면서 유익한 성 분을 섭취해야 한다. 자국 자민족의 실제에서 출발하여 넓은 흉금으로 눈 을 크게 뜨고 세계를 바라보며 장점을 취하여 단점을 보완하고 좋은 것을 선택하여 그대로 따라야 한다. 서로 다른 국가, 민족의 사상 문화는 저마다 장점이 있고 현란함과 아름다움의 차이만 있을 뿐 높고 낮음 그리고 우수 함과 조악함의 구분은 없다. 국가와 민족은 강약과 대소를 나누지 않고 그 의 사상 문화는 모두 인정되고 서로 존중을 받아야 한다.

시진핑 총서기의 중화의 우수한 전통문화를 전승하고 선양하는 것에

44 　시진핑: 「중국 특색 사회주의 제도로 국가를 효과적으로 다스리는 능력을 지속적으로 향상 시키자」(2014년 2월 17일), 『시진핑 국정운영을 논함』, 외문출판사, 2014, 105-106면.

대한 일련의 중요한 논단은 중국 특색 사회주의의 위대한 실천에 입각하고 있고 마르크스주의 변증유물주의와 역사유물주의 기본 관점이 관통되어 있으며 공산당의 국정운영, 세상을 다스리고 나라를 평안하게 하는 데 새로운 시대적 함의를 부여했다. 시진핑 총서기는 중화민족의 위대한 부흥 중국몽을 실현하는 과정에서 마르크스주의 지도를 견지하는 것과 중화의 우수한 전통문화를 함양하는 것을 유기적으로 결합해야 한다고 강조했다. '두개의 백 년' 분투 목표를 실현하고, 중화민족의 위대한 부흥 중국몽을 실현하려면 전당, 전국, 각 민족 인민이 오늘날 갖고 있는 위대한 지혜를 충분히 발휘하고 중화민족이 5000여 년간 쌓아온 위대한 지혜를 충분히 활용해야 한다. 중화민족의 역사 지혜는 중국 인민이 세세 대대 형성하고 축적한 것으로 총결하고 계속하여 빛내면서 중화민족의 위대한 부흥을 실현하는 위업에 투입되도록 해야 한다. '중국몽'이 품고 있는 이상과 가치관은 중국의 우수한 전통문화의 옥토 속에 뿌리박고 있다. 오늘의 중국인의 꿈을 충분히 반영했을 뿐만 아니라 성장을 향한 노력을 멈추지 않은 우리 선조들의 영광의 전통을 전폭적으로 보여주고 있다. '샤오캉(小康)'이라는 개념으로 중국의 발전 목표를 확립한 것은 중국의 발전 실제에 부합될 뿐더러 광범위한 인민의 지지를 이끌어 낼 수 있다. 공산당은 중화전통문화의 충직한 계승자와 선양자이자 중국 선진문화의 적극적인 창도자와 발전자이다. 마르크스주의와 중국의 우수한 전통문화를 접목시키는 과정에서 중국화를 실현하면서 중국된 마르크스주의로 중화전통문화의 발전과 혁신을 지도해야 한다. 이와 같은 중요한 논단은 중국공산당 당원이 중화의 우수한 전통문화를 전승하고 혁신하는 과정에서 선도적 역할을 일으키고, 마르크스주의와 중화의 우수한 전통문화가 새로운 시대적 조건하에서 결합되는 것을 추동하며, 마르크스주의가 이데올로기 분야에서의 지도적 역할을 튼튼히 다졌고, 든든한 사상 이론적 버팀목을 제공했다. 중화의 우수한 전통문화를 계승하는 기초에서 공산당은 나라를 강성하게 하고 인민을 부유하게 하는 정확한 길-중국 특색 사회주의 길을 성공적으로 이루었고 마르크스주의 중국화의 두 차례 이론적 비약을 실현했다. 시진핑 신시대 중국 특색 사회주의 사상은 과학사회주의의 기본원리를 견지했을 뿐더러 중국의 구체적인 실제와 중화의 우수한 전통문화와 결합하여 역사문화의 깊은 뿌리까지 충분히 담아냈다. 전면적인 샤오캉 사회의 건설, '두 개의 백 년' 분투 목표와 중화민족의 위대한 부흥 중국몽의 심화와 더불어 시진핑 총서기를 핵심으로 하는 당 중앙은 마르크스주의 중국화의 새로운 이론적 비약을 반드시 실현하고 그의 이론 혁신 성과 역시 중화의 우수한 전통문화를 더욱 눈부시게 빛나게 할 것이다.

제5장

이념 업무에 대한 영도권, 관리권, 발언권을 확실히 장악하자

이념은 사회에서 경제, 정치와 직결된 관점, 사상, 태도의 집합으로 사회의 여러 가지 의식 형식 혹은 제도적 배치를 포함한다. 이를테면 정치 법률 사상, 도덕 윤리, 예술, 종교, 철학 등은 사회가치관의 체화와 영향하에 사람들의 행위 방식을 합리화시키는 각종 지식, 습관, 준칙과 행위 규범이다. 이념은 본질적으로 사회경제 기초와 정치제도의 발전 수준을 보여 준다. 마르크스는 "사상, 관념, 의식의 생산은 초기에는 사람들의 물질 활동, 사람들과의 물질 거래, 현실 생활의 언어와 직접 뒤섞이고 사람들의 물질 거래 현실 생활의 언어와 뒤섞인다. 이와 같은 시각에서 바라볼 때 사람들의 상상, 사유, 정신적 교제는 사람들의 물질적 행동의 직접 산물이다. 특정 민족의 정치, 법률, 도덕, 종교, 형이상학 등 생산자…어떤 시간을 물론하고 의식은 의식된 존재일 수 밖에 없고 사람의 존재는 곧 이들의 현실 생활 과정이다."[1] 이념은 국가 특성의 중요한 표현 형식이고 한 나라가 다른 나라와 구별되는 지표의 하나이다. 한 나라의 경제, 정치의 전체적 발전 모습을 반영할 뿐더러 한 나라를 위해 옳음과 그름, 좋고 나쁨 혹은 선한 것과 나쁜 것을 나누는 표준으로 다양할 정도로 국가이익의 판단에 영향

---

1   『마르크스엥겔스선집(馬克思恩格思選集)』 제1권, 인민출판사, 1995, 72면.

을 미치고 최종적으로 국가이익의 구성부분으로 된다. 경제 글로벌화 배경 속에서 이념은 민족이 자립하고 계속되는 혼이고 사회의 질서 있는 운행을 결정하는 '소프트웨어'로 한 사회의 기본 상태를 결정하고 한 국가와 민족의 발전방향을 이끌어 간다. 자국의 이념을 지켜내야만 자신감과 존엄을 지켜낼 수 있고 나라는 발전할 수 있으며 국가이익을 운운할 수 있다. 문화는 이념의 표현형식이다. 세계적으로 경제 글로벌화의 발전은 서로 다른 민족과 국가 문화, 이념 분야에 대한 격전을 가져왔고 이념 매개체와 커뮤니케이션 다양화 관련 여러 가지 특징을 보이고 있다.

중화민족은 위대한 부흥 중국몽을 실현하는 위대한 길에서 활기차게 걸어 나가고 있고 새로운 역사적 특징을 가진 위대한 격전을 벌이고 있다. 전례 없던 도전과 어려움을 상대하고 있고 반드시 주류 사상 여론을 공고히 하고 확대시키며 중심 기조를 선양하고 긍정적 에너지를 확산시키면서 전 사회적인 단결과 분투의 강대한 힘을 분발 시켜야 한다. 시진핑 총서기는 중국 특색 사회주의를 견지하고 발전시키는 것을 중심으로 당과 국가의 전체 국면에서 출발하여 이념 관련 업무에 대하여 일련의 중요한 논술을 진행하고 새로운 사상과 관점 그리고 논단을 제기했으며 이념 분야 업무의 '왜', '무엇을', '어떻게'의 기본 문제를 심층적으로 설명했고 새로운 형세 하의 이념 업무를 위해 기본적인 근거와 과학적인 지침을 제공했다.

제1절 이념 업무는 극히 중요하다

이념은 국가의 경제 정치 제도의 관념 체계와 문화 영역에 대한 집중적인 반영이자 국정 운영의 중요한 내용이다. 당대 중국에서 이념 업무는 중국 특색 사회주의 문화강국 건설 전략의 중요한 구성부분이다. 경제 사회 발전의 화합 안정과 관련되며 한 국가의 민심의 향배 및 문화 소프트 파워의 향상과 관련된다. 개혁개방 40년 간 공산당과 중국 정부는 이념 업무를 고도로 중시해 왔다. 공산당 18차 당 대표대회 후 시진핑 총서기는 전략적 높이에서 국제와 국내의 복잡한 형세와 연결하여 이념 업무의 중요성과 긴박성을 누차 강조했고 기존의 사상문화 영역 건설에 대한 과학적 판단을 내렸다.

1. 이념 업무가 당면하고 있는 문제점과 도전

글로벌 발전의 큰 틀에서 보면, 이념 문제는 중국 사회발전의 사상적 기초와 이론적 전제이다. 이념은 국가발전의 기치와 길을 보여준다. 고금 동서 다양한 역사 시기에 서로 다른 국가와 민족은 모두 자체의 주류 이념을 갖고 있었다. 경제 글로벌화, 세계의 다극화 발전 추세에서 국제 형세는 날로 복잡해지고 있고 사상문화 영역의 교류, 융합과 겨룸은 끊임없이 새로운 특징을 보이고 있다. 세계 정보화 수준의 지속적인 향상과 더불어 신 매체 기술이 새롭게 발전되고 있고 이로 인해 중국의 이념 문제가 지속적으로 부각되었다. 시진핑 총서기는 "국내외 대세에 큰 변화가 없는 한 경제건설 중심의 발전은 바꿀 수도 바꾸어서도 아니된다. 이는 공산당 백 년 간 변치 않는 네 가지 근본적 요구이고 당대 중국의 모든 문제를 해결하는 근본적 요구이기도 하다. 동시에 물질문명 건설과 정신문명 건설을 잘 수행하고 나라의 물질적인 힘, 정신적인 힘을 모두 증강하여 전국 각 인민들의 물질 생활과 정신 생활이 모두 개선되어야 중국 특색 사회주의 사업도 순조롭게 앞으로 전진할 수 있다."라고 강조했다.[2] 개혁개방 후 중국은 사상문화 영역에서 일련의 도전에 직면하고 있었으며 이념적 안전 역시 그 중 매우 중요한 방면이다. 개혁 초기, 중국의 경제체제는 계획경제에서 시장경제로 전환되었고 인심과 관념 역시 변화가 일어났다. 인생의 추구, 정치적인 가치, 경제적인 발전, 문화의 전승 등 영역에 존재하는 건전하지 못한 관념이 중국이 이미 구축한 사회주의 이념의 주류를 침식하고 분해시키고 있다. 수수방관한다면 중국 특색 사회주의 위업의 발전에 손해를 끼칠 것이며 최종적으로는 인민의 근본이익에 손해를 끼치게 될 것이다.

시진핑 총서기는 2013년 8월에 소집한 전국선전사상업무회의에서 이념 업무는 공산당에게 극히 중요한 업무라고 지적했다. 시진핑 총서기의 이와 같은 판단은 중국의 구체적인 발전 현실을 바탕으로 제기한 것이다. 현재 사회주의 주류 이념이 희미해지고 있고 잘못된 관점이 끊임없이 도처에 넘치고 있으며 건전하지 못한 사상이 대두되고 있다. 이는 중국 특색 사회주의 사업의 건전한 발전에 큰 위해를 미쳤고 공산당과 중국 정부로부터 높은 중시를 받기 시작했다. 사상문화 분야의 이와 같은 문제들은 주로 아래 몇 가지에 반영되고 있다.

첫째, 마르크스주의의 이론적 지위가 약화되었다. 개혁개방 후 경제건설을 중심으로 하는 공산당의 기본 노선이 확립되면서 사람들의 경제

---

2   시진핑(習近平): 「선전사상 관련 업무를 더욱 잘해나가자(把宣傳思想工作做得更好)」(2013년 8월 19일), 『시진핑 국정운영을 논함(習近平談治國理政)』, 외문출판사, 2014, 153면.

의식이 지속적으로 높아졌고 사회적 부의 성장 또한 사람들의 물질적 이익에 대한 추구를 자극시켰다. 물질을 중시하고 정신을 가벼이 하며, 경제를 중시하고 문화를 가벼이 하고 과학기술을 중시하고 인문을 가벼이 하며 개체를 중시하고 집단을 가벼이 하여 개인주의, 배금주의, 소비주의를 특징으로 하는 이익관과 가치관이 범람하기 시작했고 적지 않은 사람들의 마르크스주의의 신앙이 흔들리고 질의를 제기하기 시작했다. 심지어 마르크스주의를 경시하고 배척하며 사상문화 분야의 잘못된 관념으로 말미암아 신념이 흔들리기 시작했다. 이는 전체 사회주의 물질문명과 정신문명의 조화로운 발전에 직접적 영향을 미쳤고 정확하게 인도하지 않으면 필연적으로 중국 특색 사회주의 사업의 순조로운 발전에 영향을 미치게 될 것이다.

둘째, 서방의 잘못된 사조의 영향이다. 개혁개방 후 중국과 세계의 왕래는 날로 긴밀해 졌다. 중국은 세계의 발전 속에서 날로 중요한 역할을 일으키고 있고 개방의 과정은 필연코 사상 문화의 충돌을 수반하게 될 것이며 각종 사회발전의 관념과 사조가 지속적으로 중국에 밀려들어 중국인민의 내심 세계와 가치판단에 영향을 미치게 될 것이다. 여러 가지 사상 관념 중에서 일부 잘못된 사조는 부정적인 영향을 미쳤고 그중 신자유주의는 경제 제도가 관념의 차원에 반영된 것으로 이념 형태에 대한 영향이 가장 크다. 신자유주의는 본질적으로 보면 자본주의와 사유제 발전을 지키는 이념이고 사회주의, 집단주의 및 공유제를 분명하게 반대한다. 경제적인 차원에서는 사회의 전면적인 사유화 및 경제의 절대적 자유화를 창도하며 정치적 차원에서는 사회주의 제도 및 국가의 간섭을 강력히 부정한다. 이는 중국의 주류 이념과 모두 어긋나는 것이다.

셋째, 사회주의 가치관의 결실이다. 중국은 시장경제를 발전시켜 중대한 성취를 거두었다. 이로 인해 일부 사람들에게서 사상적으로 편차와 오류가 나타나는 것을 피할 수 없으며 물질과 금전의 거대한 유혹, 소비주의, 향락주의가 성행하는 것도 피할 수 없다. 눈앞의 이익을 좇아 장기적인 이익을 소홀히 하고 사회전체가 사리 사욕에 눈이 어두워 의리도 저버리고, 거짓으로 기만하고, 권리와 금전이 거래되고, 사치 낭비 등 현상도 나타나고 있다. 사회주의가 제창하는 성실, 친선, 절약, 헌신 등 가치관들이 사람들에게 잊혀지고 있고 꿈과 신념이 희미해 지고 있으며 개인은 노력의 방향을 잃고 헤매고 있으며 사회주의 가치관과 도덕관이 중대한 충격을 입고 있다.

이상 세 가지 문제는 현재 중국의 이념 영역 중 주요 문제들이다. 역사 유물주의는 이념은 사회 존재와 경제 기초에 대하여 중대한 반작용을 일으키고 있고 불량한 사조와 잘못된 관점은 중국 특색 사회주의 사업의 발전에 방해가 되며 중국공산당의 국정운영 기초와 인민이 주인으로 되는 근본 지위에 위해를 끼치게 됨을 알려주고 있다. 이와 동시에 이념 문제의 배후는 중국의 경제사회 발전이 직면한 일련의 심각한 도전들이다. 이는 중국 현대화 건설 사업이 새로운 역사 단계에 들어선 후 세계평화와 발전의 큰 배경 속에서 반드시 대응해야 하는 국면이다.

우선, 시장화가 몰아온 거대한 변화에 어떻게 대응하느냐 하는 문제이다. 공산당 14차 당 대표대회는 사회주의 시장경제 체제를 정식으로 확립시켰다. 시장화 개혁은 전통 이념에 충격을 주고 있으며 사람들의 가치관, 생활방식 및 처세의 원칙을 와해시키고 바꾸어 가고 있다. 시장화 진척은 자원 배치의 효율을 높였을 뿐더러 경제건설의 활력을 동원했으며 경쟁과 진취의 정신을 양성했다. 하지만 다른 한편으로 정신문명의 건설이라는 위업에 큼직한 도전장을 던지고 있다. 경제 의식의 향상과 사회 도덕 추락 간의 관계를 어떻게 잘 처리하고 물질적 사리(私利)와 사회적 공의(公義)간 관계를 어떻게 잘 처리하는가는 모두 오늘날 해결해야 하는 중요한 과제들이다.

다음, 다원적 문화가 가져온 중요한 영향을 어떻게 정확히 대응하느냐 하는 문제이다. 다양한 국가와 민족은 모두 자체적인 발전의 길을 걸어왔고 다양한 발전의 색깔과 문화 형태를 보여주었다. 날로 빈번하게 이루어 지는 경제무역 거래와 국제거래와 더불어 서로 다른 민족 간 문화교류가 세계적으로 날로 증가되고 있다. 반면에 미국 중심의 서방 선진국은 이념 영역의 외부공격을 잠시도 멈추지 않았다. 이들은 스스로의 정치 가치 이념을 '보편적 가치(universal value)'의 모습으로 내세워 세계 범위에서 확산시키면서 사상문화 영역에서 발언권과 영도권을 확보하고 궁극적으로는 스스로의 세계적 이익을 실현하기 위해 광범위한 사회적 심리 기반을 마련하려고 시도하고 있다. 문화가 이미 이념의 중요한 담체로 되어 있는 상태에서 사상 가치 관점을 효과적으로 수출하기 위해 서방국가는 선진적인 과학기술 수단과 IT기술로 중국의 사상문화 시장을 선점하는 데 열을 올리고 있으며 이로부터 문화 가치 수출전략을 실시하려고 시도하고 있다. 이는 기필코 사회에서 다원적 가치관이 나타나게 하고 마르크스주의 주류 이념이 희미해 지는 위해성을 조성하게 된다.

마지막으로 세계의 글로벌화 추세에 어떻게 합리적으로 대응하느냐 하는 것이다. 글로벌화는 20세기 80년대 이래 세계적 범위에서 나타난 발전 트렌드이다. '국가 변두리'와 '지연적 제한'을 약화시키고 경제의 상호 협력과 긴밀한 의존을 핵심으로 정치, 문화, 과학기술, 군사, 안전, 생활방 식, 이념, 가치 관념 등 차원, 다양한 분야에서 상호 연결되고 서로 영향을 주며 제약하는 복합적인 개념이다. 오늘의 글로벌화는 미국을 중심으로 한 서방국가가 주도하는 국제질서의 글로벌화이다. 경제 글로벌화로 말미 암아 국가 간 거래와 접촉이 보다 빈번하고 긴밀해 질 수 밖에 없다. 경제 영역의 개방과 교류의 과정에서 서방의 강한 경제 우세는 그들의 문화적 인 확장을 가져오고 중국의 주류 이념을 희석시켜 가면서 국내 일부 민중 과 민족의 정체성을 떨어뜨리고 국가 의식을 희미해 지게 하였다. 더불어 신흥 인터넷 정보기술을 기반으로 하는 정보 글로벌화 역시 이념 전장에 서 쟁탈의 방식과 수단으로 되고 있다. 이와 같은 형세 속에서 어떻게 사회 주의 정신문명건설을 추진하고 사상문화 영역의 건전한 발전을 촉진하며 국가 이념의 안전을 지켜내느냐 하는 것은 현재 중국 이념 업무 분야가 직 면하고 있는 중요한 도전이다.

2. 이념 업무의 실천 기초와 현실적 전제

당대 중국의 이념 문제를 정확히 이해하는 관건은 '지극히 중요한' 전략적 위치를 깊이 있게 인식하는 것이다. 해당 위치는 기존 이념 업무 의 현실적 기초를 과학적으로 판단한 것이고 향후 일정 시간 동안 문화 건 설과 사상 선전의 기본적 준행이고 가치적 목표이다. 시진핑 총서기는 전 국 사상선전업무회의에서 "경제건설은 당의 중심 업무이고 이념 업무는 당의 지극히 중요한 업무이다."고 강조한 바 있다.[3] 이후, 시진핑 총서기는 "이념은 기치와 길 그리고 국가의 정치 안전과 관련된다."라고 재차 제기했다.[4] 중국 특색 사회주의의 발전은 국제 국내적으로 전례 없던 복잡한 형세에 직면해 있다. 시진핑 총서기가 강조한 '지극히 중요한' 이라는 전략적 위치 설정은 아래 몇 가지 분야의 기반과 전제를 포함한다.

첫째, 이념 문제는 장기적으로 존재할 것이며 사상문화 영역의 중대한 문제로 될 것이다. 20세기 90년대, 동유럽의 격변과 소련의 해체와 더불어 전 세계 사회주의 운동은 침체기에 빠졌다. 서방세계는 세계 구도의 변화에 환호했고 '이념 종결', '이념 수렴' 등 논조가 끊임없이 전해왔다. 미국 등 선진국을 모델로 한 경제발전 방식과 정치조직 원칙은 전 세계적인 교과서가 되는 것처럼 보였고 전 세계 범위에서 많은 지지와 호응을 받았다. 이와 같은 관념은 중국의 서방 학습과 참조의 붐을 따라 국내에 전해왔고 중국이 진지하게 사고하고 세밀하게 가려내지 않는다면 화려한 겉모습에 현혹되기가 쉽다. 사실상 신흥 매체와 정보기술의 발전과 더불어 이와 같은 관념은 확산의 추세를 보였고 중국의 사상문화 영역에서 장기적으로 그리고 부정적인 영향을 일으켰다. 반드시 고도로 중시하고 주목해야 하며 그렇지 않을 경우 사상 문화의 재난을 초래할 것이다. 이념은 본질적으로 국가의 주류 관념 체계로 세계적인 수렴을 실현할 수 없고 현실 속에서 문화의 기반과 현실적 이익이 완전히 일치한 나라는 있을 수 없다. 사실

---

3   시진핑: 「사상선전사업을 더욱 잘하자(把宣傳思想工作做得更好)」(2013년 8월 19일), 『시진핑 국정운영을 논함』, 외문출판사, 2014, 153면.

4   시진핑: 『시진핑 사회주의 문화건설 관련 논술 발췌(習近平關於社會主義文化建設論述摘編)』, 중앙문헌출판사, 2017, 35-36면.

상 '이념의 종결'을 주장하는 사람들은 흔히 미국 등 선진국의 '문화 패권주의'의 지지자들로, 대중이 그들의 발전 패턴을 믿고 수용하도록 유인하고 위협한다. 하지만 당대 세계의 발전 추이를 종적으로 살펴보면 국가와 민족은 모두 스스로의 발전에 어울리는 길을 선택할 수 있는 권리가 있다. 어떤 길을 막론하고 모두 독특하며 존중 받아야 하며 어떤 외부적 힘도 간섭하고 파괴해서는 아니된다. 미국을 위시한 일부 선진국은 '문화 침투'와 '이념의 외부공격' 방식으로 세계적 범위에서의 이익을 지키고 있으며 아름다운 세계에 대한 환상을 공작하고 있다. 문화 수단을 통하여 개도국과 약소민족으로 하여금 문화에 대한 주장과 독립적 사고능력을 잃게 한다… 이는 문화 이념과 관련된 문제일뿐더러 국가이익과 국제관계에 대한 문제이다. 이와 같은 문제는 장기적으로 존재할 뿐더러 지속적으로 새로운 모습, 발전된 모습으로 나타나기 때문에 반드시 중시해야 한다.

둘째, 중국의 이념 업무는 장족의 발전을 가져왔지만 아직까지 미흡한 부분이 많이 존재한다. 공산당의 18차 당 대표대회 후 중국은 사상문화 영역의 문제에 충분한 중시해 왔다. 시진핑 총서기의 '이론 자신감, 제도 자신감, 노선 자신감, 문화 자신감'에 대한 중요한 논술은 인민의 마음속에 자리잡기 시작하고 전국의 각 민족인민들은 자발적으로 수용하고 자발적으로 공산당과 국가의 여러 가지 방침 정책을 지지하기 시작했다. 중화민족의 위대한 부흥 중국몽은 세계에 널려 있는 중화의 아들 딸들의 가장 광범위한 공통 인식이고, 사회주의 핵심가치관은 국내 민중들의 가장 광범위한 사상적 공감대, 이론적 공감대와 정서적 공감대를 이끌어 냈다. 중국의 로컬 문화 기업은 경제적 효과성을 중시하는 동시에 사회적 효과성을 날로 중시하고 있고 일부는 솔선수범하여 중국의 정신을 대표하고 중국의 힘을 집결시킬 수 있고 중국의 사기를 진작시키는 우수한 작품을 창작, 생산, 연구, 표현하고 중국의 고상한 품격을 알리고 있으며 중국의 진보적 목소리를 내면서 중국의 가치관과 국제적 이미지를 홍보하고 있다. 더불어 중국내 공공문화 서비스 역시 전문성 있게 체계화되고 있다. 민중의 정신문화 수요가 날로 증강되고 있고 각종 공익성 문화 제품과 서비스 역시 천가만호로 들어가 중국 특색 사회주의의 이념과 주류 가치가 백성들의 마음을 사로 잡고 있으며 그 방식과 수단 또한 날로 다양해 지고 있다. 하지만 중국은 사상문화 영역에서 아직도 관심 깊게 살펴보아야 할 문제점들이 존재하고 있음을 냉철하게 인식해야 한다. 그리고 새로운 시기에 나타난 새로운 표현 특징, 가장 뚜렷한 것으로는 잘못된 사상이 신흥 매체를 타고 제멋대로 확산되고 있고 다른 속셈이 있는 사람들이 사람들의 사상 관념과 정치 가치에 혼선을 가져다 주고 전복시키려고 시도하고 있다. 인터넷을 기반으로 각종 정보 플랫폼과 수신 단말기를 수단으로 한 신흥커뮤니케이션 방식으로 실시간, 연동적으로 국경의 제한이 없이 대량 확산시키면서 왜곡하고 확대시켜 '작은 일에 큰 대가를 거는 식'의 해로운 정치선전을 실현하고 있다. 중국공산당이 전국 인민을 인솔하여 중화민족의 위대한 부흥을 실현한 집권당으로 불릴 수 있는 것은 가장 광범위한 지지와 집권 기반을 갖고 있기 때문이다. 시진핑 총서기는 이미 이 기반의 중요성을 누차 강조한 바 있고 정신적으로 대중의 기반을 잃는다면 결국 문제가 생길 것이라고 지적했다. 90여 년간 중국공산당은 선전과 교육 그리고 이념 관련 업무를 매우 중시했고 또한 훌륭히 실시해 왔다. 혁명 시대의 '문인'의 투쟁에서 개혁개방 후 정신문명의 건설 및 여론 진영의 선도, 사상 방법과 업무 수준이 지속적으로 향상되었다. 하지만 디지털 시대에 들어선 오늘날 중국공산당은 또 다른 새로운 문제에 직면하고 있다. 그러므로 중국공산당은 선전 영역에서 축적한 우수한 전통을 발양하고 인민에게 의존하여 문제의 본질과 원인을 포착하고 업무의 방식과 방법을 지속적으로 개선하며 정보화, 인터넷화와 하이테크화된 새로운 이념 전쟁에서 최종 승리를 취득해야 한다.

셋째, 이념 업무는 아직까지 어깨의 짐이 무겁고 갈 길이 멀다. 어려운 정도와 복잡한 정도는 과거의 모든 시기를 초과한다. 경제발전과 물질문명 건설이 사회 진보의 하드 파워라고 한다면 사상문화 분야의 발전 및 이념 업무는 사회발전의 소프트파워라고 할 수 있다. 역사의 경험이 증명하듯 경제가 발전한다고 하여 사회안정과 정치 번영을 가져오는 것이 아니다. 사회 진보는 사상 문화의 지원이 필요하다. 시진핑 총서기는 중국 특색 사회주의 사업은 사상 유례가 없는 개척적인 사업이며 앞으로 가야 할 길은 순풍에 돛 단 듯이 순조로울 수가 없다. 새로운 역사적 특징을 가진 위대한 투쟁을 많이 준비해야 한다. 위대한 사업과 위대한 투쟁은 기치가 선명한 사상 목표와 가치 관념이 이끌어 가야 한다. 이념 업무는 곧 사상 숙청과 잘못된 것을 바로잡는 여러 가지 노력이다. 어떤 깃발을 들고, 어떤 길을 걷느냐 하는 것은 중국 특색 사회주의 사업의 건전한 발전과 순조로운 진행과 관계된다. 현재 세계의 형세는 날로 복잡해 지고 있다. 다극화된 세계 구도, 이익을 두고 진행하는 여러 나라의 경쟁은 국가발전의 리스크와 불확정 요소를 증가시키고 있다. 국가 발전의 주류 트렌드가 호전되고 있음을 발견함과 동시에 적지 않은 사람들, 심지어 공산당 간부를 포함, 당의 방침과 정책의 기본 노선을 공공연히 중상하고 유언비어를 퍼뜨리는 사람들이 있다, 일부는 외국을 맹목적으로 숭배하고 서방의 사회과학 이론과 정치조직 방식을 선별없이 고집스럽게 따르고 숭상하고 그것을 영광으로 삼고 있다. 이와 동시에 소수의 다른 속셈을 가진 사람들이 여론의 중심에 서서 '역사를 조작하고, 사건을 만들어 내고, 모범 인물을 추하게 비하하는' 등 비열한 방식으로 왜곡 혹은 존재하지 않은 역사 상황을 꾸며내 가십거리를 만들어 소비하고 엄숙한 사회 뉴스를 지나치게 오락화시키고 인기 화제를 띄우고 합법적 당정 행위를 음모론으로 몰고 간다. 일부는 서로 다른 역사 시기 공산당의 인물을 희화화 시켜 중국공산당의 역사적 공적을 말살하고 공산당 집정의 합법성에 의문을 제기하는 등 역사 허무주의가 끊임없이 머리를 쳐들고 있다. 중국 경제사회 발전 중 사회문제를 확대하고 선전하여 사람들이 애국 의식, 조직 기율과 직업 정신을 버리도록 유도하며 공산주의 이상과 신념 그리고 목표와 추구를 끊임없이 해소하고 약화시키고 있다. 잘못된 사조와 관점이 시시때때로 나타나고 일부는 중국의 성과가 서방 제도를 학습한 결과라고 하면서 우리의 발전과 사회 제도와 이념 역할을 분열시켜 사상을 혼란 시키고 인심을 혼란 시키며 중국 특색 사회주의 깃발을 부정하고자 한다. 현재 이념 관련 업무는 첩첩이 곤란한 상황에 직면해 있고 이와 같은 국면을 되돌리고 잘못된 사조에 타격을 주려면 짊어진 어깨의 짐이 무겁다는 것을 여러 가지 현상이 보여주고 있다. 시진핑 총서기는 한 정권의 와해는 사상영역에서 시작되고 정치의 흔들림과 정권 교체는 하루 밤 사이에 나타나지만 사상 변화는 장기적인 과정임을 강조했다. 사상의 방어선이 공략 당하면 기타 방어선은 지켜내기 어렵다. 역사의 새로운 출발점에서 중국 특색 사회주의를 견지하고 발전시키는 것은 공산당이 직면한 '과거 시험보기'의 지속이다. 형세가 복잡할수록 임무가 어려울수록 이념 업무를 강화해야 하여 사상의 방어선을 튼튼히 구축하는 것이 필요하다.

제2절 이념 업무를 수중에서 튼튼히 장악하자

공산당 11기 3중전회 이후 중국은 경제건설 중심의 기본노선을 확립했고 경제발전, 인민생활 수준의 향상은 사회발전의 기반과 핵심이 되었다. 정신문명 건설은 중국인의 마음속에 사상의 만리장성을 구축하는 것이며 경제발전을 안전하게 수호하며 중요한 도덕적 버팀목을 제공하는 것이다. 정신문명의 건설 속에서 이념은 가장 관건적이고 가장 핵심적인 부분이며 중국 특색 사회주의 사업의 방향, 깃발과 노선과 관련되며 어떤 오차와 실수도 허용치 않는다.

1. 이념 업무의 주요 목표 및 기본 요구사항

이념 업무는 장기적이고 힘든 과제로 중국 전체의 각급 공산당 간부, 인민이 함께 노력하여 공동으로 완성해야 하는 중요한 임무이며 체계적이고 전방위적인 정신 구축 공정이다. 새로운 역사 시기 중국의 이념 업무에는 보다 정확하고 구체적인 목표와 요구가 부여되었고 아래 몇 가지를 주로 포함하고 있다.

첫째, 이념 업무의 핵심은 마르크스주의의 지도적 지위를 견지하고 공고히 하는 것이다. 중국 특색 사회주의 발전은 반드시 마르크스주의를 지도로 해야하고 이는 중국 발전의 역사적 선택과 현실적 요구에 따라 결정된 것이다. 마르크스주의는 19세기 중기 유럽에서 시작된 사유제를 없애고 착취를 소멸시키며 불합리한 사회 현실을 없애 인류 해방과 사회주의 이상을 실현하고자 하는 과학적 이론이다. 마르크스주의는 유럽 자본주의 토양에서 시작되었고 탄생부터 자본주의의 발전을 시시각각 주목하고 비판해왔다. 자본주의의 각종 폐단이 나타난 뿌리를 심층적으로 밝혀냈고 자본주의 내부에서 현실적으로 실행 가능한 돌파의 길을 찾으려고 시도하여 민중이 공동으로 누릴 수 있는 최대의 사회 생산 수단과 발전에 제공할 수 있는 사회 자원을 실현하며 사회 성과와 사회 발전이 가져온 복지를 나누고자 했다. 이론적 본질로 보나 현실적 목표로 보나 사회주의 제도는 자본주의 제도보다 우월하다. 마르크스주의는 중국의 이념 분야 지도사상으로 되었다. 이것은 중국이 반드시 견지하고 관철해야 할 기본원칙이고 중국 특색 사회주의 위업의 승리를 이룩하는 법보이다. 근대 역사를 돌이켜 보면, 산업혁명을 겪지 않은 중국은 오랜 시간 동안 가난과 쇠락함이 축적되었다. 청나라 말기에 들어서 정부의 부패한 통치로 말미암아 서방 열강은 총과 대포를 앞세워 중국의 문을 두드렸고 중국을 점차 반식민지 반봉건국가로 전락시켰다. 국가의 미래 발전에 먹구름이 드리웠고 수 많은 뜻 있는 인사들, 종파와 사단들은 민족과 나라를 위기에서 구하는 새로운 길을 찾아 나섰고 감동적인 영웅 서사시를 남겨놓았다. 하지만 역사의 경험은 마르크스주의를 선택한 중국공산당의 영도 아래서만 중화민족은 진정한 독립과 해방을 실현할 수 있고 사회주의 길을 걸어야만 진정한 번영과 부강을 실현할 수 있음을 충분히 증명했다.

둘째, 이념 업무는 공산당 전체와 인민 전체가 또한 사회주의 길을 걸어야만 튼튼히 다지는 것을 목표로 한다. 나라의 건설과 발전은 전 사회적인 공동의 노력이 필요하다. 마음을 합쳐야만 힘을 합칠 수 있고 단결해야 위업을 성사시킬 수 있다. 이념 업무는 전국 각 민족 인민이 발전 사상을 통일시키고 개혁의 공동의 인식을 형성하고 중국 특색 사회주의의 깃발을 보다 견고하게 높이 들고 중국 특색 사회주의의 길을 흔들림없이 견지하는 것을 취지로 한다. 시진핑 총서기는 "핵심가치관은 한 민족이 유지되는 정신적 연결고리로서 국가의 사상 도덕 기초이다. 공동 핵심가치관이 없다면 한 민족, 한 나라는 정신적 의탁, 육신의 귀착점이 있을 수 없다. 중화민족이 수천 년 역사 속에서 끊임없이 대를 이어올 수 있었던 중요한 원인은 중화민족이 하나의 맥으로 전해진 정신적 추구와 정신적 특징 그리고 정신적 맥락이 있었기 때문이다."[5]이라고 특히 강조한다. 중국공산당의 취지와 목표는 전국의 인민을 이끌고 중화민족의 위대한 부흥을 실현하는 것이다. 앞으로 나아가는 길에서 공동 핵심가치관이 있어야 하고 공동 문화 정신이 있어야 한다. 개혁개방 후 중국은 사상이 활발하게 발전하고, 다양한 관념이 충돌하며 문화가 융합되는 격정의 시대를 경험하고 있다. 여러 가지 사회 사조의 충격과 불량 관념이 쏟아져 들어오고 사람들은 사상의 침해와 관념의 침식을 쉽게 받고 있다. 일부 당원간부들은 경계의 고삐를 늦추었고 당성을 잃었으며 인민을 배신하고 나라에 위해를 끼치고 조직을 분열하는 범죄의 길에 들어섰다. 중국은 폐쇄되고 경직된 지난 날의 길로 되돌아 갈 수 없고 이념과 목표를 바꾸고 잘못된 길로 갈 수도 없

---

5   시진핑: 『문예업무좌담회의에서 한 연설(在文藝工作座談會上的講話)』(2014년 10월 15일), 인민출판사, 2015, 22면.

다. 그러므로 이념 업무는 게을리 할 수 없고, 경제 발전, 정치 안전은 건전한 사회심리 상태와 양호한 여론 환경을 떠날 수 없다. 정확한 관념은 사람들이 질서 있는 경제사회 활동을 추진하는 기초이고 정확한 공동 인식은 중국 특색 사회주의 사업의 발전을 추진하는 전제이다. 관념이 행동을 결정하고 교육이 관념을 형성시켜준다. 이념 업무는 곧 여러 가지 다양한 선전활동으로 사람들의 사상과 관념을 강화하고 다져주며 육성하고 형성시켜주는 일이다. 같은 사상 기초가 만들어져야 중국 특색 사회주의의 각종 사업에 대한 승리를 쟁취할 수 있다.

셋째, 이념 업무에는 실사구시, 시기와 형세 판단, 요점의 정확한 판다 등의 방법이 있다. 업무가 순조롭게 전개되려면 정확하고 실행 가능한 방법이 우선 있어야 한다. 이념 업무는 장기적인 과제로 사람들의 내심 세계와 정신세계를 직접 마주해야 한다. 기타 유형의 업무와 비교하여 선전 사상 업무는 난이도가 높고 훌륭한 방법을 적용하는 것이 더욱 필요하다. 시진핑 총서기는 전국 선전사상실무회의에서 공산당의 "선전 사상 업무는 반드시 중심을 둘러싸고 전반 국면에 봉사하는 것을 기본직책으로 삼고 진행하여야 한다. 즉 전반 국면을 염두에 두고 발전의 대세를 파악하며 대사에 초점을 맞추어 진행하여야 하고 업무의 개입과 주력점을 제대로 포착하고 현안에 따라 책략을 정하고 대세에 적응하여 움직이며 세(勢)를 빌어 추진해야 한다."[6]라고 특히 지적한 바 있다. '전반국면'은 중국 특색 사회주의 위업을 가리키고 '전반 국면을 염두에 두는 것'은 이념 업무 실무

---

6   시진핑: 「사상선전사업을 더욱 잘하자」(2013년 8월 19일), 『시진핑 국정운영을 논함』, 외문출판사, 2014, 153면.

자가 중국 특색 사회주의 위업이라는 중심 목표를 항상 가슴에 담고 모든 업무를 이 목표를 중심으로 추진할 것을 요구한다. '대세'란 경제사회중의 중요한 발전 추이를 가리키는 것이고 '대세를 파악'하는 것은 모든 업무에서 정세를 똑똑히 알며 경제법칙과 사회 규칙에 따라 실행할 것을 요구한다. '대사'란 다원적이고 복잡한 사회국면속에서 주요 모순과 부차적 모순을 분명히 가리는 것을 가리킨다. '대사에 초점을 맞추는 것'은 각종 다양한 성격의 모순을 능숙하게 총괄하고 판별하며 대응한 방법과 조치를 적극 찾아내는 것을 가리킨다. 시진핑 총서기가 제기한 '현안에 따라 책략을 정하고 대세에 적응하여 움직이며 세를 빌어 추진한다'는 3대 원칙은 이념 업무의 기본 방법을 극히 간결하게 짚어냈다. 즉 실사구시하고 구체적인 상황은 구체적으로 분석하며 시기와 형세를 판단하고, 형세를 확실히 읽고 판단하며 요점을 정확히 찾고 규칙에 따라 업무를 추진해야 한다.

2. 이념 업무 수행을 위해 반드시 처리해야 할 중요 관계

이념 업무를 잘하려면 우선 명확한 목표와 요구가 있어야 한다. 목표와 요구사항을 정확하게 파악하고 심도 깊게 이해하려면 이념 업무의 중요한 지위와 가치를 확실히 해야 한다. 구체적 실천 속에서 아래 몇 가지 중요한 관계를 적극 처리할 수 있어야 한다.

첫째, 이념 업무와 문화발전간의 관계. 이념 업무는 중국의 사상선전 업무의 중요한 내용으로 국가 문화발전 중에서 없어서는 안 될 구성 부분이다. 이념 업무는 문화 정신과 사회가치관의 구축 및 확산을 강조하는 데 이는 국가의 문화건설에서 가장 핵심이 되는 부분 중의 하나이다. 국가의 문화건설에는 문화 체제 개혁, 문화산업 발전, 문화시장 체제 육성, 문화 공공 서비스 체계의 구축과 건전한 발전 등이 포함된다. 이와 같은 업무는 전 사회적인 경제적 효과와 관련될 뿐더러 보다 중요한 사회적 효과를 창조하는 사명을 짊어지고 있다. 나라의 문화 발전은 물질문명을 창조해야 할 뿐더러 전국 각 민족 인민의 정신적 수요를 충족시켜야 하고 사회 풍조를 선도하고 사회 가치를 정립하며 중국 정신을 선양하는 것이 필요하다. 중국공산당은 이념 화제를 피한 적이 없다. 문화발전 과정에서 중국공산당은 중국 특색 사회주의 방향을 견지하고 인민 중심을 견지하고 사회주의 핵심가치관을 적극 육성하고 실천할 것을 특히 강조한다.

공산당 19차 당 대표대회 보고서는 '이념은 문화 전진의 방향과 발전의 길을 결정한다. 마르크스주의의 중국화, 시대화, 대중화를 반드시 추진해야 하고 강력한 응집력과 선도력을 갖춘 사회주의 이념을 건설하여 이상 신념, 가치 이념, 도덕 관념에서 단단한 연대 관계가 형성되게 한다.'를 지적했다.[7] 이념 업무는 국가의 문화 건설을 통하여 끊임없이 효과를 높이고 영향을 증가시키는 것이 필요하고 문화 건설 역시 이념 업무를 통하여 방향을 견고히 하고 본래의 모습을 유지하는 것이 필요하다. 세계의 사상문화영역에서 치열한 겨룸이 이루어 지고 있음을 분명히 보아야 한다. 자국의 문화 정신과 사회가치관을 유지하고 잘 발전시키는 것은 한 국가

---

7   시진핑:『샤오캉사회 건설의 전면적 승리, 신시대 중국 특색 사회주의의 위대한 승리를 이룩하자-중국공산당 제19차 전국대표대회에서의 보고(決勝全面建成小康社會 奪取新時代中國特色社會主義偉大勝利-在中國共産黨第十次全國代表大會的報告)』(2017년 10월 18일), 인민출판사, 2017, 41면.

의 경제사회가 발전하는 사상적 기초이자 국가안보의 전제이다. 현재 소수 선진국의 정부와 단체들은 여전히 낡은 냉전 사고 방식을 갖고 있고 여러 가지 형식으로 이념적인 외부 공격을 해오고 있다. 이들은 세계 범위내의 문화 무역, 문화 제품의 수출로 보다 은폐된 가치 홍보와 정치적 선동을 시도하여 개도국 인민들이 자국의 정치제도와 발전 방식을 의심하게 하고 글로벌 사회의 이익을 위해 사상의 걸림돌을 제거하는 것을 최종 실현한다. 사실상 모든 국가와 민족은 스스로 발전의 길을 선택할 수 있는 권리를 갖고 있고 선택한 길을 존중받을 수 있다. 선진국의 모델은 타국이 추종하도록 설복하고 설교하는 모범으로 될 수 없고 개도국의 역사와 현황 역시 패러디 되고 희화화 대상이 되어서는 안 된다. 문화방식으로 정치관과 가치관의 전복과 침투를 진행하는 것은 모두 패권주의 행패와 타국 내정을 간섭하는 행위이다. 이념 업무와 국가 문화의 발전사이에는 매우 긴밀한 관계가 있고 양자를 단순히 나누어서 이해해서는 아니된다. 양자는 각종 문화활동, 문화 제품과 서비스로 반영이 되어야 하고 후자는 전자의 지속적 노력으로 방향과 길의 정확성을 실현해야 한다.

둘째, 이념 업무와 경제건설간의 관계. 경제건설 중심을 견지하는 것은 현재 중국이 발전하는 과정에서 기본적으로 따르는 것이고 이념 업무는 사상과 심리 차원의 업무라고 할 수 있다. 이념 업무는 경제건설을 위한 보장이며 나라의 경제사회가 중국 특색 사회주의 원칙과 방향을 흔들림없이 견지할 수 있도록 보장한다. 본질적으로 볼 때 이념은 정확한 가치관으로 시장 주체를 효과적으로 구속하여 시장 주체의 행위가 실제상황에서 희망 상황을 향하여 발전토록 하고 기회주의 행위를 줄이고 거래 원가를 낮추며 자원 배치 효과를 향상시켜 경제발전을 촉진해야 한다. 개혁개방 후 중국의 경제건설 과정에는 전체적으로 이념의 희박화 추이가 나타났는데 이는 시장 주체 행위의 가치혼란(anomie)으로 나타났다. 경제와 도덕이 충돌하고 개체와 전체 가치가 충돌했다. 이는 시장 주체의 도덕 문제일뿐더러 더욱이 비공식적 제도로 배치된 주류 이념이 희박해 져서 비롯된 시장 주체의 도구적 합리성(instrumental rationality)이 크게 유행했기 때문이다. 경제건설에서 사회주의 이념 교육을 강화하여 공평 공정의 경제원칙으로 경제 운행을 지도하고 시장질서를 규범화하며 자원배치효과를 높여야 한다. 이념은 기타 제도 배치의 서비스 비용을 줄이는 가장 중요한 제도적 배치이며 이익 주체의 의사결정과정을 줄이고 결과적으로 거래비용을 줄일 수 있다.

사회주의 주류 이념 지위를 공고히 하고 강화하는 것은 사회주의 시장경제의 권위를 세우고 사회주의 경제의 정상적인 발전을 지켜줄 수 있다. 중국이 사회주의 시장경제체제를 개선하는 과정에서 사회주의 주류 이념의 지위가 다져지고 강화되면 시장 주체의 행위를 규범화할 수 있고 시장 주체 간 마찰로 비롯되는 원가를 줄이며 이로부터 시장 주체간 거래비용을 절감하여 시장 기제에 속하지 않는 자원의 배치문제를 해결하고 시장경제가 적극적이고 정상적으로 효율적으로 작동하는 효율을 향상시킬 수 있다. 중국 사회주의 이념 패러다임 변혁은 중국의 경제 궤적 경로와 경제효과에 대해 중대한 정면 역할을 하고 있고 당대 중국경제의 고속 발전을 직접적으로 촉진시키고 있다. 양자 관계에 대하여 시진핑 총서기는 "정력을 집중하여 경제건설을 진행하는 동시에 이념 업무를 한 시각도 늦추지 않고 이념 업무의 영도권, 관리권, 발언권을 확실히 장악해야 한다."

라고 지적한 바 있다.[8]

셋째, 이념 업무와 당성, 인민성과의 관계. 이념 업무에서 당성, 인민성은 유기적으로 통일되고 공동으로 이념 업무의 이론 기초를 구성한다. 인민은 이념 업무의 가치적 주체이고 인민을 중심으로 한 이념 건설은 곧 광대한 인민의 근본이익을 잘 실현하고 지켜내며 발전시키는 것을 출발점과 입각점으로 삼아 인간 중심을 견지하고 모든 것은 인민을 위해 봉사한다. 인민성이 강조하는 인민의 이익, 수요와 발전은 공산당의 여러 선전 사상 업무의 가치적 의탁이며 분투목표이다. 구체 업무 중에서 모두 이 원칙을 관철해야 하고 군중을 위한 서비스와 대중교육을 결합시켜 군중의 수요를 만족시키는 것과 군중을 유도하여 계속하여 감상 수준, 이해능력과 정신 자질을 향상시키는 것을 결합시켜야 한다. 당성을 견지하는 것은 곧 각종 업무에서 모두 정치 방향을 명확히 하고 정치 입장을 견고히 하며 당의 이론과 노선 방침 정책을 흔들림 없이 선전하며, 중앙의 중대한 업무 배치를 흔들림 없이 선전하며, 중앙이 형세에 대한 중요한 분석과 판단을 흔들림 없이 선전하고, 당 중앙과 일치를 유지하고 중앙의 권위를 흔들림 없이 수호하는 것이다.

본질적으로 보면, 당성을 견지하는 것과 인민성을 견지하는 것은 고도로 통일되었다. 공산당의 이익과 인민의 이익은 고도로 일치하고 공산당의 발전 목표는 곧 광대한 인민 군중의 이익을 실현하는 것이다. 당성과 인민성은 절대 추상적이고 텅 빈 개념과 교조가 아닌 실제에 적용된 구체

---

8   시진핑: 「중공 제18기 3중전회 제1차 회의에서의 연설(在中共十八屆三中全會第一次全體會議上的講話)」(2013년 11월 9일), 『시진핑의 개혁을 전면 심화할 데 대한 논술발췌(習近平關於全面深化改革論述摘編)』, 중앙문헌출판사, 2014, 86면.

적인 행동이다. 당성을 이탈한 인민성이 없고 인민성을 이탈한 당성도 없다. 당의 취지는 곧 전심으로 인민을 위하여 봉사하는 것이다. 그러므로 당의 주장은 곧 인민의 목소리이고 인민의 목소리는 중국공산당의 견강한 영도 하에서 인민 군중의 공동 노력을 통해서만 진정으로 실현될 수 있다. 이념 업무의 가장 중요한 이론 기초는 곧 당성과 인민성 두 가지 근본특성이다. 당성은 조직 원칙과 기본적인 준행이고 인민성은 가치 추구와 분투 목표이다. 이념 업무가 새로운 성적을 끊임없이 취득하려면 이 두 가지 특성을 충분히 보여주고 양자가 보다 협동하고 통일적으로 함께 촉진하는 방법을 지속적으로 연구해야 한다.

제3절 주요 기조를 선양하고 긍정적 에너지를 전파하자

이념 업무영역에서 사회 여론은 매우 중요한 사상 진영이다. 여론은 사회 상당 수의 사람들이 특정된 화제를 두고 표현하는 개인 관점, 태도와 신념의 집합체이며, 이와 같은 사상이 합쳐져서 사람들의 가치 판단, 행위 동기를 이루어낸다. 그러므로 여론은 항상 사회 발전에 영향을 미치는 중요한 힘이었다. 2016년 2월, 공산당 뉴스여론업무좌담회의에서 시진핑 총서기는 "공산당의 뉴스여론업무를 잘하는 것은 사상의 깃발과 길과 관련되며 공산당의 이론과 노선 방침 정책의 관철과 관련되고 공산당과 국가의 각종 사업과 관련되며, 전당 전국 각 민족 인민의 결집력과 구심력과 관련되며 당과 국가의 미래와 명운과 관련된다."⁹라고 한층 더 짚어냈다. 공산당 업무의 전반국면에서 출발하여 공산당의 뉴스여론업무를 파악하며 정신적으로 고도로 중시하고 업무적으로는 정확하고 효과적이어야 한다. 이념 업무의 성패는 여론을 성공적으로 이끌어 가고 사상 선전 업무의 주도권과 발언권의 파악 여부에 따라 결정된다.

1. 뉴스여론업무의 정확한 방향을 파악

중국은 13억 인구를 보유한 대국이다. 대중매체의 고속 발전과 더불어 중국의 광대한 민중은 각종 사상의 정보를 편리하게 생산하고 접수하며 교류하고 전파한다. 중국은 세계적으로 규모가 가장 크고 가장 활발하며 가장 감성적인 여론 생성 시장이 되었다. 여론은 생각과 정보의 흐름이고 사람들의 각종 행위에 직간접으로 영향을 미친다. 중국에서는 매일 각종 사회 사건, 시사 뉴스가 발생하고 있다. 정보 영역에 유효한 규범과 거버넌스가 부재 시 이와 같은 일상 사건은 전파 매체의 작용 아래 엄청난 수량 및 확대 효과를 보여주면서 빠르게 전파되며 중대한 영향을 미치게 된다. 서방의 전파이론에서 매체의 사회적 영향력은 높은 중시를 받고 있다. 매체는 또한 서방의 사상계에서 '입법, 사법, 행정' 다음으로 꼽히는 '제4의 권력'이다. 매체는 일종의 '사회 공공 도구(public instrument)'로 예측하

---

9   시진핑: 「공산당 뉴스여론업무 좌담회의에서의 연설(在黨的新聞輿論工作座談會上的講話)」
     (2016년 2월 19일), 『시진핑 총서기의 중요한 연설문 선집(習近平總書記重要講話文章選編)』, 중
     앙문헌출판사, 당건독물출판사, 2016, 417면.

기 어려운 힘으로 사람들의 마음에 충격을 가져다 줄 수 있다. 본질적으로, 뉴스 매체의 정보 전파는 선명한 가치 입장과 이익에 대한 소구가 있다. 많은 이들은 뉴스는 객관성을 중히 여겨야 한다고 보는데 그렇다면 뉴스 정보 역시 절대적으로 객관적이고 진실한 것으로, 배후에 주관적 요소가 없고 국가의 이익, 가치 입장, 도덕 성향이 없어야 한다. 이와 같은 이해방식에는 큰 오류가 존재하는데 이는 대다수 사람들이 이해 편차가 있게 된 원인이기도 하다. 사실상 이른바 뉴스의 '진실성·객관성'에는 조건이 있다. 자연과학을 이해하는 방식으로 뉴스 정보를 이해할 수 없다. 뉴스 정보를 생산 제조하고 접수하며 이해하는 사람들은 모두 사상과 감정이 있는 존재로 어떤 뉴스 정보를 막론하고 모두 가치와 목표가 내포되어 있기 마련이다. 사회의 신문, 라디오, TV, 인터넷 등 매체는 모두 자체적인 전파의 특성을 갖고 있다. 가장 간단한 '의제설정' 단계라도 뉴스 정보의 선택 및 보도 채널의 설정은 가치 출력과 도덕적 판단이다. 매체의 이와 같은 특성으로 말미암아 공산당 중앙은 국가발전과 정치적 안정이라는 전략적 높이에서서 뉴스 전파와 여론 환경을 충분히 중시한 데 대한 구체적 요구를 제기했다. 고금중외에서 어떤 정당이 정권을 탈취하고 장악하던지 간에 장기적으로 안정 통치하려면 반드시 여론 관련 업무를 잘 통제해야 한다. 마르크스주의 정당은 역대로 뉴스여론업무를 혁명 투쟁의 강력한 무기로 활용해 왔다. 전파 매체의 특징과 결합하여 정확한 여론 방향을 견지하며 이념 업무를 잘하는 것과 관련하여 시진핑 총서기는 아래 몇 가지 분야에서 구체적 요구를 제기했다.

시진핑 총서기는 여론의 중요한 작용을 누차 강조했고 다음과 같이 지적한 바 있다. "역사와 현실은 여론의 힘을 결코 무시해서는 안된다고 알려주고 있다. 여론이 이끄는 방향이 정확하면 당과 인민에게 복을 가져다 주지만 여론의 방향이 잘못될 경우 당과 인민에게 화를 가져다 주게 된다. 좋은 여론은 발전의 '추진기', 민의(民意)의 '척도', 사회의 '접착제', 도덕의 '풍향계'로 될 수 있다. 좋지 않은 여론은 민중의 '혼을 잃게 하는 탕약', 사회의 '분리기', 사람의 목숨을 앗아가는 '소리 없는 칼', 동란의 '촉매제'가 될 수 있다."[10] 이와 같은 상황에서 당의 뉴스여론업무를 잘하고 양호한 여론 환경을 조성하는 것은 국정운영과 나라를 안정하게 다스리고 공고히 하는 대사이다. 뉴스의 선전에서 문제가 생길 경우, 여론 도구는 진정한 마르크스주의자의 수중에 장악되지 않은 것이고 공산당과 인민의 의지, 이익에 따라 여론을 이끌어 가지 않을 경우 심각한 위해와 거대한 손실을 입게 된다. 중국공산당의 각 사업은 양호한 사회 심리상태와 여론 환경을 전제와 기초로 한다. 마음과 힘을 합쳐 사업을 잘 하려면 인민의 사상을 잘 이끌어 가야 하고 인민 사상을 잘 이끌어 가려면 반드시 사회여론을 이끌어 가야 한다. 그러므로 공산당의 뉴스여론업무는 당성 원칙을 견지해야 하고 공산당이 뉴스여론업무에 대한 지도를 견지해야 하며 공산당 매체는 반드시 공산당의 매체로 되어야 한다. 뉴스 매체의 이념 속성을 깊이 있게 인식하고 현대 대중미디어의 전파 특성, 당의 신문 여론 매체의 모든 업무를 정확히 파악하고 당의 방침, 정책, 의지와 주장을 구현하며 당의 중앙 권위를 지키고 당의 단결을 지키며 진영 의식, 정권 의식, 정치 의식을 강화해야 한다. 당성과 인민성의 고도의 통일을 견지하려면 정확한 여론

---

10 시진핑: 「공산당 뉴스여론업무 좌담회의에서의 연설」(2016년 2월 19일), 『시진핑 총서기의 중요한 연설문 선집』, 중앙문헌출판사, 당건독물출판사, 2016, 418면.

방향을 견지해야 하고 단결되고 안정하게 고무하며 긍정적인 선전을 위주로 하는 기본방침을 따라야 한다. 형세의 발전에 따라 뉴스 언론 업무의 이념, 콘텐츠, 체재, 형식, 방법, 수단, 기제, 체제를 혁신하고 시효성과 적확성을 높여야 한다.[11] 당의 이론과 노선 방침 정책을 인민 군중의 자각적 행동으로 변화시키고 군중을 위한 봉사를 군중 교육과 유도와 결합시키며 수요 만족과 소양 향상을 결합시켜 인민 정신세계를 풍부히 하고 인민의 정신적 힘을 증강시킨다.

둘째, 마르크스주의 뉴스관을 견고히 수립해야 한다. 뉴스관은 뉴스 언론 업무의 가치관이고 당업자의 기본적인 준행과 근본 입장이다. 서로 다른 뉴스관을 가진 사람이 뉴스여론업무에 임하는 태도, 방법과 목표는 본질적 구별이 있다. 우리가 반드시 견지해야 할 것은 마르크스주의 뉴스관이고 뉴스 선전 업무의 당성 원칙을 포함한다. 정확한 여론 방향을 첫 자리에 두고 인민을 위해 봉사하고 사회주의를 위해 봉사하는 것을 견지하며 정치가가 신문을 만들고 방송국을 운영하는 것을 견지하며 뉴스의 인민성 원칙을 견지하는 등 내용을 포함한다. 뉴스 언론 업무 중에서 마르크스주의 뉴스관을 수립하는 것은 사회주의 뉴스가 건전하게 발전하는 필연적 선택이다. 마르크스주의 뉴스관은 각항 업무를 추진하는 확고한 원칙이다. 흔들림 없이 견지해야만 뉴스업무 중에서 방향을 잃고 기로에 빠지지 않을 수 있다. 현재 국제 형세는 매우 복잡하다. 서방의 일부 인사들은 '자유·민주'의 깃발을 내걸고 중국의 뉴스 제도를 왜곡하고 있고 매체의

---

11   시진핑: 「공산당 뉴스여론업무 좌담회의에서의 연설」(2016년 2월 19일), 『시진핑 총서기의 중요한 연설문 선집』, 중앙문헌출판사, 당건독물출판사, 2016, 416-440면.

'사회 공공 기기 이론', '뉴스 자유 이론'을 공개적으로 선양하면서 중국이 뉴스 분야에서 거둔 성과를 악의적으로 비방하고, 중국공산당의 영도 체제와 중국의 사회주의 제도를 공격하며 중국을 먹칠하고 희화화하며 악마화하는데 갖은 수단을 동원하고 있다. 뉴스 여론 영역의 엄중한 모순에 직면하여 마르크스주의 뉴스관이 공산당의 뉴스 업무 과정에서의 지도적 지위를 보장하고 마르크스주의 뉴스관이 광범함 뉴스 업무자의 사상 무기와 행위준칙으로 되어야만 광범위한 뉴스 여론 당업자가 공산당의 정책과 주장을 확산하는 사람, 시대의 격변을 기록하는 사람, 사회의 진보를 추진하는 사람, 공평과 정의의 지킴이로 될 수 있다. 또한 뉴스 여론의 주도권을 공산당에 충성하고 인민에 충성하는 뉴스 실무자들의 수중에 튼튼히 장악되게 할 수 있고 공산당의 뉴스 업무가 영원히 정확한 방향으로 발전하도록 보증할 수 있다.

셋째, 정확한 여론 방향을 흔들림 없이 지켜야 한다. 양호한 여론 환경은 지속적인 건설이 필요하고, 여론 방향이 정확해야 마음과 힘을 한 곳에 집결시킬 수 있으며 업무의 발전을 추진할 수 있다. 방향의 기초는 대국을 돌보는 데 있다. 즉 공산당과 국가의 중심 업무 그리고 지방 공산당 위원회와 정부의 중심 업무를 둘러싸고 공산당 전체와 전국의 전반 국면을 위하여 봉사하며 경제발전의 전반 국면을 위하여 봉사한다. 뉴스여론업무는 공산당과 정부의 대립 면에 서서는 안되고 보도가 가져오는 사회 효과를 항상 고민하여 모든 업무가 중국공산당의 영도를 견지하고 중국 사회주의 제도를 견지하는 데 이롭도록 하며, 개혁 발전을 추진하는 데 이롭고 전국 각 민족 인민의 단결에 이로우며 사회의 화합과 안정을 지키는 데 이로워야 한다. '철의 어깨로 도덕과 정의를 짊어지고, 훌륭한 솜씨로 문장을

신시대 사회주의 문화강국 건설

써낸다(鐵肩擔道義, 妙手著文章)'라는 말처럼 뉴스 여론의 실무자들은 사명을 잊지 말고 정확한 여론 방향을 이끌어 내는 것을 구체적인 업무와 전반 영역에 관통 시켜야 한다. 공산당과 나라가 부여한 신성한 뉴스 전파의 사명을 과감히 받아서 짊어지고 사회 모순을 풀어가고 문제를 해결하며 질문에 답변하고 소구를 반영하여 우환을 덜어주며, 마음을 모으고 사기를 진작시키고 동기를 부여하는 면에서, 정세에 따라 유리하게 이끌고 의혹을 풀어주며 의욕을 조절하는 것 등의 측면에서 머리를 쓰고 방법을 강구해야 한다. 이와 동시에 뉴스여론업무는 진실하고 객관적으로 보도해야 할 뿐더러 정확한 입장, 관점, 태도를 적극 전달하여, 옳고 그름, 좋고 나쁜 것, 선과 악, 아름다운 것과 추한 것을 분별하도록 이끌어 내며 적극적인 에너지, 선(善)을 지향하는 정신적 힘을 분발 시켜야 한다.

2. 뉴스여론업무 수준을 지속적으로 향상시킨다

뉴스여론업무는 공산당 위업의 유기적인 구성 부분이고 공산당 국정 운영의 중요한 수단이다. 뉴스를 활용하여 업무를 추진하는 것은 리더십의 수준과 현대적 업무 스타일의 표현으로 자리잡고 있다. 날로 복잡한 국내외 형세에 직면하여 뉴스여론업무 수준을 지속적으로 향상시켜야만 각종 어려움을 지속적으로 극복할 수 있고 여러 가지 업무 국면에 대응할 수 있으며 각종 업무를 잘 수행할 수 있다. 시진핑 총서기는 아래 몇가지 면에서 구체적인 요구사항들을 제기했고 이는 향후 뉴스여론업무를 추진하는 기본 원칙이 되었다.

첫째, 선전 여론 업무의 방식과 기법을 지속적으로 개선해야 한다. 방식과 방법은 구체적 실천 속에서 도출된 경험과 규칙이며 실무과정에서 반드시 따라야 하는 방침과 원칙이다. 이는 효율을 높이고 성과를 촉진하는 과학적 수단이다. 뉴스여론업무는 공산당과 정부의 방침, 정책을 제때에 그리고 정확하게 전달해야 하며, 방침과 정책의 집행 과정에 나타나는 정보들을 포착하고 반영해야 하며, 긍정적 선전을 중심으로 하는 원칙을 흔들림 없이 견지해야 한다. 이는 단결과 안정을 격려하고 전반적인 발전의 국면을 지켜내는 필연적 요구이다. 사회에서는 매일 여러 가지 뉴스 이슈가 발생한다. 적극적이고 긍정적인 것은 사회의 주류이고 소극적이고 부정적인 것은 지엽적인 것에 지나지 않는다. 오직 긍정적인 선전을 주류로 해야만이 사회의 본질과 전모를 진실하게 반영할 수 있다. 현재 중국은 관건적인 개혁 발전의 시기에 처해 있다. 직면하고 있는 도전과 어려움은 전례 없다. 전 사회적인 긍정 에너지를 분발시키는 것이 반드시 필요하다. 당의 뉴스여론업무는 여러 분야의 적극성, 능동성, 창조성을 적극 동원하여 공산당 전체 및 전 사회적으로 단결하고 분발하며 어려움을 헤쳐나가는 강력한 힘을 조성해야 한다. 긍정적인 선전에는 선전의 품질과 수준을 향상시키고 매력과 감화력을 높이는 것도 포함된다. 선전 여론 업무는 이슈에 대하여 적극적이고 긍정적으로 다루어야 할 뿐더러 선전 효과도 살펴야 하며 인민이 즐겨 보고 듣는 프로그램을 많이 생산하고 패턴의 선택, 장르의 돌파, 내용의 혁신 등을 중시해야 한다. 매체는 사회의 주요 이슈에 포커스를 맞출 수 있지만 매체의 전파를 거쳐 해당 정보가 사회에 지대한 영향을 미치게 할 수 있다. 그러므로 전체 사회의 건전한 발전과 질서 있는 운행의 시각에서 뉴스 전파는 반드시 기본적인 기율과 규칙을 따라야 한다. 긍정적인 선전은 사회 진보의 요구에 부합된다. 진선미(참됨, 착함, 아름다움)를 선양하고 허위와 악한 것 그리고 추한 것을 때리며, 매체를 통하여 긍정적인 것은 확대하고 부정적 효과는 최소한으로 줄인다. 인민 군중이 사회발전 주류의 좋은 가치를 인식하게 하고 부정적인 것을 무한 확대하여 사회전체의 특징을 대체하지 않게 해야 한다. 그러므로 뉴스 인터뷰, 작성, 편집 그리고 발표 등 단계에서 모두 이 원칙을 관철해야 한다. 더불어 부정적인 뉴스 보도를 다룰 경우 가치적 입장과 정서적으로 이끌어 가는 과정에서 시대의 병폐를 지적하여 고치게 하고 진실을 밝히는 용기가 있어야 하고 진심과 선의로 뉴스 여론의 기조를 이끌어 가는 데 주의해야 한다.

무골호인이나 부작위가 아닌 정치적으로 정확하고 깃발이 선명하며 충만한 정감으로 정의롭고 과감하게 업무를 수행하는 매체 뉴스 전파자가 되어야 한다.

둘째, 뉴스여론업무의 목적성과 융합을 끊임없이 증강해야 한다. 목적성이란 뉴스여론업무 중에서 과학적으로 타깃을 세분화하고 다양한 집단의 정보 수요, 접수 특징 및 인지 법칙에 따라 업무를 추진하며 이슈 중심, 개혁 혁신, 실제 효과를 중시하는 것을 견지하며 이념·콘텐츠·장르·방법·업태·체제·기제를 혁신하고 공산당이 여론 업무에 대한 주도권을 확고하게 장악하는 것을 가리킨다. 목적성은 형식이 풍부하고 수단이 다양한 것을 강조한다. 한가지 주제를 두고 다양한 커뮤니케이션 방법이 있고 다양한 방위, 다양한 차원, 다양한 음성으로 주류 여론의 매트릭스를 조성하면서 커뮤니케이션 효과의 극대화를 노리고 타겟이 필요에 따라 취하고 원하는 것을 얻도록 한다. 콘텐츠의 선택에서 의제설정(Agenda Setting)을 중시하고 여론 화제를 적극 인도하며 사실을 발굴하는데 능숙하며 개념 제기와 정체성 형성에 능숙하고 가독성을 높이고 시기와 기교 그리고 방법을 장악해야 한다. 이밖에 시장화 운영의 사회환경 속에서 매체는 관리방식을 혁신하고 경영활동과 뉴스보도 간의 경계를 구분하고 취재 편집과 경영을 구분하고, 두 가지를 모두 강화하며 경영 업무의 베이스라인을 엄격히 규정하고 경영 활동을 규범화되게 추진한다. 목적성을 제외하고 매체의 융합성 발전을 추진해야 하고 신 매체의 기율과 특징을 적극 연구하고 전방의 진지를 적극 선점하며 신 매체를 활용하여 대중과 정보교류를 진행하고 언론 수집 피드백 기제를 완전하게 구축하고 콘텐츠 감독 관리를 강화하며 분석 연구와 판단을 진행하고 문제를 해결할 수 있는 조치를 정확하게 연구하고 인터넷상의 루머와 각종 유해 정보를 제때에 제거해야 한다. 감독 기제를 강화하고 광대한 네티즌이 인터넷상의 질서를 지키고 문명하고 이성적으로 인터넷을 이용하며 이성적인 의견을 발표하고 시비를 구별하는 능력을 높이고 양호한 인터넷 질서를 조성한다.

셋째, 뉴스 여론의 時·效·度를 끊임없이 파악해야 한다. 時·效·度는 뉴스여론업무를 가늠하는 기본적인 척도이다. 시(時)는 시기이다. 시기를 장악하는 것은 뉴스여론업무의 전체 과정중의 주요 타임 노드를 명철히 인식하고 있고 적시에 효과적으로 업무를 잘 처리하는 것이다. 도(度)는 강약(强弱)과 분수이다. 뉴스 보도는 세(勢)를 만들고 뉴스 표현의 분위기를 조성하고 선전 과정에서 강약과 폭을 조절하면서 사실을 확대하거나 인기몰이를 하지 않고 왜곡하고 영합하지 않으며 시간과 장소에 맞게 여론이 이끌어 가는 밀도와 척도를 정확히 파악하고 큰 일을 작게 다루는 것도 작은 일을 크게 부풀리는 것도 없어야 한다. 상황에 따라 국세를 정확히 포착하고 적절한 범위와 시기에 맞는 힘의 크기 조절에 주의해야 한다. 효(效)

는 곧 효과, 실효이다. 효과는 뉴스여론업무의 핵심이다. 효과는 대중의 공감대를 이끌어 낼 수 있는 지, 사회의 공동 인식으로 자리잡을 수 있는지 하는 것을 살펴보아야 한다. 그러므로 구체 실무 중에서 사상 인식의 공통점, 정서 교류의 공감대, 이익 관계의 합류점, 모순을 완화하는 접점을 시시각각 정확히 찾아 업무의 실제 효과를 높여야 한다. 뉴스여론업무는 국내에 입각하고 세계를 바라보면서 중국의 스토리텔링을 잘하고 중국의 목소리를 전파하며 중국의 이미지를 세계에 알려 중화민족의 위대한 부흥을 위하여 양호한 국가여론환경과 세계 범위의 공감대를 이끌어 내야 한다. 지속적으로 세계의 선진 경험을 참조하면서 정감에 대하여 이야기 하고 노하우를 중시하면서 기술을 알고 방법을 적용하며 표현의 방식을 혁신하며 인지 기율을 연구하고 중국의 국제적 영향력을 지속적으로 향상시키고 중국이 내는 목소리가 국제사회의 이해와 인정을 받도록 해야 한다.

넷째, 뉴스 여론 분야 인재를 지속적으로 개선시켜야 한다. 인재는 각 업무를 추진하는 가장 관건적인 요소이다. 인재 경쟁은 역시 매체 경쟁의 핵심 내용이다. 중국공산당 뉴스여론업무의 관건은 사람들의 작용을 발휘하는 데 있다. 중국 특색 사회주의의 뉴스 업무는 높은 자질의 뉴스 분야 인력이 필요하다. 중국공산당은 양호한 뉴스여론업무 전통을 갖고 있고 귀중한 업무경험을 축적했다. 우수한 뉴스 여론 실무자는 우선 정치가의 마인드로 매체를 운영하고 마르크스주의 뉴스관을 확립하고 흔들림 없는 정치의식, 전반 국면 의식, 핵심 의식, 일치 의식(consciousness of the need to keep in alignment)를 가지고 있어야 하며 당의 이론과 노선 그리고 방침 정책을 충실히 선전하며 공산당의 주장을 가장 우렁찬 시대의 목소리가 되게 하고 당의 정치 기율, 선전 기율과 장기적으로 형성된 규칙을 엄수해야 한다. 정치적인 정력(定力)이 있어야 하고 근본적인 문제에서 당성을 견지하고 과감히 싸울 수 있어야 한다. 다음, 사회 책임을 머리 속에 새겨 두고 있어야 한다. 뉴스 여론 실무자들의 어깨에는 신성한 사회적 사명과 책임이 짊어져 있다. 이들은 공산당 위업의 구성원이며 중화민족의 위대한 부흥을 실현하는 과정의 중요한 참여자로, 흔들림 없는 입장과 강화된 신념을 가슴에 담고 있어야 한다. 다음, 업무 능력을 향상해야 한다. 전문적인 지식과 스킬을 잘 장악하고 지식 구조를 개선하며 지식의 영역을 확장시키며 현대과학기술과 커뮤니케이션 수단을 원활히 사용하며 복합형, 전문가형의 뉴스 여론 실무자로 성장해야 한다. 마지막으로, 업무 태도와 문장의 기풍을 전환해야 한다. 훌륭한 뉴스 보도는 양호한 업무 태도와 문장의 기풍에 의존하여 완성된다. 정확하고 우수한 창작 방법과 전통을 끊임없이 갖추어 가면서 민중들 속으로 깊이 들어가 실정을 파악하고 기층 사회를 이해하고 군중을 동정하는 동시에 좋은 방법을 찾아내고 적절한 언어 예술로 대중이 즐겨 듣고 보는 형식으로 선전과 보도를 진행한다. 이밖에 뉴스 기관의 인사관리 제도에 대한 개혁을 심화시켜 뉴스 관련 대학교와 학부의 교수의 자질을 향상시키며 흔들림 없는 마르크스주의 뉴스관을 가진 우수한 인재를 양성해야 한다. 뉴스 여론 실무자의 도덕적 수양과 자율 능력을 강화하고 유혹과 사회의 불량한 기풍을 막아내야 한다.

다섯째, 공산당이 뉴스여론업무에 대한 영도를 끊임없이 강화해야 한다. 당의 뉴스여론업무는 공산당 업무의 중요한 구성 부분이며 각급 당위원회는 정치적 책임과 영도적 책임을 자발적으로 감당하여 본 지역, 본 부문의 뉴스여론업무를 능동적으로 계획해야 한다. 공산당 위원회는 뉴스여론업무를 직접 관리하고 공산당이 매체에 대한 지도와 통제를 강화해야 한다. 지도 간부는 중앙 매체에 보다 주목하면서 매체를 통하여 공산당과 국가의 방침 정책과 업무 배치를 심층적으로 파악하며 지방이 업무과정에서 유익한 경험을 학습하게 해야 한다. 매체를 정확히 알고 매체를 활용하며 매체를 존중하고 뉴스 커뮤니케이션의 룰을 존중해야 한다. 뉴스여론 업무의 주도권을 장악하고 매체를 적극 활용하여 정책 주장을 알리고 사회상황과 민정을 알고 모순 문제를 발견하며 사회의 정서를 이끌어 가고 인민 군중을 동원하여 실제 업무를 추진해야 한다.

제4절 이념 업무 혁신 적극 추진

혁신은 전통에 대한 비판, 계승과 추월이다. 서로 다른 과학기술 단계 및 국제, 국내 정치환경에 당면하여 이념 업무는 반드시 새로운 조정과 변화를 꾀하여 새로운 도전과 문제에 적극 대응하고 해결할 수 있어야 한다. 혁신은 이념 업무에서 과학성과 합리성을 유지하는 관건적인 핵심이고 또한 목적성과 실효성을 향상시키는 중요한 방법이다.

1. 현대 정보기술이 가져다 준 도전을 깊이 있게 이해해야 한다

새롭게 발전하는 과학기술과 더불어 나타난 신흥 매체는 우리의 생활에 거대한 변화를 몰고 왔고 지역, 국경, 민족, 신분을 넘어서 정보를 교류할 수 있게 만들어 주었다. 전통 매체와 대비하여 인터넷 기반의 신흥 매체는 다원화되고 주체가 없이 빠르고 대량으로 정보를 확산시키고 있다. 인터넷 공간은 이미 가상 사회가 되었고 사람들은 그 속에서 많은 시간을 보내고 있다. 현재 중국에는 5.64억 명에 달하는 네티즌, 4.2억 명의 모바일 인터넷 접속자가 있다. 중국은 세계적으로 인터넷을 사용하는 사람이 가장 많은 나라이고, 가상 라이프는 새로운 생활방식으로 자리잡은 상태이다. 사이버 공간과 현실 사회는 큰 차이가 있다. 인터넷은 사회사상의 교류의 장으로 되었고 여론 투쟁의 새로운 전장으로 되었다. 이는 중국의 이념 업무에 새로운 도전을 가져다 주었는데 주로 아래 몇 가지로 나타나고 있다.

우선 ICT기술은 이념의 안전에 새로운 우환을 조성했다. 인터넷 세상은 이미 가상 세계가 되었다. 인터넷은 사람들의 시간과 정력을 날로 잠식하고 있을 뿐더러 전통적인 생활방식에 깊은 영향을 미치고 있다. 인터넷의 발전은 이미 뚜렷한 추이를 보이고 있다. 즉 인터넷과 컴퓨터기술은 미국에서 시작되었고 글로벌 핵심 기술, 소프트웨어, 하드웨어 설비 등은 구미 선진국에서 온 것이다. 이와 같은 독점 우세를 이용하여 구미 선진국은 인터넷 공간에서 이념적인 침투를 진행하여 국가이익을 실현할 수 있게 되었다. 동시에 인터넷 영역은 아직 법적 규범, 평등한 질서 및 글로벌적인 룰이 부족하다. 국가간, 지역 간 정보 갭이 지속적으로 커지고 있고 인터넷 거버넌스의 난이도가 높아지고 있다. 사이버 폭력, 사이버 범죄 등 현상이 빈번히 발생하고 있다. ICT안전은 글로벌 발전의 새로운 문제로 대두되었고 미래 국제관계를 위해 우환을 남겨놓았다. 인터넷 글로벌 거버넌스의 변혁을 추진하고 평화적이고 개방되었으며 협력하고 안전한 사이버 공간을 구축하는 방법, 다변적이고 민주적이며 투명한 글로벌 인터넷 거버넌스 체계를 구축하는 방법은 여러 나라에서 모두 직면해야 될 글로벌적인 문제이다. 시진핑 총서기는 세계 인터넷 대회에서 인터넷의 발전은 인류의 공동 복지를 근본으로 하고 인터넷 주권을 견지하며 인터넷 거버넌스의 공정화를 추진하고 사이버 공간에서 운명공동체 이념을 구축할 것을 제기했다. 정보화와 사이버보안은 변증적으로 통일되는 전체로 되었다. 정보화는 경제사회의 빠른 발전에 힘을 실어줄 수 있고 영역별로 높은 효율과 편익을 가져다 줄 수 있다. 다른 한편, 정보화의 보급 역시 높은 리스크의 존재를 뜻한다. 각종 안전 우환은 모두 중대한 경제적, 정치적 손실을 가져올 수 있다. 새로운 형세에서 시진핑 총서기는 당과 정부가 사이버 거버넌스에 대한 중요성을 특히 강조했고 인터넷이라는 관문을 넘지 못하면 장기 집정의 관문을 넘을 수 없다고 보면서 세계 각국은 모두 노력하여 인터넷 거버넌스를 함께 추진하고 인터넷 운명공동체 이념을 구축하며 인터넷 안전을 공동으로 지켜내야 한다고 짚었다

다음, 인터넷 커뮤니케이션 방식은 이념 업무에 새로운 요구사항을 제기했다. 인터넷과 정보화는 인류과학기술의 중대한 비약이다. 인터넷 커뮤니케이션 방식은 전면적이고 중요하며 혁명적으로 우리의 인지 방식, 거래 방식, 삶의 방식에 변화를 가져왔다. 20세기 중기에 탄생한 TV를 대표로 한 대중 신 매체는 이미 학자들에게 신 매체가 사회에 가져다 준 중대한 영향력을 과시했다. 학자들은 '탄환이론(Bullet theory)', '피하주사식이론' 등을 제기하였고 이는 점차 현대 신문방송 이론으로 발전하였다. 인터넷, 정보화의 급속한 발전과 더불어 그의 전파 효력과 사회적 영향은 TV 등 지난 세대 대중 매체의 영향력을 훨씬 초과했고 더는 더 이상 '탄환'과 '주사'의 효력처럼 단순하지 않게 되었다. 인터넷 매체의 폭, 깊이, 힘 그리

고 효과는 전통적인 매체를 훨씬 초과한다. 전통적 매체는 아직까지 고정된 제작, 생산, 커뮤니케이션 부문에서 콘텐츠 수출을 하고 있고 고정된 타겟을 보유하고 있다면, 신흥 매체는 이미 커뮤니케이션 주체와 객체의 경계를 철저히 허물고 수시로 신분의 전환을 일으킨다. 매체는 Wemedia가 되었고 어떤 개체를 막론하고 모두 정보의 수신자에서 정보의 생산발표자로 될 수 있다. 또한 기존의 지역적 제한, 국가간 경계를 허물고 대량의 다원화된 정보를 교류하는 중에서 여러 가지 정보, 언론, 사상과 관점이 옥석으로 섞여 사용되어 인터넷에서 전달되고 있고 사람들의 관념과 사상에 영향을 미치고 있다. 인터넷 커뮤니케이션의 규범과 입법 또한 각국의 급선무이다. 미국은 이 분야에서 세계의 선두자리를 달리고. 1978년 이래 미국은 차례로 《전자통신법(telecommunications act)》, 《통신품위법(Communication Decency Act)》 등 130여 가지 인터넷 관리와 관련된 법률, 법규를 출범시켰고 정부의 심사 권력을 명확히 규정했으며 인터넷에서 인종주의, 테러리즘을 선전하는 모든 활동을 금지시켰고 대통령과 국가안전을 위협하는 언론을 전파할 수 없다고 규정했다. 그러므로 인터넷 관련 입법을 추진하고 인터넷 참여자의 권리와 의무를 효과적으로 규정하며 언론자유와 안보 침해 간 양호한 균형을 유지하면서 인위적인 색과 주관적인 기준을 줄이는 것 등의 분야에서 이념 업무에 대한 새로운 요구사항을 제기하고 있다.

마지막으로 사이버공간은 이념의 발전을 위해 새로운 방향을 제시했다. 인터넷은 우리의 삶에 지대한 영향을 미치고 있고 이와 같은 영향은 대부분 인터넷이 구축한 가상공간으로 형성된 것이다. 사람들의 현실 생활 공간은 이와 같은 가상공간에 의해 점유되고 있으며 이 공간에서 새로운 생활방식을 만들어 가고 있다. 가상공간에는 언론 공간, 게임 공간, 쇼핑

공간, 정보 공간 등 다양한 영역을 포함하고 있다. 영역별로 현실 속의 삶과 긴밀히 연관되어 있고 구분할 방법이 전혀 없다. 언론 공간을 예로, 웨이보, 위챗, BBS, 라이브방송 사이트 등은 모두 언론의 활동 무대이다. 현실 생활 속에서 전혀 불가능하던 집중된 토론과 대규모 대화가 모두 온라인에서 완성될 수 있다. 인터넷은 사상을 집결시키고 언론을 전파하는 기능을 매우 쉽게 완성해 낸다. BBS는 곧 수만 명이 앉아 있는 대강의실이고 라이브 방송은 곧 수십 만명이 동시에 참석한 영상회의이다. 웨이보의 글 한편은 곧 수백, 수천만을 대상으로 한 광고이다. 사이버 공간은 새로운 사상 플랫폼과 여론의 진지로 되었다. 기존 이념 업무는 절대 멀리서 관망하며 묻지도 듣지도 않는 것이 아니다. 오히려 신 매체의 커뮤니케이션 규칙을 충분히 장악하고 새로운 전방 진지를 적극 선점하면서 이념 업무의 주도권과 발언권을 장악하도록 해야 한다. 많은 상업성 사이트가 시장 경쟁의 압력하에 다른 속셈이 있는 자에게 넘어가 이익의 극대화, 밝은 해 아래에 내놓을 수 없는 목적을 위해 사회책임 그리고 국가안전을 무시하고 공산당과 정부를 왜곡한 언론을 거리낌없이 확산시키고 인기몰이를 위해 공산당과 군중의 관계를 악화시키는 사건을 의도적으로 생산하거나 공산당의 역사와 영웅을 희화화하면서 인터넷 이슈를 만들어 내고 인터넷 스타가 네티즌을 선동하여 클릭 수와 웨이보 액티비티를 높이는 것을 방관한다. 사법 부서가 경험이 부족하거나 관리 경험이 없어 새로운 이념 투쟁의 심각성에 대하여 민감하지 못하거나 각종 복잡한 이해관계로 말미암아 정치를 게을리 하면서 새로 나타난 문제들을 수수방관하거나 혹은 사이버 공간에서 발표한 의견이기 때문에 현실적으로 부정적인 영향이 없다고 경각심을 늦추거나 중시하지 않는 것 등을 모두 매우 위험한 생각이다. 사이버 공간은 매우 거대한 새로운 영역이다. 충분한 주의를 돌릴 것이 필요하며 이념 업무에 있어서 신중하게 연구하고 관념의 전환과 함께 규칙을 찾아내고 사이버 공간의 업무 주도권과 발언권을 단단히 장악하는 것이 필요하다.

2. 이념 업무의 세 가지 혁신을 비중 있게 관리

새로운 문제와 도전은 새로운 이념과 방법으로 대응해야 한다. 새로운 형세와 변화 앞에서 시진핑 총서기는 "과거에 효과가 있던 방법이 오늘 반드시 효과가 있다고 할 수 없고 과거에는 적합하지 않던 것이 오늘은 피할 수 없는 추세로 될 수 있다. 과거에는 넘을 수 없던 것을 오늘은 돌파할 것이 필요하다."[12] 이념, 수단, 기층 업무의 혁신에 비중을 두어야 한다. 혁신은 낡은 것을 타파하고 새 것을 세우는 것이고 낡은 틀에 매달리지 않는 것이며 과감하게 도전에 직면하고 끊임없이 법칙과 방법을 찾는 것이다. 오로지 혁신만이 난제를 해결하고 어려움을 헤쳐나가는 법보이다. 시진핑 총서기는 또한 다음과 같이 지적했다. "선전사상문화 업무는 반드시 마르크스주의가 이념분야에서의 지도적 지위를 튼튼히 다지고 공산당 전체와 인민 전체가 단결하여 분투하는 공동 사상의 기초를 튼튼히 다지는 근본 임무를 단단히 파악하는 것이다. 이로부터 이념·내용·수단의 혁신을

12 　시진핑: 「전국 선전사상실무회의에서의 연설(在全國宣傳思想工作會議上的講話)」(2013년 8월 19일), 『시진핑 샤오캉사회 전면건설 논술 발췌(习近平关于全面建成小康社会论述摘编)』, 중앙문헌출판사, 2014, 84면.

추진하고 실무 중의 규율을 끊임없이 파악하고 전체 기능을 증강시키면서 샤오캉사회를 전면 건설하기 위하여 사상적인 보증, 정신적인 힘, 도덕적인 자양분, 문화적인 조건을 제공해야 한다."[13] 시진핑 총서기가 제기한 '3가지 혁신'은 중국공산당이 신시대 중국 특색 사회주의 건설이라는 위대한 실천 속에서 이념과 선전 사상 이 두 가지 업무의 내적 법칙에 대한 깊은 인식을 반영했고 향후의 이념 업무를 위해 명확한 사고의 맥락과 방향을 제시했다.

첫째, 이념의 혁신을 적극 추진해야 한다. 이념 혁신은 고정된 사고방식을 깨뜨리고 낡고 보수적인 맥락을 벗어나 사상의 새로운 비약을 실현하고 관념적으로 초월을 실현하며 결과적으로 업무의 새로운 국면을 타개하는 것을 가리킨다. 이념은 사고방식, 가치 관점, 도덕 원칙 등 일련의 사상 관념의 총집합이다. 이념은 사람들의 행동과 처리방식에 심각한 영향을 미친다. 정확하고 과학적인 이념은 실제 업무를 적극적으로 지도하면서 긍정적인 추동 효과를 일으킨다. 반대 경우는 업무가 정체되어 앞으로 나가지 못하고 낙오되고 비효율적인 국면에 처하게 된다. 큰 일을 이루려면 우선 관념이 앞서야 하고 이념 업무의 기초와 전제는 곧 선진적이고 과학적이며 정확한 이념을 세우는 것을 전제로 한다. 사람들은 일단 안정된 관념이 형성되면 유지해 가면서 변화를 가져오기가 쉽지 않다. 그러므로 형세에 변화가 일어날 경우, 관념은 낡게 보이고 기존의 수요에 어울리지 않게 보여질 수 있다. 그렇다면 각항 업무를 추진하려면 반드시 관념의

---

13   시진핑: 「공산당 제18기 6중전회 제1차 전체회의에서 한 중앙정치국업무 보고(在黨的十八屆六中全會第一次全體會議上關於中央政治局工作的報告)」(2016년 10월 24일)『시진핑의 사회주의 문화건설 논술 발췌(習近平關於社會主義文化建設論述摘編)』, 중앙문헌출판사, 2017, 52면.

전환에서 시작되어야 한다. 21세기 이후 세계 형세와 국제 구도는 모두 거대한 변화가 일어났고 이념 업무 역시 중대한 변화가 일어날 수 있다. 전통적 주입식, 밀폐식, 군림식의 업무 관념은 이미 적절하지 않고 유도식, 연동식, 개방식, 정리(情理)식의 업무 관념이 이를 대체하고 있다. 당성과 인민성의 통일을 견지하고, 공산당의 모든 업무의 시작점과 귀착점을 성심성의로 인민을 위해 봉사하는데 두는 것을 견지하고, 인민의 근본 이익을 최고 준칙으로 하여 가슴에 전반적 국면을 품고 대세를 파악하고 대사에 착안하는 업무 이념을 견지하는 것은 당대 중국의 이념 업무에서 가장 핵심적 이념이다. 이원화 대립을 바꿔 업무의 사상 원칙을 잘 해석하며 업무의 기본설계(top-level design)를 개선한다. 이념 개혁은 사실상 인심의 개혁, 사상의 개혁이다. 그러므로 크게는 가장 어려운 개혁이다. 변화와 조정은 상대적으로 쉽지만 내심으로부터 공감하고 따르면 반드시 오랜 시간의 변화가 필요하다. 그러므로 이념 혁신은 가장 어려운 혁신일뿐더러 가장 기초적인 혁신이다. 이념 혁신은 수단 혁신의 효과와 기층 업무 혁신의 목표를 결정하기 때문에 반드시 특히 주목할 필요가 있다.

둘째, 수단적 혁신을 적극 추진해야 한다. 수단적 혁신은 방식과 방법을 조정하고 개선하는 것이다. 장인이 일을 잘하려면 반드시 연장을 다듬어야 하는 것과 같은 이치이다. 수단적 혁신은 현실과 실천 속에서 지속적으로 개선시켜 나가는 것이고 또한 직접적 효과를 가장 잘 생산할 수 있는 과정이다. 여기엔 실물적인 도구와 비실물적인 방법이 포함된다. 이념적 혁신은 전제이고 수단적 혁신은 이념적 혁신의 원칙과 요구에 따라 조정되는 것으로 이념 혁신의 현실적 반영과 구체적 응용이다. 이념의 높이는 수단의 효과를 결정하고 수단의 사용은 이념 가치를 반영하는 것으로 양자는 모두 없어서는 안 된다. 작금의 시대는 정보기술이 빠르게 발전하고 커뮤니케이션 채널이 다양화된 시대이다. 이는 이념 업무 수단에 대하여 새로운 요구를 제기하고 있다. 수단적 혁신은 곧 선전 사상 업무 중의 새로운 난제를 적극 탐색하고 새로운 조치와 방법을 도출하며 현대화 정보 확산의 특징에 충분히 적응해 가면서 정보 확산의 제고를 확보하는 것이다. 전통 매체 시대에서 이념 업무는 단일한 편이었다. 콘텐츠 감독과 심사, 여론 유도, 커뮤니케이션 관리, 효과 평가 등 분야에서 상대적으로 풍부한 노하우를 축적했고 업무의 주도권과 발언권을 쉽게 장악할 수 있다. 신흥 매체는 파격적 특징을 가진 커뮤니케이션 방식으로 콘텐츠 생산의 주체가 다원화되고 불확정적이다. 이는 콘텐츠 감독과 심사에서 전면적이고 내실 있으며 교육을 통한 유도와 선전을 중시하는 필요성이 부각되고 현대 매체 기술과 빅데이터 방법을 사용하는 것을 중시하는 것이 필요하다. 여론과 관련하여 사회심리 상태가 복잡하고 변화가 신속하다. 그리하여 여론 유도에서 사전 조율을 중시하고, 사회 심리의 내적 구조와 변화의 법칙에 대한 연구를 중시하며, 주체성 수요와 합리성 가치의 유도와 조율을 중시하는 것이 필요하다. 커뮤니케이션 분야에서 커뮤니케이션이 이원화 대립은 곧 무너지게 될 것이다. 커뮤니케이션의 주체는 다원화되고 방식은 다양해 질 것이다. 이는 커뮤니케이션 관리 중 관리와 통제의 방법으로부터 유도의 방법으로 전환하는 데 주의를 돌릴 것을 필요로 한다. 커뮤니케이션 주체의 자기 감독, 자기관리의 새로운 방법을 발휘하여 입법을 개선하고 기존의 사회발전에 적합한 인터넷 관리 조례를 출범시켜 인터넷 정보 확산자의 권리와 의무를 규범화 시켜야 한다. 효과와 관련하여, 전통 매체 조건하에서는 전파 효과에 대한 이해도가 깊지 못하여 능동성이 미흡한 부분이 있었다. 효과 중심 방법은 업무에 대한 혁신적 열정을 북돋을 수 있고 실무자들이 높은 탐색의 열정과 업무 효율을 촉진할 수 있다.

셋째, 기층 업무의 혁신을 추진한다. 이념 혁신이 기본설계라면 수단 혁신은 현실적 요구이다. 기층 혁신은 양자의 유기적인 결합으로 이론과 현실의 여러 가지 차원에서 복합적으로 구현된다. 기층은 가장 광대한 인민 군중을 가리킨다. 기층 업무는 업무의 대상과 서비스 주체를 명확히 밝혔을 뿐더러 실천 중심과 가치적 소구를 반영했다. 이념과 관련된 각항 업무는 가장 광범위한 민중을 대상으로 하고 대중을 위한 일을 잘하며 대중의 정신적 수요를 충족시키며 대중의 문화 이익을 지키는 것이다. 이는 곧 기층 업무의 혁신이다. 기층 업무의 혁신은 이념 혁신과 수단 혁신의 통합이다. 그러므로 기층 혁신을 잘하려면 장기적인 계획을 제정하고 업무의 사고방식을 조절할 것이 필요할 뿐더러 방식과 방법을 중시하고 업무 수준을 개선하며 업무 효과를 향상시키는 것도 중시해야 한다. 이념적으로 보면, 기층 업무는 민중을 위한 보다 훌륭한 서비스를 적극 탐색하는 것이 필요하다. 인민 군중의 사상 업무를 잘하는 방법, 인민이 즐겨 듣고 보는 방식, 생동 활발한 방법으로 공산당과 국가의 정책, 사상과 방침을 명확히 알리는 방법, 인민 군중의 생활 실제에 밀착하는 방법으로 인민 군중의 진실한 생각을 듣고 인민 군중의 절실한 수요를 파악하는 방법, 인민 군중의 아름다운 생활에 대한 추구와 공산당 및 국가 방침 정책에 대한 자발적인 공감을 유기적으로 결합시키는 것을 가리킨다. 이밖에 기층 실무자의 시각에서 훌륭한 인재들을 키워나가고 사상 선전 실무자의 종합적 자질을 높여가며 주체의 책임을 실행하고 이론과 업무 학습을 강화하며 동기부여 제도를 개선해야 한다. 기층 실무자가 사고의 폭, 탐색의 방법을 넓히도록 끊임없이 격려하고 신흥 매체를 잘 이용하며 Wemedia의 기능을 활용하여 기층의 민중들이 수용할 수 있는 모바일 커뮤니케이션 플랫폼을 조성하여 즐기며 교육을 받을 수 있도록 한다. 프로젝트 관리 능력을 지속적으로 강화하고 통일적으로 계획하며 자원을 적극 통합시키고 양적 평가와 실적 분석을 잘 수행하여 진정으로 기층에 입각하고 기층을 위해 봉사하며 군중에 의지하고 군중을 동원하며 기층 군중의 지혜에 양호한 연동을 가지는 새로운 국면을 조성하면서 각 업무를 세부적으로 내실 있게 실천해야 한다.

제6장

국가의 문화 소프트파워를 강화해야

문화 소프트파워는 한 국가가 문화를 바탕으로 갖추고 있는 응집력과 생명력, 그리고 이로 비롯된 매력과 영향력이다. 고왕금래를 막론하고 국가 발전과정은 경제 총량, 군사 힘 등 하드웨어적 실력이 향상되는 과정일 뿐더러 가치관, 사상과 문화 등 소프트웨어가 향상되는 과정이기도 하다. 공산당 18차 당 대표대회 후 시진핑 총서기는 국가 문화 소프트파워를 강화시키는 중요성을 누차 강조했고 국가의 종합적 실력에서 가장 핵심으로 되는 힘은 문화 소프트 파워이고, "국가 문화 소프트파워를 강화시키는 것은 중국이 세계 문화 구도 속 입지와 관련될 뿐더러 중국의 국제 지위와 국제 영향력과 관계되며 '두개의 백 년'이란 분투 목표와 중화민족의 위대한 부흥 중국몽의 실현과 관계된다."라고 지적했다.[1]

---

1   시진핑(習近平):「제18기 중앙정치국 제12차 집체회의에서 한 연설(在十八屆中央政治局第
     十二次集體學習時的講話)」(2013년 12월 30일),『시진핑 사회주의문화건설 논술에 대한 발췌(習
     近平關於社會主義文化建設論述摘編)』, 중앙문헌출판사, 2017, 198면.

제1절 문화 소프트파워는 국가 종합 실력의 핵심

문화 소프트파워는 국가의 종합 실력의 핵심이다. 국가 종합실력이란 국가의 권리와 이익을 지키고 보장할 수 있는 여러 힘을 합친 것으로 국가의 생존, 발전 기반을 반영한다. 통상 경제 총량, 군사적 힘 등 하드파워 뿐만 아니라 문화를 바탕으로 한 응집력, 생명력, 매력과 영향력을 포함한다. 21세기에 들어서 문화가 경제사회 발전에 미치는 역할이 날로 부각되고 있다. 문화 소프트파워를 강화시키는 것은 중국의 세계 문화 구도 속 입지와 관계되고, 중국의 국제적 지위와 영향력과 관계되며, '두 개의 백년' 분투 목표와 중화민족의 위대한 부흥 중국몽의 실현과 관계된다. 특히 중국이 적극 추진하고 있는 '일대일로'에서 문화 소프트파워는 중요한 소프트파워 역할을 할 수 있다.

1. 문화 소프트파워의 기본적 함의

'소프트파워'라는 개념은 미국 하버드대 조지프 나이(Joseph S. Nye Jr) 교수로부터 시작되었다. 그에 따르면 '소프트파워'는 한 국가 정치관, 문화와 외교적 매력으로 타국의 선호에 영향을 미치는 능력이다. 중국 고대 현자들은 이미 수천 년 전부터 '소프트파워'의 핵심적 사상을 밝힌 바 있다. 이를테면 공자의 '문화와 덕망을 닦아서 그들이 따라오도록 한다[修文德以來之]', 맹자의 '인자무적[仁者無敵]' 사상은 "천하를 얻는 데 방법이 있는데, 그 백성을 얻으면 천하를 얻게 된다. 백성들의 마음을 얻는 방법이 있는데, 그들이 바라는 것은…다른 사람을 사랑하는데도 그가 나를 친하게 여기지 않을 경우는 자신의 사랑하는 마음을 반성해 보고, 다른 사람을 다스리는데도 다스려지지 않을 경우는 자신의 지혜를 반성해 보고 다른 사람에게 예를 갖추어 대하는데도 그것에 상응하는 답례가 없을 경우는 자신의 공경하는 마음을 반성해 보아야 한다. 어떤 일을 하고서 바라는 결과를 얻지 못하면 모두 돌이켜 자신에게서 그 원인을 찾아야 한다. 자신의 몸이 바르면 천하 사람들이 다 그에게로 돌아온다.[得天下有道: 得其民, 斯得天下矣; 得其民有道, 得其心斯得民矣……愛人不親, 反其仁; 治人不治, 反其智; 禮人不答, 反其敬-行有不得者皆反求諸己, 其身正而天下歸之.]"라고 한다.

작금의 세계에서 평화와 발전은 이미 글로벌 화제가 되었다. 한 나라 혹은 민족의 세계적 영향력은 하드파워에 의해 결정될 뿐만 아니라 그의 소프트파워에 의해 결정된다. '하드파워'와 비교하여 문화적 '소프트파워'는 온전한 의미에서 유연한 힘이다. 문화 자원을 기반으로 상대가 자발적으로 수용하고 능동적으로 공유하게 하고 큰 영향력과 매력을 과시한다. 역사 경험상 한 나라의 번영과 창성은 하드파워라는 버팀목이 필요할 뿐더러 소프트파워를 키우는데도 힘써야 한다. 하드파워와 소프트파워가 상부상조하고 시너지효과를 보일 때면 해당 국가의 종합 실력이 뚜렷이 높아지게 된다. 현재 중국의 GDP는 이미 세계2위가 되었으나 문화 영향력과 경제 지위 사이에는 아직까지 일정한 격차가 존재한다. 경제발전에 대한 문화의 역할은 아직까지 더욱 큰 노력이 필요하다.

중국은 전통적인 문명대국이다. 근 현대의 민족적 아픔을 겪은 후 역사 속의 그 어떤 시점에 비하여 중화민족은 위대한 부흥의 목표에 근접하고 있다. 중국의 문화소프트파워를 효과적으로 향상시켜 중국의 지혜가 인류 지혜의 중요한 구성부분이 되게 하고 중국 인민의 생활방식이 새로운 패러다임으로 자리잡도록 하는 것은 우리가 문화건설에서 직면하고 있는 중요한 전략적 임무이다.

2. 문화 소프트파워는 중국의 국제적 지위와 국제 영향력과 관계된다

중국 경제사회의 발전과 더불어 중국에 대한 국제사회의 관심도가 날로 높아지고 있다. 국제사회는 중국에서 일어나는 여러 가지 기적에 대하여 관심이 높다. 중국의 기적에 대해 '이루어 낼 수 있게 된 원인', '중국 공산당이 이루어낼 수 있게 된 원인'을 캐묻는다. 이와 같은 질문들은 중국 발전의 길에 대한 국제사회의 이성적 인식을 점차 확대시키고 있다. 하지만 이와 더불어 중국에 대한 오해 역시 적지 않다. 예로, '중국 위협론', '중국 붕괴론' 등 논조가 존재한다.

지난 세기 90년대 후, 중국의 굴기는 중국에 대한 국제사회의 각종 질책 속에서 이루어졌다. 서방문화중심주의 관념 및 이념의 영향으로 일부 국가의 매체가 다루는 중국 문화는 편린(片鱗)의 수준에 그칠 뿐 아니라 엄중한 편견의 시선이 혼재되어 있다. 외국이 중국을 제대로 이해하고 인식할 수 없게 된 결과를 가져온 것이다.

이와 같이 복잡한 형세 속에서 문화 소프트파워를 지속적으로 향상시켜 '중국의 스토리텔링을 잘하고', '진실하고 생동하며 전면적인 중국을 보여주고', '중국의 목소리를 잘 알리며', '중국의 특색을 잘 해석해야 한다'. 개혁개방 후, 세계의 여러 영역에서 '중국 코드'가 끊임없이 늘고 있고, 나날이 많은 나라의 민중들에게 수용되고 있다. 중국의 노하우가 창조한 기적은 중국 전통문화와 지혜가 작금의 중국에서 승화된 결과이다. '중국 코드'는 중국의 경제 실력을 통해 역할을 일으키고 있지만 그 뒷면에는 중국경제의 발전을 받쳐주고 있는 전통문화가 있다. 다른 한편으로 오늘날 포스트 냉전 시대에는 다극화가 양극화를 대체했고, 세계질서의 재정립은 세계문화의 다원성과 포용성을 전제로 한다. 중국 전통 철학이 제창하는 '화이부동(和而不同)', '상중귀화[尙中貴和, 중용을 높이 사고 화합을 귀하게 여긴다]'는 등 이념은 협력과 상생을 핵심으로 한 신형국제관계를 위한 이론적 버팀목 역할을 할 수 있다.

하지만 국제여론 추세는 아직까지 '서방은 강하고 우리는 약한' 정국이다. 중국의 대외 발언권은 아직 정립되지 못했고 많은 영역에서 아직까지 발언권이 없거나 심지어 '무어(無語)', '실어(失語)' 상태에 처해있다. 이는 중국의 발전 우세와 종합 실력이 아직까지 발언의 우세로 충분히 전환되지 못한 결과를 가져왔다. 함부로 뱉는 허튼소리를 듣고도 입이 열 개라도 할 말을 못하거나 심지어 말했다고 해도 영향력이 미미하다. 그러므로 문화 소프트파워를 강화함에 있어서 중국의 국제 커뮤니케이션 능력을 추진하려면 대외 커뮤니케이션 방식을 혁신하고 대외 발언권 체계 구축에 심혈을 기울이며 중국과 외국을 융통하는 새로운 개념, 범주, 담론을 만들어야 한다. 외국 민중이 이해하기 쉽고, 들을 수 있으며, 듣고 싶어하는 방식 그리고 채널을 활용하며 중국이 말하고자 하는 것과 외국 국민이 듣고자 하는 것을 결합시켜 문화 커뮤니케이션 친화력을 높이고 중화 문화를 적극 알리면서 당대 중국의 가치, 정신을 설명하면서 진실하고 생동하며 전면적인 중국을 알려 세계가 중국을 더 잘 알게 하고 보다 더 지원할 수 있도록 해야 한다.

중국의 국제 커뮤니케이션 능력을 계속 강화시켜야 우리가 전달하고자 하는 메시지를 명료하고 명쾌하게 전달할 수 있다. 더불어 국제사회가 우리를 보다 많이 알 수 있도록 적극 노력하고 정확한 메시지가 먼저 전달되도록 하며 부정적 여론과 괴담이 발 붙일 공간을 잃게 해야한다. 중국의 국제 커뮤니케이션 능력을 강화시켜야 국제사회가 제기하는 '중국이 이루어 낼 수 있게 된 원인', '중국공산당이 이루어낼 수 있게 된 원인'을 정확히 답할 수 있고, '중국 위협론', '중국 붕괴론' 등 잘못된 논조를 효과적으로 반박할 수 있다. 또한 중국의 문화가 일으킬 수 있는 응집력, 생명력, 매력과 영향력을 진정으로 고도화 시키면서 중국의 국제적 지위와 국제 영향력을 높일 수 있다. 이와 같은 의미에서 볼 때 문화 소프트파워를 강화하는 것은 중국의 국제적 지위와 국제적 영향력을 향상시키는 것과 긴밀한 연관성이 있다.

중국 문화는 독특한 가치와 매력을 이미 빛내고 있다. 중화의 전통문화가 창조적 전환과 혁신적 발전을 거쳐 전체 인류를 위해 봉사할 수 있다고 믿으며 더욱이 포스트 산업사회에서 거대한 매력을 발산할 것이라고 믿는다. 이는 중국이 문화체제개혁을 전면 심화시키고 국제 문화 전파의 구도와 방식을 조정하며 국제사회가 중국에 대한 잘못된 판독을 바꾸어 문화 소프트파워를 지속적으로 향상시켜 중국의 국제문화구도속의 지위를 바꾸고 중국의 국제 지위와 국제 영향력을 향상시킨다.

신시대 사회주의 문화강국 건설

3. 문화 소프트파워는 '두 개의 백 년'의 분투 목표와 중화 민족 위대한 부흥의 중국몽 실현과 관련된다

중화민족의 위대한 부흥을 실현하는 중국몽은 정치, 경제, 과학기술, 군사를 포함한 강대한 하드 파워가 필요할 뿐더러 사상, 문화, 가치관 등 소프트파워가 없어서는 아니된다. 역사나 현실의 시각에서 볼 때 세계 민족의 숲 속에서 입지가 있는 민족이라면 사상과 문화에서 대내로 강력한 침투력, 호소력을 갖고 있을 뿐더러 외부에 대하여 큰 영향력이 있다. 중화민족의 위대한 부흥은 문화적인 깊이가 없어서는 아니되고 문화는 '두 개의 백 년' 분투 목표와 중화민족의 위대한 부흥인 중국몽을 실현하는데 전면적 선도 역할과 경지를 높여주는 작용을 하고 있다.

공산당 18차 당 대표대회는 중국공산당 창당 100주년에 이르러 샤오캉(小康)사회를 전면 건설하고 중화인민공화국 건국 100주년에 이르러서는 부강하고 민주적이며 문명하고 조화로운 사회주의 현대화국가를 건설할 것을 강조했다. 오늘 중국은 중국 특색 사회주의 건설의 시대에 들어섰고 배가 부르고 등이 따뜻한 것을 바라는 '원바오의 꿈(溫飽夢)', '총체적 샤오캉 꿈'(역자주: 낮은 단계의 샤오캉)을 이미 실현했고 지금은 '전면적 샤오캉의 꿈'과 '현대화의 꿈'을 실현하기 위해 전력하고 있다. '중국몽'의 지도 하에서만 보다 더 흔들림 없이 중국 특색 사회주의 길을 걸어갈 수 있고 어려움을 극복하고 발전할 수 있으며 '두 개의 백 년'이라는 목표를 실현할 수 있고 이로부터 중화민족의 위대한 부흥 중국 꿈을 실현할 수 있다. 중화민족의 위대한 부흥 중국몽은 원경이고 '두개의 백 년'이란 분투 목표는 근경이다. 양자는 함께 빛나고 또한 서로를 돋보이게 한다. 양자는 중국

13억 인구가 갖고 있는 어떤 단단함도 부수어 버릴 수 있는 에너지, 당당하고 거대한 에너지를 집결시켜 오랜 역사를 가진 이 국토가 빛나는 신시대로 걸어갈 수 있도록 밀고 있다.

하지만 어떤 원대한 이상을 막론하고 결코 하루아침에 현실이 되는 것은 아니다. 두 개의 백 년이란 분투 목표와 중화민족의 위대한 부흥 중국몽을 실현하는 것은 운명적으로 힘든 과정이다. '두 개의 백 년'의 분투 목표와 중화민족의 위대한 부흥 중국몽을 실천하는 과정에서 필연코 예측하기 어려운 곤란과 도전에 봉착하기 마련인 바, 한 세대 또 한 세대 중국인들의 피나는 노력이 필요하다. 현대부터 나아가 향후 오랜 시간 동안 전체 중화의 후손들이 '두 개의 백 년' 분투 목표와 중화민족의 위대한 부흥 중국몽을 위해 지속적으로 단결하고 분발하도록 동원하고 격려하려면 강한 사상적 보증과 튼튼한 정신적 버팀목이 없어서는 아니된다.

문화는 그 중심에서 매우 중요한 버팀 역할과 이끌어주는 역할을 한다. 시진핑 총서기는 『문화는 정신력이다』는 글에서 "문화적 파워란 혹은 우리가 종합경쟁력의 일환으로 보고 있는 문화 소프트파워는 봄날의 단비처럼 소리없이' 경제적인 힘, 정치적인 힘, 사회적인 힘에 융합되면서 경제 발전의 '엔진', 정치 문명의 '유도등', 사회 화합의 '접착제'로 작용한다."라고 했다.[2] 그러므로 '두 개의 백 년'이란 분투 목표와 중화민족의 위대한 부흥 중국몽을 실현하려면 전체 중국 인민이 가치관, 가치에 대한 동질감을 형성하는 것이 필요하다. 이는 또한 중국 국내에서 자국의 발전 방향에 대

---

2   시진핑: 「문화는 정신력이다(文化是靈魂)」(2005년 8월 12일), 『지강신어(之江新語)』, 저장인민 출판사, 2013, 149면.

한 동질감을 형성하는 것이 필요한 동시에 세계가 중국의 발전 이념에 대하여 동질감을 형성할 것이 필요하다. 이와 같은 다양한 차원의 동질감을 형성하려면 문화 소프트파워를 떠날 수 없고, 문화가 공동의 인식을 형성하는 과정에서 불러 일으키는 중요한 역할을 간과할 수 없다.

시진핑 총서기는 '한 나라, 한 민족의 강성은 항상 문화의 흥성을 버팀목으로 하고 있고, 중화민족의 위대한 부흥은 중화 문화의 발전과 번영을 조건으로 한다.'[3]라고 지적한 바 있다. 어떤 국가를 막론하고 그의 굴기와 부흥은 강한 경제와 창명한 정치가 필요할 뿐더러 더욱이 번영하는 문화를 필요로 한다. 문화적인 부흥은 중화민족의 위대한 부흥에서 반드시 있어야 할 의리이다. 중화민족의 위대한 부흥 중국몽은 나라의 부강, 민족 진흥, 인민 행복을 실현하는 것이다. 이는 경제, 정치, 문화, 사회, 생태 등 '5위1체'라는 전면적인 발전과 번영을 객관적으로 요구하고 있다. 이는 문화가 그 중에서 힘과 마음을 모으고 정신적으로 인도하는 중요한 역할을 할 것을 객관적으로 요구하고 있는 것이다. 나아가서 중화 문화의 부흥이란 중국 민족 정신의 단합을 뜻하며 전국 각 민족 인민들이 사회주의 핵심 가치관에 대하여 공동체의식을 갖고 있는 것을 뜻하며 특히 세계 각국이 중국의 발전 이념, 가치적 추구와 중국의 지혜에 대한 인정을 뜻한다.

결과적으로 문화는 민족이 생존하고 발전하는 중요한 힘이다. 인류사회의 비약은 매번 문화 진보를 수반하고 있었고 문화 계승과 발전이 없다면 문화의 선양과 번영이 있을 수 없으며 '두 개의 백 년'이란 분투 목표와

---

3   시진핑: 「산둥 고찰시의 연설(在山東考察時的講話)」(2013년 11월 24일-28일), 『시진핑의 사회주의문화건설에 대한 논술 발췌(習近平關於社會主義文化建設論述摘編)』, 중앙문헌출판사, 2017. 3-4면.

중화민족의 위대한 부흥 중국몽의 실현이 있을 수 없다. 그러므로 오늘 그리고 미래의 오랜 시간 동안 우리는 중국 문화의 소프트파워를 강화시키기 위해 포석하고 중국의 경제사회 발전수준에 걸맞고 중국의 문화 깊이와 풍부한 문화자원과 적응되는 문화 소프트파워를 적극 구축해야 한다.

4. '일대일로' 건설에 필요한 문화적 버팀목을 제공

2013년 시진핑 총서기는 중앙아시아와 동남아시아를 방문하면서 실크로드 경제벨트와 21세기 해상 실크로드 이니셔티브를 제기했다. '일대일로'를 건설하는 것은 공산당 중앙의 중대한 결정이고 새로운 개방을 확대하는 중요한 조치이다. '일대일로'를 건설하는 것은 '두 개의 백 년' 분투목표와 중화민족의 위대한 부흥을 실현하는 데 착안하여 중국의 대외개방 수준을 향상시키기 위해 제기한 중대한 전략적 구상이다. '일대일로'는 유라시아 대륙을 관통하면서 동부는 아태 경제권을 연결하고 서부는 유럽 경제권을 포함한다. 역사적으로 육지 실크로드와 해상 실크로드는 곧 중국이 중앙아시아, 동남아시아, 남아시아, 서아시아, 동부 아프리카, 유럽과 경제 무역과 문화교류를 가졌던 통로로 탄탄한 역사 뿌리와 인문 기반을 갖고 있다.

현재 중국은 시대적 요구와 세계 각국이 빠르게 성장하려는 바램에 부응하여 '일대일로' 이니셔티브를 제기했다. 고대 실크로드를 전승하여 새로 발전시키고 연선 국가를 위한 포용과 개방의 빅 플랫폼을 제공했다. '일대일로' 이니셔티브는 '목린(睦隣), 안린(安隣), 혜린(惠隣)'의 성의와 '이웃에게 어진 것을 주고, 이웃을 벗으로 삼는 여린위선, 이린위반(與隣爲善, 以隣爲伴)' 이라는 우호적 태도를 보여주었다. 이는 옛 것과 현재를, 중국과 외국을 연결하여 연선 국가 인민들에게 행복을 가져다 주는 위대한 사업으로 국제사회의 광범위한 관심과 적극적인 지지를 이끌어 냈다. '일대일로' 이니셔티브 제기는 중국이 이미 '국제 전략의 모호한 단계'를 빠르게 벗어나 지역과 국제 전략에 대한 배치를 전폭적으로 시작했음을 말한다. 2017년에 열린 '일대일로' 국제협력 정상포럼은 '일대일로' 이니셔티브가 연선 국가와 지역에 착지하고 시행되는데 힘을 실어 주었다.

'일대일로' 이니셔티브는 발전과 협력을 지향하는 개방적 이니셔티브로 함께 의논하고 건설하여 나누는 공상·공건·공향(共商·共建·共享)의 평등호혜 방식을 강조하며 연선 국가와의 정책 교감, 시설 연결, 무역 통상. 자금의 원활한 조달, 민심 소통을 지향한다. 이는 중국이 완성하고자 하는 호련호통(互聯互通)이 단순히 길을 닦고 다리를 놓는 것이 아니며 또한 평면적 단일 선으로 연결되는 것이 아닌, 전방위적으로 입체화 되고 네트워크화된 거대한 연결로, 집단의 힘과 지혜를 모으는 개방적 시스템을 뜻한다. '일대일로' 이니셔티브의 실시 과정에서 문화는 매우 중요한 역할을 한다. 최근 들어 사람들은 '일대일로'는 경제 무역의 길일 뿐더러 문화와 우정의 길이라는 점을 점차 인식하고 있다. 시진핑 총서기는 '국가 간의 우호적 관계는 인민들 간의 화목한 관계에 달려 있다(國之交在民相親)'라고 언급한 적이 있다. 그리고 '인민들 간 화목한 것' 혹은 '민심이 통하는 것'의 기초는 바로 문화다. 문화라는 지향점이 없는 '일대일로' 이니셔티브는 단기적 이익공동체에 그치고 말 것이며 동고동락하고 장기적이고 안정된 운명공동체를 형성할 수 없다.

'일대일로' 추진과정에서 문화를 선행시켜 문화로 경제를 선도하는 고도의 자각을 갖추고 연선국가와의 문화교류와 협력을 한층 심화시키면서 지역협력을 강화하고 공동 발전을 실현한다. 하지만 중국은 또한 작금의 세계는 아직까지 정치 게임이 넘치는 세상으로 '일대일로' 이니셔티브가 과연 진정으로 착지할 수 있느냐, 착지 후 안정하게 실시될 수 있느냐 하는 것은 구체적인 방안이 '호혜와 상생'의 원칙을 충분히 반영하고 있느냐를 살펴야 할뿐더러 관련 국가가 위로부터 아래에 이르기까지 필요한 문화 이해력과 문화적 친근감을 갖고 있는가 하는데서 결정된다. 이것이야 말로 '국가 간 우호적 관계는 인민들 간의 화목한 관계에 달렸다'는 심층적 함의이다.

　　'문화'는 다양한 기준, 다양한 얼굴을 가진 복잡한 개념이다. 문화 간 교류 형식도 다양한데 여기엔 공연, 전시회, 학자 상호방문, 유학 교육, 도서 번역, 비디오 오디오 제품의 확산 등을 포함한다. 이와 같은 방식들은 또한 문화 소프트파워를 강화시키는 중요한 경로이다. 문화교류 방식을 지속적으로 풍부히 하고 혁신해야 관련 국가가 중국문화에 대한 이해도와 친근감을 끊임없이 높일 수 있다. 관련 국가 민중이 중국문화에 대해 필요한 문화 이해도와 친근감을 형성해야만 '민심소통'을 위해 튼튼한 기반을 다질 수 있다. '민심소통'을 실현해야 '일대일로' 건설에 가속도를 올릴 수 있고 '일대일로' 이니셔티브의 착지와 실시를 위해 필요한 보장을 제공할 수 있다. 그러므로 문화 소프트파워를 강화시키는 것은 '일대일로' 건설을 추진하는 정신적 버팀목을 제공하는 것이다.

　　결과적으로, 문화 소프트파워 제고는 중국의 국제적 지위 및 영향력과 관계되며 '두 개의 백 년' 분투 목표와 중화민족의 위대한 부흥 중국몽

——————　　　　　　　　　　　　　신시대 사회주의 문화강국 건설

의 실현과 관계되며 '일대일로' 이니셔티브의 실시와 관계된다. 그러므로 문화 소프트파워를 강화시키는 것을 장기적이고 중요한 전략적인 중요한 임무로 실시해야 한다.

제2절 중국의 문화 소프트파워를 강화시키자

중국의 문화 소프트파워를 강화시키는 것은 현 단계 중국에서 중요한 임무이다. 국가의 문화 소프트파워를 강화시키는 것은 현재 중국이 시급히 해결해야 할 중대한 과제이다. 시진핑 총서기의 중대한 과제에 대한 해석은 중국이 사회주의 문화 강국을 건설하는 방향을 알려 주었다. 시진핑 총서기는 "사회주의 선진문화를 고양하고 문화 체제 개혁을 심화하며 사회주의 문화의 대발전과 대변영을 추진하고 전 민족의 문화창조 실력을 증강시키며 문화사업의 전면적 번영과 문화산업의 급속한 발전을 추진하여 인민들의 정신세계를 끊임없이 풍부히 하고 인민들의 정신적 힘을 증강하며 문화의 총체적 실력과 경쟁력을 끊임없이 증강함으로써 사회주의 문화강국을 건설하는 목표를 향해 끊임없이 나아가야 한다."[4] 여기엔 주로 아래 몇 가지가 포함된다.

---

4   시진핑: 「중국의 문화 소프트파워를 강화시키자(提高國家文化軟實力)」(2013년 12월 30일), 『시진핑 국정운영을 논함(習近平談治國理政)』, 외문출판사, 2014, 160면.

1. 국가 문화 소프트파워의 뿌리를 단단히 다져야 한다

국내 문화 건설을 강화하는 것은 국가 문화 소프트파워의 토대이다. 나라의 문화 소프트파워를 강화하려면 '내적으로 축적하여 외적으로 표출할 것(形于中而發於外)'이 요구된다. 중국 특색 사회주의 문화 발전의 길을 견지하고 중국 국내 문화 건설을 확실히 강화해야 중화 문화는 결속력, 생명력, 매력, 영향력을 발산할 수 있다. 국가의 문화 소프트파워의 토대를 다지려면 사회주의 핵심가치관을 육성하고 실천하며 이상과 신념에 대한 교육을 널리 추진하며 애국주의 정신과 시대정신을 적극 고양해야 한다. 문화 소프트파워의 뿌리를 다지려면 사상도덕 건설을 강화하고 전통 미덕을 계승하고 선양하며 마르크스주의 도덕관을 견지하고 거친 것을 거두고 순수한 것을 남기며 거짓을 버리고 참된 것을 남기는 기초에서 옛 것을 오늘에 사용하고 낡은 것은 밀어내고 새 것을 내놓는 것을 견지하고 중화의 전통적 미덕의 창조적 전환, 혁신적 발전을 적극 실현하고 인민들이 도덕을 중시하고 숭상하며 지키는 생활을 지향하고 추구하며 13억 인민이 중화의 미덕, 중화의 문화를 전파하는 주체가 되어야 한다.

현 단계 중국 문화는 몇가지 주요한 문제에 직면해 있다. 시장경제 원칙이 문화 영역에서 관철이 미흡하고 헌법과 법률을 기반으로 한 체제 구축은 방치된 상태라 각종 정책을 출범시켜 시장의 통로를 소통시키고 제도적 허점을 보완할 수밖에 없지만 이와 같은 정책은 정치 주기에 따라 변화한다. 공공문화 서비스 체계 구축 과정에는 관리 부서가 많고 자원이 분산되었으며 공공문화 공급과 대중 수요가 부조화하고 지역 도농발전이 불균형적이며 통일된 표준, 비탄력 수요와 효과적 평가 부재 등 문제가 존재한다.

중국 경제의 노멀화와 더불어 문화발전 분야 역시 문화 체제 개혁을 지속적으로 추진하고 있다. 품질을 중시하고 구조를 조정하며 메커니즘을 개선하고 시스템을 건전히 하며 시장이 자원 배치 과정에서 일으키는 주도 역할을 충분히 동원하여 민족전체의 문화 창조력을 지속적으로 동원하고 사회주의 문화 대발전과 대번영을 추진한다. 구체적으로, 중요한 문화사업과 문화명인사업을 실시하여 문화 관리 체제를 건전히 하고 현대문화의 시장체계를 구축하며 문화의 개방 수준을 향상시키고 혁신 창조에 유리한 문화발전환경을 조성한다. 문화사업을 적극 발전시키고 공공문화 서비스의 표준화, 평준화를 추진하며 문화 자원이 도시와 농촌의 기초층으로 흘러가도록 인도하고 공공문화 서비스 방식을 혁신하며 민중의 문화 수요를 기본방향으로 인민의 기본적인 문화 권리를 보장한다.

문화산업 발전을 가속하고 문화산업 구조의 고도화를 추진하며 핵심 역할을 할 수 있는 문화 기업과 창의력이 있는 문화산업을 키우고 신형의 문화 업태를 육성하며 문화 소비를 확대하고 인도하며 문화산업이 국민경제의 기둥산업으로 자리잡도록 추진한다. 2009년 7월 중국의 국무원 상무회의는 <문화산업진흥계획>을 심사 통과시켰다. <계획>은 정부가 문화산업의 발전을 지원하는 재정과 세금 그리고 토지정책 등을 한층 개선하고 비영리 문화단체의 기업 전환 체제개혁을 격려하며 나아가 주식시장에 상장하여 융자를 받을 수 있도록 하였다. 톈촹(天創)국제연예제작교류유한회사는 중국 내에서 조기 설립된 영리 문화기업이다. 이 기업은 2010년 미국 미주리 주의 브랜슨에 있는 화이트 하우스 극장을 인수했고 인수 후 공연한 첫 작품이 '쿵푸 전기(The Legend of Kungfu)'였다. 이는 문화 체제를 지속적으로 혁신하고 개선하며 중국의 문화산업을 장대하게 발전시켜야만 세계를 향하여 중화 문화의 독특한 가치와 매력을 성공적으로 알릴 수 있음을 시사한다.

문화 제품은 이념의 속성을 지닌 특수한 상품이다. 그러므로 문화 체제 개혁을 심화시키고 문화산업을 적극 발전시키는 과정에서 이념적 속성과 산업적 속성, 사회적 효율성과 경제적 효율성 간의 관계를 파악하고 사회적 효율성을 항상 첫 자리에 두어야 한다. 인민 중심의 업무 방향을 견지하고 사회적 효율성과 경제적 효율성의 통일을 실현하며 전체 민족의 문화 창조력을 효과적으로 동원시킨다. 이는 반드시 짚고 지나야 할 부분이다.

요컨대, 문화 소프트파워를 강화하려면 그 기초를 반드시 단단히 다져야 한다. "사회주의 핵심가치 체계의 건설과 사회주의 문화 강국의 건설을 중심으로 문화관리 체제와 문화생산 경영 기제를 개선하고, 현대 공공문화 서비스 체계, 현대문화 시장체계를 건전화시켜 업무를 추진하며 사회주의 문화의 대발전과 대번영을 추진해야 한다."[5]

2. 당대 중국의 가치관을 확산

가치관은 문화의 핵심이고 가치관을 확산시키는 것은 문화 소프트파워를 강화하는 중요한 수단과 경로이다. 당대 중국의 가치관은 곧 중국 특

---

5   시진핑: 「중앙의 전면적 심화 개혁 지도소조 2차 회의의 연설(在中央全面深化革領導小組第二次會議上的講話)」(2014년 2월 28일), 『시진핑의 개혁을 전면 심화할 데 대한 논술 발췌(習近平關於全面深化改革論述摘編)』, 중앙문헌출판사, 2014, 90면.

색 사회주의 가치관으로 중국의 선진 문화가 앞으로 걸어가야 할 방향이다. 중국은 이미 중국 특색 사회주의 길을 개척하는 데 성공했다. 이는 중국의 길, 중국의 이론체계 그리고 제도가 성공적임을 실천으로 증명한 것이다. 당대 중국의 가치관은 중국이 중국 특색 사회주의를 건설하는 과정에서 형성된 가치관으로 '노선적 자신감, 이론적 자신감, 제도적 자신감과 문화적 자신감'을 반영한다. 문화 소프트파워를 강화하려면 당대 중국 가치관이 외국 국민들 사이에서 널리 확산되고 수용되도록 노력하고 중국 국내 중국몽에 대한 홍보와 설명과 접목되도록 해야 한다.

중국 국내에서 당대 중국의 가치관의 홍보는 중국몽의 홍보 및 설명과 결합시켜야 한다. 중국몽은 중국 인민과 중화민족의 가치 인식과 가치적 추구를 뜻하고 전면적인 샤오캉 사회를 건설하고 중화민족의 위대한 부흥을 실현하는 것을 뜻하며 모든 이들이 중국몽을 향한 노력 과정에서 개인의 꿈을 이루어 갈 수 있음을 뜻하며 중화민족이 단합하여 분투하는 최대공약수를 뜻하며 중화민족이 인류 평화와 발전을 위하여 보다 큰 기여를 하고자 하는 진정성 있는 의지를 뜻한다.

철학, 역사, 문화, 사회, 생활 등 시각에서 중국몽을 설명해야 한다. 역사적인 시각, 국가의 시각, 개인의 시각, 글로벌적인 시각으로 명료하게 설명하여 중국몽을 당대 중국의 가치관을 알리는 생동한 담체로 활용한다. 중국 인민과 중화민족의 우수한 문화와 영광의 역사에 대한 긍정적인 홍보를 강화한다. 그리고 학교 교육, 이론 연구, 역사연구, 영화TV작품, 문학작품 등 방식으로 애국주의, 집단주의, 사회주의 교육을 강화한다. 또한 중국 인민이 정확한 역사관, 민족관, 국가관, 문화관을 갖추고 지키도록 이끌고 중국인의 기개와 뱃심을 키워준다.

우리는 '세계 문화의 격정' 시대 속에 있다. 미국 등 서방 선진국은 대외적 문화교류와 커뮤니케이션을 매우 중시하고 있고 서방 문화 또한 중국의 문화에 대하여 매우 큰 충격을 주고 있다. 중국은 풍부한 문화자원, 독특한 문화 가치와 매력을 갖추고 있음에도 불구하고 '문화의 해외진출'에서 여러 가지 어려움을 겪고 있다. 주로 다음 몇 가지가 있다.

첫째, 중국의 문화산업은 미흡한 발전으로 말미암아 대외 문화 무역의 비중이 낮은 편이다. 비록 근래에 들어서 중국의 문화산업이 빠르게 발전하고 있다고 하지만 퀄리티가 다소 떨어지고 구성이 합리적이지 못한 문제점을 안고 있다. 이는 중국의 핵심 문화 제품과 서비스 무역에서 여전히 적자가 존재하며 대외 문화 무역의 경우 대외무역에서 차지하는 비중이 매우 적은 결과를 초래했다.

둘째, 문화정보 확산에서 불리한 위치에 처해 있고 현대적 커뮤니케이션 체계의 구축이 다소 낙후된 상태이다. 수년간의 발전을 거쳐 중국의 중요한 매체는 국제 일류 매체로 발돋움할 수 있는 양호한 기반과 조건을 갖추었다. 하지만 국제 대형 미디어 그룹과 비교할 때 중국의 매체는 제작과 방송, 커뮤니케이션, 뉴미디어 발전 등의 분야에서 아직까지 뚜렷한 격차를 보이고 있다. 더욱이 국제여론 영향력, 국제 사무에 대한 발언권 등에서는 국제 일류 매체에 비해 다소 뒤떨어진 것이 사실이다.

셋째, 현대 커뮤니케이션 기술과 담론 체계 구축을 한층 강화해야 한다. 현대적 커뮤니케이션 스킬을 활용한다는 것은 외국 타겟층의 심리 특징과 수용 습관을 심층적으로 연구하고 외국의 타겟층이 알아들을 수 있고 쉽게 수용할 수 있는 방식과 언어로 정보의 매력과 영향력을 증강시켜 중국과 세계 발전의 실제에 밀착하고 외국의 타겟층이 중국의 인포메이션

　　　　　　　　　　　　　　　　　신시대 사회주의 문화강국 건설

에 대한 수요에 밀착하며 외국 타겟층의 사고 습관에 근접하는 목적을 이루는 것이다.

넷째, 중국의 철학사회과학 분야는 아직 시급히 해결해야 할 사안이 일부 있다. 작금의 중국은 사회적으로 사상 관념과 가치 취향이 활발하게 발전하고 주류와 비주류가 동시에 존재하며 격동적이고 복잡한 사회 사조를 겪고 있다. 이와 같은 환경 속에서 중국철학사회과학의 지위는 훨씬 중요해 졌고 임무가 날로 과중해 졌다. 하지만 철학사회과학은 아직까지 양적으로 방대하나 질적으로 빈약하고 전문가는 많지만 대가는 없는 상황이다. 또한 발전전략이 불명확하고 학과 체계, 학술 체계, 발언권 강화를 위한 수준이 높지 못하며 학술적인 가치가 아직 낮은 문제점이 존재한다. 이와 같은 난국과 미흡함은 세계 각국이 중국가치관의 진정한 의미와 가치를 정확하고 충분하게 이해하는 것을 방해했으며 중국 문화와 중국 학술의 해외 진출을 방해했고 중국이 국제적 지위와 국제 영향력을 강화하는데 영향을 미쳤다.

그러므로 시진핑 총서기는 "국가의 문화 소프트파워를 강화하려면 국제적 발언권을 제고해야 한다. 국제적인 커뮤니케이션 능력 구축을 강화하려면 정교한 국제적인 발언 시스템을 구축해야 하며 신흥 매체의 역할을 잘하고 대외적인 발언의 창조성, 감화력, 공신력을 높이며 중국의 스토리텔링을 잘하고 중국의 목소리를 잘 확산시키며 중국 특색을 잘 설명해야 한다."[6]라고 한 바 있다. 중국의 특색을 알리고 설명하려면 서로 다른

---

6   시진핑: 「국가의 문화 소프트파워를 강화시키자」(2013년 12월 30일), 『시진핑 국정운영을 논함』, 외문출판사, 2014, 162면.

나라와 민족은 역사적 전통, 문화의 축적, 기본적 국정이 같지 않고 발전의 길 또한 자체적인 특징이 있기 마련이라는 것을 명쾌히 설명해야 한다. 중화 문화는 중화민족의 가장 깊은 정신적 추구를 축적하고 있고, 중화민족이 대대로 발전하고 장대할 수 있었던 풍부한 자양분이었음을 명쾌히 설명해야 한다. 중화의 우수한 전통문화는 중화민족의 뚜렷한 우세이고 가장 깊이 있는 문화 소프트파워임을 명쾌히 알려야 한다. 중국 특색 사회주의는 중화 문화의 비옥한 토양에 뿌리박고 중국 인민의 의지를 반영하고 중국과 시대의 발전 수요에 적응하고 있으며 깊이 있는 역사의 근원과 폭넓은 현실적 기반을 갖고 있음을 확실히 알려야 한다.

3. 중화 문화의 독특한 매력을 펼쳐야 한다

중화의 우수한 전통문화는 중국의 튼튼한 문화 소프트파워이다. 시진핑 총서기는 국가 문화 소프트파워를 강화하려면 반드시 중화의 우수한 전통문화에 깊숙이 착근하고 중화의 우수한 전통문화의 옥토에서 영양분을 섭취해야 한다고 거듭 강조했다. 2013년 8월 전국 선전사상실무회의에서 "중화의 우수한 전통문화는 중화민족의 뚜렷한 우세이고 중국의 가장 튼튼한 문화 소프트파워이다."라고 제기했다.[7] 같은 해 12월, 제18기 중앙정치국 제12차 집단학습에서 다시 "중화 문화는 중국이 문화 소프트파워

---

7   시진핑: 「사상선전업무를 더욱 잘하자(把宣傳思想工作做得更好)」(2013년 8월 19일), 『시진핑 국정운영을 논함』, 외문출판사, 2014, 155면.

를 제고하는 원천이고 중국의 문화 소프트파워를 제고하는 중요한 경로이다."[8]라고 지적했다. 2014년 10월, 제18기 중앙정치국 제18차 집단학습에서 "중화의 우수한 전통문화는 중국의 가장 튼튼한 문화 소프트 파워이고 중국 특색 사회주의가 착근한 문화 옥토이다."[9]라고 제기했다 문예 실무자 회의에서도 계속하여 "중화의 우수한 전통문화는 중화민족의 정신적 명맥이고 사회주의 핵심가치관을 함양하는 중요한 원천이며 우리가 세계문화의 격동 속에서 흔들림없이 자리를 굳힐 수 있는 튼튼한 기초이다."라고 강조했다[10].

중화 전통문화는 중국의 문화 소프트파워를 아무리 사용해도 끝이 없고, 아무리 써도 마르지 않는 샘물과 같은 존재이다. 중국은 5,000여 년의 문명 역사를 갖고 있고 중화의 전통문화는 넓고 심오하며 역사가 유구하다. 중국의 여러 민족 인민이 교류와 융합을 거쳐 형성한 정신적 부일 뿐더러 중화 문명과 기타 문명이 교류와 융합 속에서 거둔 우수한 성과이다. 뚜렷한 민족 특색을 갖고 있고 시대정신의 가치적 추구와 생존의 지혜를 포함하고 있다. 중화의 우수한 전통문화는 중화의 아들딸을 위해 영원한 정신적 화원을 구축해 주었을 뿐더러 인류가 함께 직면하고 있는 문제를 해결하는 데 중국식 해법을 제시할 수 있다. 중국은 조화를 중심으로 하는

---

8 시진핑: 「18기 중앙정치국 제29차 집단학습시의 연설(在十八屆中央政治局第十二次集體學習時的講話)」(2013년 12월 30일), 『시진핑 샤오캉사회를 전면적으로 건설할 데 대한 논술 발췌(習近平關於全面建成小康社會論述摘編)』, 중앙문헌출판사, 2016, 109면.

9 시진핑: 「18기 중앙정치국 제18차 집단학습시의 연설(在十八屆中央政治局第十八次集體學習時的講話)」(2014년 10월 13일), 『인민일보』, 2014년 10월 14일, 1면.

10 시진핑: 『문예실무자회의에서의 연설(在文藝工作座談會上的講話)』(2014년 10월 15일), 인민출판사, 2015, 25면.

'이화위본(以和爲本)'의 가치관과 덕행으로 상대방의 존중을 취득하는 전통을 갖고 있다. 이는 문화가 다양화된 오늘 시대에서 큰 매력이다. 그러므로 문화 소프트파워를 제고하려면 이와 같은 중국식 해법을 확산시켜야 하고 자국에만 입각하는 것이 아니라 세계를 지향해야 한다.

이는 중화의 우수한 전통문화의 역사적 뿌리, 발전의 맥락, 기본적 추이를 명쾌하게 설명할 것이 요구되며 중화 문화의 독창성, 가치 이념, 분명한 색깔을 정확히 알려 문화자신감과 가치관 자신감을 증강하는 것이 요구된다. 좀 더 자세히 들여다 보면, "전통문화 자원을 체계적으로 정리하고 금지된 황실에 수장되어 있던 문물, 넓은 중화의 대지에 산재되어 있던 유적지, 고서적에 적혀져 있던 문구들에 생기를 불어 넣어야 한다. 이치로 설복하고 글로 설복하며 덕으로 설복하여 대외적인 문화교류의 수준을 향상시키고 인문 교류의 기제를 개선함과 동시에 인문 교류의 방식을 혁신하여 공중 커뮤니케이션, 소집단 커뮤니케이션, 대인 커뮤니케이션 등 다양한 방식으로 중화 문화의 매력을 알려야 한다."[11]

요컨대, 중화의 우수한 전통문화는 곧 중화민족의 뛰어난 우세이다. 그러므로 전통문화자원의 맥락을 규명하여 효과적인 인문 교류 기제와 방식을 빌어 보다 많은 국가와 민족을 향해 5,000년 역사를 가진 문명 고국의 영원히 바래지 않는 문화적인 매력을 알려 중국문화에 대한 보다 많은 이해와 공감대를 이끌어내도록 해야 한다.

---

11 시진핑: 「국가의 문화 소프트파워를 강화시키자」(2013년 12월 30일), 『시진핑 국정운영을 논함』, 외문출판사, 2014, 161-162면.

신시대 사회주의 문화강국 건설

4. 중국의 스토리텔링을 잘하자

시진핑 총서기는 역사문화, 국정의 특수성, 외교정책과 중국 특색 사회주의 본질 등 시각에서 '네 가지 이미지'를 구축하는 중요성을 설명했다. "중국의 국가 이미지 구축을 중시해야 하고 중국의 튼튼한 역사의 뿌리, 다원 일체화된 다민족, 다양한 문화의 조화를 이룬 문명 대국의 이미지를 비중 있게 알리고 청명한 정치, 발전된 경제, 번영한 문화, 안정된 사회, 단결된 인민, 수려한 산천을 가진 동방 대국의 이미지, 평화로운 발전을 지향하고, 공동 발전을 촉진하며, 국제적 공평과 정의를 지키고 인류를 위해 기여하는 책임감 있는 대국 이미지, 보다 친화력이 있고 희망이 있으며 생기가 넘치는 사회주의 대국의 이미지를 비중 있게 알려야 한다."[12]

앞서 언급했듯이 중국경제사회의 발전과 국제 지위의 격상과 더불어 국제사회가 중국에 대한 관심도가 높아지고 있다. 많은 사람들이 중국에서 일어난 기적에 지대한 관심을 보인 반면 일부 서방 매체의 경우 중국에 대한 부정적인 선전을 이어가고 중국의 이미지를 왜곡시키고 더럽히고 있다. 이처럼 복잡한 상황에서 중국을 알리기 위한 스토리텔링을 잘하고 중국의 국가 이미지를 잘 구축하는 것 역시 국가의 문화 소프트파워를 제고하는 중요한 구성부분이다.

근래 들어서 중국은 대외 커뮤니케이션의 장을 확장하고 중국의 스토리텔링을 잘하기 위해 많은 일을 했다. 가장 먼저 언급해야 할 것은 해외

12 　시진핑: 「국가의 문화 소프트파워를 강화시키자」(2013년 12월 30일), 『시진핑 국정운영을 논함』, 외문출판사, 2014, 162면.

에 공자학원을 개설한 것이다. 중국 경제발전과 국제교류 확산과 더불어 세계 각국이 중국어 학습에 대한 수요가 급격히 늘어나고 있다. 중국어가 세계로 진출하는 것을 추진하고 중국 언어 문화의 영향력을 높이기 위해 2004년부터 시작하여 중국은 영국, 프랑스, 독일, 스페인 등 국가를 본받아 언어 노하우를 확산시키는 기반 하에 해외에서 중국어를 가르치고 중국문화를 확산시키는 것을 취지로 한 비영리성 교육시설 '공자학원'을 개설한 것이다. 2017년 12월 31일까지 중국은 146개 국가와 지역에서 525개의 공자학원, 1113개의 공자학당을 세웠다. 다음, 중국의 주요 매체가 세계 공략을 개시했다. 『인민일보(人民日報)』를 예로, 지금까지 아랍어, 러시아어, 프랑스어, 일본어, 영어와 스페인어 6개 버전이 있고 이미 글로벌 500대 베스트 브랜드에 편입되었다.

그럼에도 불구하고 중국의 스토리텔링을 잘하고 중국의 목소리를 잘 확산시키며 중국의 특색을 잘 설명하려면 국제 커뮤니케이션 능력의 구축을 지속적으로 강화해야 한다. 다양한 국가와 지역의 타겟층의 심적 수요와 수용 방식을 조준하여 다양한 커뮤니케이션 해법을 제시하고 중국의 목소리가 귀에 들리고 마음을 움직일 수 있게 해야 한다.

중국의 스토리텔링을 잘하는 동시에 중국의 국가 이미지를 재정립해야 한다. 중국의 국가 이미지를 승격시키기 위해 국무원 신문판공실은 국가 이미지 시리즈 홍보영상을 제작하기 시작했다. 이 동영상은 중국의 번영과 발전, 민주와 진보, 문명과 개방, 평화와 조화의 국가 이미지를 구축하기 위해 설립한 중요한 프로젝트이고 신시대 대외 커뮤니케이션의 새로운 형식을 탐색한 유익한 시도이다. 홍보 영상은 두 개 부분으로 나뉜다. 첫 번째 부분은 30초 분량의 TV 홍보영상이고 두 번째 부분은 15분 분량의 단편 다큐이다. 30초 『인물편(人物篇)』은 주로 국제 주류 매체 방송용이다. 15분 다큐는 외교 행사 이를테면 대사관 축제행사, 외교 성격의 파티, 다과회 등에서 방송한다. 국가 이미지 홍보 영상은 영어를 위주로 한다. 2011년 1월 17일 30초 분량의 『인물편』이 미국의 타임스 광장 6개의 대형 모니터에서 매일 300회씩 1개월간 내내 방송되었다.

이 두 편의 홍보 영상과 관련하여 국내외적으로 모두 비평의 목소리가 전해졌다. 특히 『인물편』의 경우 유명인, 부의 과시 등에 과도하게 집중했고 평범한 중국인을 무시하고 미국 관중의 자존감에 상처를 주었다는 것 등이다. 하지만 모종의 의미에서 국가 이미지를 구축하는 것 역시 이중 역할을 할 수 있다. 대내로는 중국인민의 민족 자존심과 자신감을 높이고 대외로는 중국의 목소리를 내며 보다 많은 국가의 인민들이 중국을 알고 중국을 인식하도록 한다. 이로부터 중국 매체가 현대 커뮤니케이션 능력을 활용하여 타겟층의 심리적 수요를 연구하고 창조력, 호소력, 공신력을 가진 담론 체계를 구축할 것을 필요로 한다.

이밖에도 인터넷을 대표로 하는 신흥 매체가 국제 발언 커뮤니케이션 과정에서 일으키는 역할을 잘 발휘해야 한다. 소프트파워 유효 여부는 행위자의 특정 단체 중에서의 신용과 행위자 간의 정보 흐름에 따라 결정된다. 이는 중국이 인터넷 커뮤니케이션 규칙을 꼼꼼히 연구하고 인터넷 홍보 방식을 개선할 것을 요구한다. 안전한 인터넷 보안을 전제로 인터넷을 국제 세계를 향하여 중국의 스토리를 전하고 중국의 목소리를 내며 중국의 이미지를 과시하는 새로운 플랫폼으로 구축해야 한다.

칭찬이나 비판을 막론하고 중국의 스토리텔링을 잘하려면 반드시 적극적이고 능동적으로 움직여야 한다. 비록 우리가 국제적으로 일정한 발언권을 취득했다고 하지만 우리의 발언 체계가 효과적으로 구축되지 않았다면 국제적으로 심지어 '무어(無語)', '실어(失語)'의 상태에 처해 있는 것이다. 이는 중국의 발전 우세와 문화 소프트파워도 발언의 우세로 전파될 수 없다. 때문에 우리는 국제 커뮤니케이션 능력을 갖추기 위해 노력하고 대외적인 홍보의 수단과 방식을 혁신하며 대외적인 발언의 체계를 정교하게 구축해야 한다. 외국인들이 들을 수 있고, 이해할 수 있고, 받아들일 수 있는 방식을 사용하여 당대 중국의 가치관을 적극 알리고 중화 문화의 독특한 매력을 펼치며 중국의 스토리텔링을 잘하고 중국의 '네 가지 이미지'를 잘 만들어 가야 한다.

제7장

문명 교류와 배움을 전개하자

다양한 문명이 서로 교류하고 배움을 가지는 것은 인류 문명이 발전하고 진보하는 중요한 동력이다. 2014년 3월 시진핑 총서기는 유네스코 방문 시 했던 연설에서 "문명은 교류하면서 다채로워지고 서로 배우면서 풍성해진다. 문명 교류와 배움은 인류 문명의 진보와 세계평화 발전의 중요한 동력이다."라고 밝힌 바 있다.[1] 2014년 9월, 공자 탄신2565주년 국제학술 세미나 연설에서 시진핑 총서기는 다시 한번 "다양한 문명의 교류와 융합, 학습과 배움은 세상을 보다 아름답게 변하게 하고 각국 인민들이 보다 아름다운 삶을 영위토록 만드는데 반드시 거쳐야 할 길이다."[2]라고 말한 바 있다. 이번 연설에서 시진핑 총서기는 문명의 교류와 배움에 있어서 지켜야 할 네 가지 원칙 즉 세계문명의 다양성을 지키고 각국 민족의 문명을 존중하며 문명을 정확하게 학습하고 배우며 문화와 전통을 과학적으로

---

1   시진핑(習近平): 『유네스코 본사에서 한 연설(在聯合國教文組織總部的演講)』(2014년 3월 27일), 『제3회 핵안보정상회의 참가 및 유럽4국 방문과 유네스코본부, 유엔본부 방문 시의 연설(出席第三屆核安全峰會幷訪問歐州四國和聯合國科教文組織總部, 殿盟總部時的演講)』, 인민출판사, 2014, 10면.

2   시진핑의 『공자 탄신 2565주년 기념 국제학술세미나 및 국제유학연합회 제5회 회원대회 개회식에서의 연설(在紀念孔子誕辰2565周年國際學術硏討會暨國際儒學聯合會第五国际儒学联合会第五屆會員大會開幕會上的講話)』(2014년 9월 24일)를 참조, 인민출판사, 2014, 7-8면.

대할 것을 주문했다. 시진핑 총서기는 다양한 장소에서 문명 교류와 배움의 기본원칙을 체계적으로 밝힌 바 있다. 인류문명의 다양성을 지키고 문명간의 상호 존중과 포용을 촉진하며 문명 간 대화와 교류를 추진하는 것은 문명의 교류와 배움에 대한 시진핑 총서기의 중요한 논술에서 핵심으로 되는 이념이다.

시진핑 총서기의 문명의 교류와 배움에 대한 일련의 중요한 논술은 문명의 기원, 발전과 역할에 대한 심층적인 인식을 기반으로 하고 있고 위대한 부흥을 향해 매진하고 있는 중화민족이 글로벌화와 네트워크화 시대에서 인류문명의 교류와 대화의 법칙에 대한 근본적인 인식을 대표한다. 이와 같은 인식은 새로운 역사 환경 속에서 중화 문명과 세계 각국, 각 민족의 문화가 교류되고 융합되는 기본적 준행이고 문명 교류와 거래의 기본적 원칙이기도 하다.

제1절 세계 문화의 다양성을 유지해야 한다

문명의 다양성은 인류문명의 객관적 현실이고 문명의 교류와 배움이 이루어지는 전제와 기초로 문명의 다양성을 존중해야만 세계 평화를 위한 문화 기반을 창조할 수 있다. 문명 간 차이가 있고 다르다고 하여 반드시 충돌을 가져오는 것은 아님을 역사는 증명했다. '화이부동(和而不同)'은 문명 간 발전에 이롭다. 시진핑 총서기가 세계문화의 다양성에 대한 논술은 마르크스주의 철학관이 반영되었을 뿐더러 중화 문화의 개방과 포용, 평화를 추구하는 문화 유전자에 대한 심오한 총결이다. 이는 중화민족의 위대한 부흥을 추진하고 인류문명의 발전을 촉진하며 세계평화를 지키는 데 모두 중요한 의미가 있다.

1. 문명의 다양성은 인류사회의 객관적 현실이다

인류문명의 다양성은 문명 교류와 배움에 필요한 기초와 전제이다. 시진핑 총서기는 "문명은 다채롭다. 인류문명은 다양하기 때문에 교류와 배움의 가치가 있다. 햇빛에는 일곱 가지 색깔이 있고 세계도 다양한 색을 갖고 있다. 한 국가와 민족의 문명은 그 국가와 민족의 집단적 기억이다. 인류는 기나긴 역사의 흐름 속에서 다채로운 문명을 창조하고 발전시켜 왔다. 원시인의 생활에서 농경생활, 산업혁명에서 정보사회에 이르면서 파란만장한 문명의 파노라마를 구성했고 문명을 향한 심금을 울리는 아름다운 시구를 써냈다."라고 지적한 바 있다.[3]

역사를 기준으로 바라보면 인류는 기나긴 역사 흐름 속에서 풍부하고 다양한 문명의 형태를 창조하고 발전시켜 왔다. 원시사회에서 농업사회, 산업혁명으로부터 정보사회에 이르기까지 파란만장한 문명의 파노라마를 구성했다. 기나긴 문명의 역사 속에서 매 하나의 문명 형태는 모두 존재의 물질적 기초를 갖고 있고, 매 하나의 문명의 진보는 인류의 진보이다. 인류역사에서 다양한 문명은 모두 각자만의 독특한 방식으로 인류 진보를

---

3   시진핑: 『유네스코 본사에서 한 연설』(2014년 3월 27일), 『제3회 핵안보정상회의 참가 및 유럽4국 방문과 유네스코본부, 유엔본부 방문시의 연설』, 인민출판사, 2014, 10면.

위해 중요한 기여를 했다.

한 가지 문명은 내적 가치체계를 형성하기에 이르기까지 모두 독특하고 긴 과정을 경과했다. 지리 환경, 언어 발전, 인문 환경 등 요소의 복잡한 영향하에 다양한 문화 의식은 다양한 문명을 창조했다. 이와 같은 문화의식은 각종 규범, 의무, 책임 등 형식으로 지속적으로 강화되어 왔으며 결과적으로는 다양한 문화 성격과 가치관을 형성했다. 바꾸어 말하면 한가지 문명의 형성에서 모두 그의 뿌리와 합리성을 찾아낼 수 있다. "모든 민족은 그의 뿌리를 갖고 있다. 그의 물질과 정신적인 원천은 역사 속의 야만시대까지 거슬러 올라가 찾아볼 수 있고 어떤 사회를 막론하고 모두 그의 전통을 존중해야 한다. 민족은 스스로의 가치체계, 신앙과 기타 문화요소들을 잘 알고 있어야 하며 이와 같은 문화요소들은 각 민족의 구성원들이 스스로를 알아가고 서로 교류를 함에 있어서 지극히 중요하다."[4]

현실이라는 기준으로 바라보면 문명은 다채롭다. 차이성과 다양성은 문명이 교류와 배움을 가지는 전제이고 인류의 문명은 다양성으로 말미암아 서로 교류와 배움을 가질 수 있는 가치가 있게 되었다. 시진핑 총서기는 "문명의 다양성은 인류사회의 기본적 특징이다. 현재 세계에는 50억의 인구, 200여 개 국가와 지역, 2,500여 개 민족, 5,000여 가지 언어가 있다. 다양한 민족, 다양한 문명은 다채롭고 각자의 특성을 갖고 있으며 우열의 구분이 없고 특색의 구분만 있을 뿐이다."라고 지적했다.[5] 2,000여 년 전 전국

---

4   유네스코 세계문화와 발전 위원회 편집: 『문화 다양성과 인류의 전면적 발전-세계문화와 발전위원회 보고서(文化多樣性與人類全面發展-世界文化與發展委員會報告)』, 장위궈(張玉國) 번역, 광둥인민출판사, 2006, 34면.

5   시진핑: 『평화공존 5항원칙을 선양하고 협력과 상생의 아름다운 세계를 건설-평화공존 5

(戰國)시대의 철학가 맹자는 "대개 사물들이 똑같지 않은 것은 사물들의 실정이다. 그러므로 그 가치가 어떤 경우에는 서로 두배나 다섯 배의 차이가 나며, 어떤 경우에는 열 배나 백배의 차이가 나며, 어떤 경우에는 서로 천 배나 만 배의 차이가 난다(夫物之不齊, 物之情也. 或相倍蓰, 或相什百, 或相千萬)"[6] 라고 한 바 있다. 문명의 다양성과 상이성으로 말미암아 세계는 생기가 넘치게 되었다.

중화 전통문화는 다양성과 포용성은 세계적인 조화의 근본이라고 보고 있다. "만물은 동시에 자라면서도 서로 방해되지 않고, 도는 동시에 행하여도 서로 어긋나지 않는다(萬物併育而不相害, 道併行而不相悖)"[7] 각 민족이 어떤 가치관과 발전의 길을 선택하는가 하는 것은 그의 역사 전통이 결정한 것이다. 문명의 형태가 풍부하고 다양하며 서로 의존하고 있는 세계에서 각국의 각 민족의 문명은 서로 포용하고 배워야만 스스로의 발전을 촉진할 수 있고 인류의 문명 역시 각국 각 민족이 융합되고 교류되는 과정에서만 비로소 지속적으로 발전할 수 있다.

시진핑 총서기는 다음과 지적했다. "문명의 다양성은 인류사회의 객관적 현실이고 당대 세계의 기본적 특징이다. 이념, 사회제도, 발전 모델의 차이는 인류 문명이 교류되는 장애물로 되어서는 아니되고 서로 대항하는 이유가 되어서도 아니된다. 우리는 반드시 문명의 다양성을 적극적으로

항원칙 발표 60주년 기념대회에서의 연설(弘揚和平共處五項原則建設合作共贏美好世界-在和平共處五項原則發表60周年紀念大會上的講話)』(2014년 6월 28일), 인민출판사, 2014, 10면.

6 「맹자·등문공 상(孟子·騰文公章句上)」, 리쉐친(李學勤)이 책임편집한 『십삼경주소·맹자 주소(十三經注疏·孟子主疏)』, 베이징대학출판사, 1999, 149면.

7 「예기·중용(禮記·中庸)」, 『예기훈찬(禮記訓纂)』, (청)송빈(宋彬) 편찬, 요흠농(饒欽農) 점교, 중화서국, 1996, 779면.

지켜내고 다양한 문명간의 대화와 교류를 추진하며 배척이 아닌 배움으로 보다 다채로운 세계를 만들어 가야 한다."[8] 민족의 우수한 전통문화를 바탕으로 교류와 배움을 창도하고 다양한 국가, 민족이 창조한 우수한 문명의 성과를 흡수하여 단점을 보완하고 축적과 수용을 거쳐 인류문명의 아름다운 미래를 함께 만들어 가고 중화문명의 가치적 내포와 인민의 정신 세계를 더 한층 풍성하게 해야 한다.

2. 문명의 다양성은 세계평화의 문화적 기초이다

문명의 다양성은 인류가 존재하는 기본적 특징이고 민족문화 간 관계를 처리하는 공동의 인식의 기반이다. 세계 문화의 다양성이란 객관적 사실을 존중해야만 국제평화 질서로 통하는 정확한 입구를 찾아낼 수 있다.

시진핑 총서기는 다양한 국가와 민족의 문명을 정확히 대하고 전통문화와 현실 문화를 정확히 대하는 것은 우리가 반드시 파악해야 할 중요한 과제이다. 그러므로 세계문명의 다양성을 지키는 것은 곧 꾸준히 견지해야 할 원칙이다. 우리는 각 민족의 문명의 다양성을 지켜 상호 간 교류, 학습, 배움을 강화하고 서로 거리를 두고 배척하며 대체해서는 아니된다. 이렇게 되어야 세계문명의 화원에 생기가 넘칠 수 있다. 강압적 수단으로 문명 차이를 해결하는 방법은 성공할 수 없고 오히려 세계 문명에 재난을

---

8   시진핑: 「문화교류를 강화하고 세계평화를 촉진-제61기 프랑크푸르트 국제도서전의 개회식 축사(强化文化交流, 促進世界和平-在第61屆法蘭克福國際書展開幕式上的致辭)」(2009년 10월 13일), 『인민일보』, 2009년 10월 14일, 3면.

가져다 줄 수 있음을 역사는 반복적으로 증명했다. 인류 역사에서 전쟁과 폭력의 위협 앞에서 사람들은 항상 서로 존중하고 평등하게 대하며 교육을 발전시키고 과학을 확산시키고 장벽을 제거하는 방법으로 평화적 이념의 씨를 뿌릴 것을 희망했다. "이와 같은 기대 그리고 동경은 오늘날에도 지켜야 할 것이다. 나아가 지켜야 할 뿐만 아니라 국경, 시간과 공간 그리고 문명을 넘어선 교육, 과학기술, 문화활동을 통해 평화의 씨가 세계인민들의 마음속에서 싹이 트게 하고 우리가 함께 살아가는 이 별에서 평화의 숲이 속속 자라나게 해야 한다."[9]

작금의 세계에서 국부적 충돌은 문명 자체의 상이성으로 비롯된 것이 아닌 발전의 불평형, 권리의 불평등, 자원의 불균형 등 복잡한 원인으로 비롯된 것이다. 상이한 문명은 충돌 혹은 전쟁의 뿌리가 아닐 뿐더러 다양한 문명 사이에서 서로 배우고 함께 나아가는 주춧돌이다. 유네스코는 국제사회에서 '평화 문화'를 구축하는 것을 창도하고 평화적 협상을 통해 불일치를 제거하고 충돌을 해소할 것을 주장한다. 평화 문화의 조성은 문화의 다양성에 대한 동일시, 존중과 포용 그리고 이를 기반으로 한 거래와 대화를 전제로 한다. "특정 문명이 자연과 역사의 선물을 이용하여 타 문명을 통치하고 정신과 도덕으로 압박할 경우 인류는 평화를 운운할 수 없다." 그러므로 평화의 문화 보증은 문명 간 존중, 상호 평등이고 다양한 문명이 스스로의 가치 핵심을 통해 평화를 향한 포기할 수 없는 추구이며, 인류 문명이 걸어온 드넓은 진행과정에서 평화와 관련한 풍부하고 다양한

---

9 시진핑: 『유네스코 본사에서 한 연설』(2014년 3월 27일), 『제3회 핵안보정상회의 참가 및 유럽4국 방문과 유네스코본부, 유엔본부 방문시의 연설』, 인민출판사, 2014, 9면.

지혜를 찾아내 글로벌 각종 문명 간 교류와 융합 과정에 응용하는 것이다.

　세계평화를 지키고 양호한 국제정치 질서를 구축하려면 우선 평등하고 포용적인 문명관을 갖추어야 한다. 다양한 문명을 존중하고 다양한 문명을 평등하게 대해야만 양호한 국제정치 질서 즉 서로 평등하게 대하고, 서로 상의하고 이해하는 파트너십이 있어야 문화적, 심리적 기반을 갖출 수 있다. 시진핑 총서기는 제70회 유엔총회 일반토론에서 "세계 각국은 일률로 평등해야 하며 큰 나라가 작은 나라를 억누르거나 강한 나라와 부유한 나라가 약한 나라와 가난한 나라를 무시하는 일이 없어야 한다. 주권원칙은 각국의 주권과 영토 완정을 침범해서는 안되고 내정을 간섭해서는 안된다는 데서 구현될 뿐만 아니라 각국이 사회제도와 발전의 길을 자주적으로 선택할 권리가 있고 각국이 경제와 사회의 발전을 추진하고 인민 생활을 개선하는 실천이 존중을 받아야 한다는 데서 구현되어야 한다"고 강조했다.[10] 모든 민족국가는 사회제도와 발전의 길을 선택할 수 있는 자유가 있다. 이와 같은 선택은 서로 다른 문화관, 역사적 사연 그리고 국정에 따라 결정된 것이다. 세계각국은 상대방의 제도에 대한 선택, 진로에 대한 선택, 문화에 대한 선택을 서로 존중해야만 양호한 국제정치질서가 세워질 수 있는 기초가 마련되게 된다.

　중화 문명은 평화를 뜨겁게 사랑했고 화목을 으뜸으로 꼽았으며 이

10　시진핑: 「서로 손 잡고 협력상생의 새로운 동반자관계를 구축하고 한마음으로 인류운명 공동체를 건설하자-제70회 유엔총회 일반토론에서 한 연설(携手構建合作共贏新伙伴, 同心打造人類命運共同體-在第七十屆聯合國大會一般性辯論時的講話)」(2015년 9월 28일), 『시진핑 총서기가 유엔설립70주년 시리즈 서밋에서 한 연설(習近平在聯合國成立70周年系列峰會上的講話)』, 인민출판사, 2015, 15-16면.

　　신시대 사회주의 문화강국 건설

는 종래로 변함이 없었다. 차이성을 포용하고 화합을 제창하는 것은 중화 민족이 오랜 역사 속에서 끊임없이 추구했던 것이다. 시진핑 총서기는 "중국인은 '협화만방(協和萬邦)', '친인선린, 국지보야[親仁善隣, 國之寶也, 이웃과 가까이 하고 인국과 우호적인 것은 우리의 국보이다]', '사해지내개형제야[四海之內皆兄弟也, 온 세상의 사람들이 모두 형제]', '원친불여근린[遠親不如近隣, 먼 친척보다 가까운 이웃이 더 낫다]', '친망친호, 린망린호[親望親好, 隣望隣好, 이웃은 이웃이 잘되기를 바라고, 친척은 친척이 잘되기를 바란다], '국수대, 호전필망[國雖大, 好戰必亡, 나라가 크더라도 호전적이라면 반드시 망하게 되어 있다]' 등 평화사상을 숭상해 왔다"고 지적했다.[11] 『예기·악기(禮記·樂記)』는 "樂이란 같아짐을 위한 것이요, 禮란 달라짐을 위한 것이다. 같아지면 친해지고, 달라지면 공경하게 된다(樂者爲同, 禮者爲異. 同則相親, 異則相敬)"라고 한다. '사물이 서로 똑같지 않은 것(物之不齊, 물지불제)'때문에 이른바 '화목 할 화(和)'의 경지와 추구가 있게 되었다. 중화의 문화에서 '화목 화(和)'는 '바를 평(平)', '편안할 녕(寧)', '어울릴 해(諧)', '같을 동(同)' 등 범주와 관련된다. '화목 화(和)'는 어성(語聲)이 조화를 이루어 화합의 뜻을 가진 '和諧'과 평화의 뜻을 가진 '和平'으로 연장되었다. 『좌전·상공 십일년(左傳·襄公 十一年)』에는 진도공(晉悼公)이 '팔년 사이 제후와 아홉 번의 회합을 가졌는데 음악의 조화처럼 화합을 이루었고 불협화음은 없었다(八年之中, 九合諸侯, 如樂之合, 無所不諧)'라고 말한 것으로 기재되었다. '화목 화(和)'는 중국철학에서 매우 중요한 범주로 만물의 다양성, 상

---

11   시진핑: 『공자 탄신 2565주년 기념 국제학술세미나 및 국제유학연합회 제5회 회원대회 개회식에서의 연설(在紀念孔子誕辰2565周年國際學術研討會暨國際儒學聯合會第五次国际儒学联合会第五屆會員大會開幕會上的講話)』(2014년 9월 24일), 인민출판사, 2014, 3면.

이성의 객관적 사실을 바탕으로 형성된 일종의 문화관념이다. 하늘과 사람간의 관계, 만물과 나와의 관계, 사람과 사람의 관계, 내부와 외부의 관계를 처리하는 실천준칙으로 되었다. 중화민족의 위대한 부흥을 실현하는 역사적 과정에서 중국은 중화 문명의 평화에 대한 자각적인 추구를 따라 세계가 영구적인 평화로 뚜벅뚜벅 걸어가도록 추진해 나갈 것이다.

시진핑 총서기가 문화교류와 관련하여 창도한 다양성과 평등성, 존중과 포용 등 이념과 원칙은 양호한 국제적 질서를 구축하는 문화적인 전제이다. 이와 같은 원칙을 지켜야만 각국 각 민족의 전면적인 거래는 양자와 다자 그리고 모두의 승리를 이끌어 낼 수 있다. 각국은 국제와 지역적인 차원에서 글로벌 파트너십을 구축할 수 있고 '대항이 아닌 대화, 동맹이 아닌 동행'의 관계로 국가간 거래의 새로운 길을 개척해 낼 수 있다.

제2절 문명의 교류와 배움

문명의 교류와 배움의 핵심은 다양한 문명간의 평등과 포용 관계에 대한 문제이다. 그의 목표는 인류문명의 미래 비전과 인류 미래의 평화 발전이 있는 곳이다. 인류 문명의 교류와 배움에 대한 중요한 연설에서 시진핑 총서기는 문명에 대한 교류와 배움의 의미, 거쳐야 할 길 내지 문화 소프트파워를 향상시키는 중요한 역할에 대하여 심도 깊은 논술을 했다. 이는 문명의 교류와 배움을 창도하고 추진하는 것은 문명의 다양성이란 객관적 사실을 기반으로 세계와 평화적 발전에 대한 기대를 보여준 것이다.

1. 교류와 배움은 문명이 발전하고 진보하는 동력이다

　　문명의 거래에 대한 시진핑 총서기의 중요한 논술에서 우리는 지행
합일(知行合一)을 향한 노력을 찾아볼 수 있다. '지(知)'란 인류문화의 다양
성에 대한 인식, 다양한 문명에 대하여 갖추어야 할 태도를 가리킨다. '행
(行)'이란 문명의 교류와 배움을 주장하는 것인데 역사유물주의적인 정확
하고 투철한 견해이다. 이미 발생된 인류 문명의 역사를 살펴보아도 인류
문명의 진보는 문명간의 교류와 배움을 바탕으로 하지 않은 것이 없다. 중
국의 미래 지향적 비전을 살펴보아도 중화 문화의 발전은 타 문명과의 교
류와 배움을 이탈할 수 없다. 세계의 미래 발전으로 보면 인류의 발전은 문
명의 교류와 배움을 떠날 수 없다.

　　시진핑 총서기는 "다양한 문명은 다양한 민족의 지혜와 공헌을 응축
하고 있다. 높고 낮음의 구별이 없을 뿐더러 우수함과 졸렬함의 구분도 없
다. 문명과 문명은 배척이 아닌 대화가, 대체가 아닌 교류가 필요하다. 인
류의 역사는 다양한 문명이 교류하고 배우며 융합하는 웅장하고 위대한
파노라마이다. 우리는 서로의 문명을 존중하고 평등하게 대하며 학습하고
배우며 청탁병탄(淸濁並呑)하고 창조적 발전을 추진해야 한다."라고 지적한
바 있다.[12] 인류문명의 다양성은 지구촌에 울긋불긋한 화려함을 부여했고,

12　시진핑: 「서로 손 잡고 협력상생의 새로운 동반자관계를 구축하고 한마음으로 인류운명
　　공동체를 건설하자-제70회 유엔총회 일반토론에서 한 연설(携手構建合作共贏新伙伴, 同心打
　　造人類命運共同體-在第七十屆聯合國大會一般性辯論時的講話)」(2015년 9월 28일), 『시진핑이 유엔
　　설립70주년 시리즈 서밋에서 한 연설(習近平在聯合國成立70周年系列峰會上的講話)』, 인민출판사,
　　2015, 18면.

제7장 문명 교류와 배움을 전개하자　　　　　　　　　　　　　───── 315

다양성은 교류를 가져왔으며, 교류는 융합을 잉태해 냈고 융합은 진보를 생산했다.

문명의 교류와 배움은 평등·포용·존중과 대화를 인식론의 전제로 하고 뽐내 지도 폄하 하지도 말아야 한다. 모든 문명의 장점과 단점을 객관적이고 공정한 시선으로 인식해야 한다. 자체의 문화 토양과 전통을 기반으로 개방과 포용으로 평등하게 대하고 존중해야 효과적으로 교류할 수 있다. 우선 '인류의 문화는 다채롭고 눈부신 다양성을 지니고 있고 인간의 보편적인 본성을 뿌리로 하고 있다.'[13] 다양한 문화가 서로 소통하고 배움을 가질 수 있는 것은 인류가 대체적으로 비슷한 생활 경험을 갖고 있어 문제와 어려움에 봉착했을 때 서로 보완하면서 아이디어를 찾아갈 수 있기 때문이다. 서로 다른 문화는 내부적으로 서로 다른 공동체로 구분할 수 있다. 예로, 성별, 언어, 종교 등이 있는 데 다양한 문화중 동일한 성별, 언어, 종교의 공동체는 유사한 관점, 습관을 보유하고 있을 수 있다. 마지막으로 사회의 발전 변화와 더불어 전통과 현대에 대한 시각과 관련하여 동일한 문화 내부에 서로 다른 목소리가 있을 수 있고 타문화속에서 새로운 해석을 찾을 수 있다. 그리하여 다양한 문화간의 교류와 배움은 기반과 가능성이 있게 되었다.[14] 이로부터 인류 집단 간 교류와 협력을 촉진하는 것은 인류 발전에 지대한 역할을 일으킨다.

시진핑 총서기의 문명의 교류와 배움에 대한 중요한 논술은 아래 두 가지에 힘을 부여하고 있다.

---

13 유네스코 세계문화와 발전 위원회 편집: 『문화 다양성과 인류의 전면적 발전-세계문화와 발전위원회 보고서』, 장위귀 번역, 광둥인민출판사, 2006, 32면.

14 같은 책, 2-3면.

신시대 사회주의 문화강국 건설

첫째, 인류의 문명 역사는 교류와 배움의 역사이다. 인류가 진보하고 발전한 역사는 생산력이 진보한 역사이고 문명 간 교류와 대화를 진행한 역사이다. 교류와 배움이 있어야 문명은 생명력을 가질 수 있다. 끊임없이 교류하고 비교하며 배우는 과정에서 문명에 생기를 불어 넣을 수 있고 활력을 부여할 수 있다. 중화 문명은 5,000여 년의 역사적 변화를 거쳐왔으나 여전히 그 맥을 이어왔으며 중화민족의 가장 깊이 있는 정신적 추구를 축적하고 있고 중화민족의 독특한 정신적 지표를 대표하고 있으며 중화민족이 대대로 전승하고 발전창대하는 데 필요한 자양분을 공급했다. 중화 문명은 중국의 대지에서 탄생한 문명일 뿐더러 기타 문명과 교류하고 배우면서 형성된 문명이다. 중화민족의 형성과정은 곧 문화가 교류되고 융합되는 과정이다. 중국 전통사회의 주류 이념이었던 유가 사상은 법가, 도가와 음양가 등 본토의 사상을 흡수하고 융합시켰을 뿐더러 외국에서 들어온 문화자원 이를테면 인도의 불교 사상도 받아들였다. 교류와 배움이 없었다면 중화 문명은 이처럼 눈부실 수가 없다.

역사에서 제국의 확장, 식민 활동, 무역, 전쟁, 종교적 전파, 민족의 융합 등 요소들은 문명이 대화하고 교류하는 중요한 형식이었다. 근본적으로 보면 문명 교류와 대화는 생산력의 발전이 결정한 것이다. 이 과정은 또한 세계 역사가 형성되는 과정이기도 하다. 인류문명의 조기, 문명의 교류 범위는 지역적인 것이다. 칼 야스퍼스(Karl Theodor Jaspers)의 『역사의 기원과 목표(Vom Ursprung und Ziel der Geschichte)』에서 제기된 '축의 시대(Axial Age)'에서 조차 인도 문명, 그리스 문명, 헤브루 문명, 이란 문명과 중국의 문명은 각자의 문명권 내부에는 통합과 교류가 있었지만 그 문명권밖에서는 세계적이고 보편적인 교류를 결코 형성하지 못하고 있었다. 세계적 문명 교류는 대항해시대의 도래와 유럽 문명의 글로벌 선도적 지위의 건립과 더불어 진척된 것이며 이 과정은 유럽 열강이 세계 각지에서 단행했던 야만적 약탈과 피비린내 나는 식민 활동에 수반되었고 또한 유럽의 선진 생산력이 글로벌 사회로 확산되는 과정이었다. 마르크스와 엥겔스는 대공업 발전의 세계역사에 대한 영향과 관련하여 "세계역사의 지평을 열었다고 볼 수 있다. 매 문명 국가 및 국민 개인의 수요 충족을 전 세계에 의존했기 때문이다. 그리고 각국이 과거에 자연스럽게 형성했던 폐쇄 상태에 종지부를 찍었다."[15] 이 과정 속에서 "상호 영향을 미치는 활동범위가 이 발전 과정에서 확대되면 될수록, 각 민족 최초의 폐쇄 상태가 날로 개선되는 생산방식과 왕래 그리고 왕래과정에서 자연스럽게 형성된 다양한 민족 간 분업이 소멸되는 정도가 높을수록 역사는 세계적인 역사로 되어갔다."[16]

　　20세기 70년대 이후 글로벌화 시대의 도래와 더불어 인적 유동, 자본과 과학기술의 세계적인 거대한 흐름은 이미 전례 없는 수준에 이르렀다. 세계 각국의 문명 또한 교류와 더불어 글로벌화 물결을 타게 되었고 문명 교류 분야의 글로벌화 움직임이 시작되었다. 각국, 각 민족의 문명으로 구성된 세계 문명은 사람들이 문화를 선택하는 권리와 누리는 권리를 최대한 풍부하게 했다. 하지만 여러 나라의 발전에는 큰 차이가 있었다. 이러한 글로벌화 과정에서 나라간 문화와 문명의 교류에는 큰 불평형이 존재했다. 미국은 글로벌 언어 체계 속에서 영어가 차지하는 천연적인 우세와 본국의 강력한 경제력 그리고 문화산업이 갖고 있는 막강한 우세로 글로벌

15　『마르크스엥겔스선집(馬克思恩格思選集)』제1권, 인민출판사, 2009, 566면.
16　같은 책, 540-541면.

문명 교류 속에서 패주의 자리에 올랐다. 미국의 문화 제품과 매체 체계는 타국의 문화발전에 지대한 충격을 주었고 심지어 서방 선진국조차 그의 충격파를 느낄 수 있었다. 캐나다와 프랑스는 미국 문화 제품의 자국 문화 산업에 대한 압박에 저항하기 위해 '문화적 예외(cultural exception)'라는 주장을 제기하고 미국문화의 압박에서 벗어나 자국 문화의 독립성과 문화산업 발전을 지켜내려고 시도한 바 있다. 기타 국가에서도 '문화적 예외'의 책략으로 미국 및 기타 선진국이 문화산업과 문화 전파 영역에 미치는 막강한 영향력에 대응하며 자국의 전통문화와 매체 체계 수호를 원했다.

20세기 90년대 후 유엔 및 세계 각국의 공동 노력 속에서 세계문화의 다양성을 지켜내는 전략이 점차 '문화적 예외' 전략을 대체해 갔고 글로벌 합의로 자리잡아 갔다. 유네스코가 2005년 11월 9일 통과시킨 『문화적 표현의 다양성 보호 및 증진 협약』은 문화 다양성은 인류의 기본적 특성이고 인류의 공동 유산이며 인류의 이익을 위해 귀중히 아껴야 한다. 『문화적 표현의 다양성 보호 및 증진 협약』의 '서언'은 '문화의 다양성이 다채로운 세계를 창조했음을 의식한 후 인류에게 보다 많은 선택의 여지를 주었고 스스로의 능력을 향상시키고 가치관이 형성되게 했으며 결과적으로 각 커뮤니티, 민족과 각국이 지속적으로 발전하는 주요한 추진력이 되었다'.[17] 이는 인류가 최초로 글로벌 합의의 방식으로 각국과 각 민족이 문화 제품과 서비스 무역의 방식으로 문명 교류를 진행했던 표지적 성과이며 인류 문명이 교류하고 배우는 새로운 시대를 열었다.

글로벌 문명 교류는 전례없이 편리해 졌고 이로부터 다양한 문명 간

---

17   문화부 외련국(外聯局)편집: 『유네스코 세계문화보호협약 편찬』, 법률출판사, 2006, 1면.

에 존재했던 종교적 바운더리, 민족 국가적 바운더리와 자연 공간적 바운더리로 비롯된 완충지대와 격리 지대가 사라져 버렸다. 글로벌화 진척과정에서 약세 혹은 열세에 처해 있던 문명의 경우 내부적으로 문화 보수주의, 문화 고립주의와 원리주의(fundamentalism)의 붐이 일어났고 이는 글로벌 문명 교류에 만만치 않은 도전으로 되었다. 그러므로 다양한 문명간의 가치관 차이는 사람들이 글로벌화 순익을 누릴 때 반드시 직면해야 할 문제가 되었다.

유네스코 세계문화와 발전위원회의 『문화 다양성과 인류의 전면적 발전-세계문화발전위원회 보고서(Report of the world commission on culture and development)』는 '세계에는 고립적으로 존재하는 문화가 없다. 폐쇄된 총체를 형성할 수 있는 문화란 없다. 모든 문화는 타 문화의 영향을 받게 될 것이며 역으로 타 문화에 영향을 미친다.'[18] 중화 문명이 오랫동안 지속될 수 있었던 것은 여러 가지 문화를 포용하고 융합한 결과이다. 유네스코 본사에서 했던 연설에서 시진핑 총서기는 중화민족의 5,000년 문명의 역사를 거슬러 올라가 문명의 교류와 배움의 큰 의미를 설득력 있게 논증했다.

작금의 시대에서 과학기술과 교통 특히 정보와 인터넷의 발전은 문화의 소통을 위해 극히 편리한 조건을 만들어주었다. 다양한 문화, 종교, 사회제도속에서 살고 있는 사람들이 날로 빈번한 경제적 교류와 문화적 교류의 과정 속에서 운명공동체를 형성했다. 인류는 오늘처럼 긴밀히 연결된 적이 없고 글로벌화가 거침없이 진척되고 있다. 다원적 문명의 세계

---

18   유네스코 세계문화와 발전 위원회 편집: 『문화 다양성과 인류의 전면적 발전-세계문화와
      발전위원회 보고서』, 장위궤 번역, 광둥인민출판사, 2006, 16면.

속에서 소통과 대화가 더욱더 중요하게 부각되었다.

둘째, 문명의 교류와 배움은 인류문명의 공동 발전을 촉진했다. 유네스코 본사에서 진행했던 연설에서 시진핑 총서기는 중국의 문화와 서방의 문화가 교류 되었던 모범 사례들을 예로 들면서 다양한 문화간의 교류는 인류문명의 진척을 촉진했다고 설명했다. 중국의 종이, 화약, 인쇄술, 나침반 등 네 개의 발명은 세계의 변혁을 이끌어냈고 유럽 르네상스의 발생 (종이와 인쇄술은 유럽 문예부흥과 종교개혁을 가속화 시켰고 화약은 서유럽 시민 계층이 봉건 세력을 궤멸하는 강력한 무기로 활용되었고 나침반은 유럽 항해업 발전과 세계시장의 개척을 이끌었다)을 추진했다. 러셀은 『서방철학사(西方哲學史)』에서 다양한 문명간의 교류와 전승의 역사를 돌이켜 보았다. '아라비아 인은 동로마제국의 문명을 받아들이기 시작했다…아라비아 학자들은 그리스 서류를 읽고 주문과 해석을 달아주었다. 아리스토텔레스의 명성 또한 이들의 공이 크다…대수학은 알렉산드리의 그리스인들이 발명한 것이지만 아라비아인들에 의해서 한층 앞으로 발전시켰다…아라비아인은 연금술을 연구하면서 그리스 철학사상을 적용한 적이 있다…오직 그들만(기독교 신자가 아닌)이 동로마제국에서 보존된 그리스 전통의 직접 계승자이다. 스페인 그리고 작게는 시칠리아에서 회교도와의 접촉이 있었기에 서방세계가 아리스토텔레스를 알게 되었다. 이 밖에도 아라비아 숫자, 대수와 화학도 예로 들 수 있다. 이와 같은 접촉으로 말미암아 11세기 문예 르네상스가 시작되었고 스콜라 철학으로 다시 연결되었다…13세기 후 그리스 연구를 통해 플라톤과 아리스토텔레스 혹은 기타 고대 그리스 작가들의 작품을 읽기 시작했다.'[19] 이와 같은 중요한 문화교류로 말미암아 인류문명의 발전 역사에 이정표가 세워지기 시작했다. 인류문명의 중요한 진보는 교류와 배움

속에서 취득한 것이다.

　문명의 교류와 배움은 인류가 발전 진보하는 내적요구이다. 문명의 교류와 배움에 있어서 매 한가지 문명의 독특한 가치를 존중하며 문명의 특수성, 개성을 강조하며 문명과 특정 민족, 그리고 국가의 내적 관련성을 강조한다. 서양 사상사에서 헤르더(Herder)로부터 슈펭글러(Spengler)에 이르기까지 토인비에서 헌팅턴에 이르기까지 모두 특수성의 시각에서 문명과 변화를 살펴보았다. 이와 같은 시각은 진보주의와 본질주의 역사관이 문명의 지역성, 민족성, 복잡성, 다양성과 유기성에 대한 인식의 깊이가 부족한 문제를 극복하는 데 이롭다. 어떤 문명을 막론하고 역사성, 합리성과 독특성은 중요한 의미가 있다. 작금의 세계에서 다양한 문명이 보유하고 있는 가치의 차이성, 독특성을 강조하는 것은 다양한 발전의 단계, 다양한 가치 취향을 가진 문명 간에 평등하게 교류하고 배움을 가지는 데 이롭다.

　생산력의 발전의 법칙에서 살펴보면, 이와 같은 평등한 교류와 배움은 전체적으로 볼 때 전체 인류의 공동 진보를 촉진한다. 마르크스와 엥겔스는 『공산당선언』에서 자본주의는 필연적으로 멸망하고 사회주의는 필연적으로 승리한다는 '두 가지 필연'에 대하여 논증한 바 있다. '자산계급의 멸망과 무산계급의 승리와 마찬가지로 피할 길이 없다.'[20] 마르크스는 『「정치경제학비판」서언』에서 '두 가지 한번도'를 제기한 바 있다. '어떤 사회 형태를 막론하고 수용할 수 있는 모든 생산력이 모두 발휘되기 전에는 한번도 멸망된 적이 없다; 새롭고 보다 높은 수준의 생산관계의 경우 그의

19　[영국]러셀(Russell): 『서방철학사(西方哲學史)』(상), 허짜오우(何兆武), 조셉.리(李约瑟)번역, 상무인서관, 1991, 356-357면.

20　『마르크스엥겔스선집(馬克思恩格思選集)』제2권, 인민출판사, 2009, 43면.

물질 존재 조건이 낡은 사회의 태아 포의(胞衣)에서 성숙되기 전에 한번도 나타난 적이 없었다.'[21] 이 두 가지 과학적 논단은 인류사회 역사발전의 법칙을 밝혔고 인류문명이 발전하고 진보하는 이론의 초석을 구성했다.

장기적으로 볼 때 자본주의 문명은 사회주의 문명에 의해 전면적으로 대체된다. 하지만 현실적으로 보면 작금의 시대에서 자본주의 사회는 여전히 생산력의 발전 공간이 남아 있다. 사회제도로서 자본주의는 여전히 장기적으로 존재하고 있고 사회주의와 자본주의의 두 가지 제도 간 경쟁은 장기적으로 존재하게 된다. 생산력을 향상시키고 발전시키는 것은 여전히 중국 특색 사회주의가 발전하고 진보하는 중요한 역사적 과제이다. 그러므로 시진핑 총서기의 문명의 교류와 배움에 대한 중요한 논술이 세계평화와 각국의 공동 발전을 촉진하는데 대한 진보적인 시대적 의미를 충분히 인식하고 각국 각민족문명간의 상호 교류와 배움에 적극 참여하며 나라의 문화 소프트파워를 향상시켜 눈부시고 새로운 높이를 가진 중화 문명을 개척해 나가야 한다는 것이다. 더불어 인류문명의 다양성을 지키고 서로 다른 문명 간 귀감이 되며 인류 문명의 역사적, 통합적인 진보를 추진하며 보다 높은 차원에서 인류 문명의 공동 가치는 내적 일치성을 찾아가야 한다는 것이다.

---

21 『마르크스엥겔스선집(馬克思恩格思選集)』제2권, 인민출판사, 2009, 592면.

2. 문명의 교류와 배움을 전개하자

다양한 문명을 평등하게 대하고 다양한 문화 가치를 포용하고 존중해야 인류는 모두의 장점을 모아 여러 가지 난국과 난제를 함께 헤쳐나갈 수 있다. 문화의 다양성이란 객관적 사실을 인류가 함께 발전하는 활력과 동력으로 전환할 수 있고 페이샤오퉁(費孝通)선생이 말하는 아름다움이 함께 어울리는 세상으로 될 수 있다.

(가) 다양한 문명을 평등하게 대한다 시진핑 총서기는 유네스코 본부에서 한 연설에서 다음과 같이 피력했다. "문명은 평등하다. 인류 문명은 평등하기 때문에 교류에 전제가 있다. 각종 인류문명은 가치적으로는 평등하다. 각자의 장점이 있고 각자의 단점이 존재한다. 세상에는 완벽한 문명이 없고 단점 뿐인 문명도 없다. 문명은 높고 낮음, 우수함과 조악함의 구분이 없다."[22] 각종 문명의 참 뜻을 이해하고 평등하고 겸허한 태도를 가져야 한다. 오만과 편견은 문명의 교류와 배움에 있어서 가장 큰 걸림돌이라는 것을 역사와 현실은 보여주고 있다.

평등은 글로벌 교류의 중요한 원칙이고 문명의 교류와 왕래의 모든 분야에 관통되어 있다. 사람은 태어나면서부터 평등하고 계급, 성별, 종족, 단체, 연령과 무관하게 모든 사람은 평등한 권리를 누린다. 세계 문화와 발전위원회 페레스 데 쿠에이라(Perez de Cuellar) 주석은 『문화 다양성과 인류의

---

22 시진핑: 『유네스코 본사에서 한 연설』(2014년 3월 27일), 『제3회 핵안보정상회의 참가 및 유럽4국 방문과 유네스코본부, 유엔본부 방문시의 연설』, 인민출판사, 2014, 11면.

전면적 발전-세계문화발전위원회 보고서』에서 "모든 회원국은 평등 원칙을 고수하고 인류 평등은 세대를 이어서 전해 짐을 굳게 믿는다. 모든 회원국은 인류가 진보와 개량을 추구하는 보편적 의의를 충분히 인정하고 서로 다른 경로를 통해 같은 목적을 취득할 수 있음을 믿는다. 모든 회원국은 문화는 인류 행위의 다양한 패턴을 해석하는 핵심적 구성요소이고 인류의 지속적 발전을 촉진하는 결정적 요소임을 굳게 믿는다."[23] 다양한 문명의 지위가 평등함을 인지하는 것은 문명이 교류하는 전제이다. 평등한 문명 의식을 가져야 각종 문명 가치를 발견할 수 있고 다양한 문명을 포용하고 존중할 수 있으며 나아가 문명의 교류 속에서 서로 귀감이 되고 함께 인류 문명의 진보를 촉진할 수 있다.

인류 문명의 발전 역사에서 서방 사회는 계몽운동을 거친 후 앞장서 산업 문명의 시대로 들어갔고 생산력은 크게 진보했다. 이와 더불어 서방은 기타 국가의 위대한 문명의 우세에 대하여 '서방중심론'을 분만 시켰고 기타 문명의 가치를 배척하고 가볍게 보았다. '서방중심론'은 인류의 공동발전에 불리하고 나아가 문명이 발전하는 저력과 충돌의 진원지 였음이 사실로 이미 증명되었다. 편견을 내려놓고 각종 문명의 존재의 가치를 평등하게 바라보아야 인류 문명의 번영과 발전을 보다 훌륭하게 촉진할 수 있다.

(나) 포용 정신을 견지한다 모든 문명은 각자 독특한 가치와 내용을 갖고 있기 때문에 세계 문명의 숲 속에서 서로 다른 모습을 보여줄 수 있

---

23 유네스코 세계문화와 발전 위원회 편집: 『문화 다양성과 인류의 전면적 발전-세계문화와 발전위원회 보고서』, 장위궈 번역, 광동인민출판사, 2006, 3면.

게 된다. 이처럼 서로 다른 문명 요소들은 현란하고 아름다우며 풍부한 세계 문화를 구성했다. 중국의 전통문화는 '화이부동(和而不同)'을 주장하고 있는데 이는 설사 서로 다른 관점을 가지고 하더라도 상호보완하고 조화롭게 공존할 수 있다는 관점이다. 작금의 세계에서 이를 실천하려면 서로 다른 가치관, 생활방식, 이념, 사회제도를 포용할 수 있는 기품과 배포를 우선 갖추어야 한다.

시진핑 총서기는 인류의 문명은 포용이 있기 때문에 교류와 배움의 동력이 있게 되었다고 지적했다. '세상에서 가장 넓은 것은 바다라 하지만 바다보다 더 넓은 것은 하늘이고 하늘보다 더 넓은 것은 사람의 흉금이다.'[24]라는 프랑스 문호 위고(Victor Hugo)의 명언을 인용하면서 서로 다른 문명을 대함에 있어 우리는 하늘보다 더 넓은 흉금이 필요하다고 강조했다.[25] 다양한 인류 문명은 세상에 현란함과 화려함을 부여했다. 다양성은 교류를 가져왔고, 교류는 융합을 잉태 시켰으며 융합은 진보를 생산했다.

인류가 창조한 각종 문명은 모두 노동과 지혜의 결정이다. 모든 문명은 인류의 발전을 위해 지혜와 에너지를 기여했다. 그러므로 각종 문명 간에 서로 다른 가치관, 생활 방식 그리고 사회 제도가 있다 할지라도 포용의 도량으로 그가 존재하는 합리성을 이해해야 한다. 우열과 등급을 나누는 선입견을 가지고 타 문화의 의미와 가치를 가벼이 보아서는 안된다. 유

---

24   시진핑: 『유네스코 본사에서 한 연설』(2014년 3월 27일), 『제3회 핵안보정상회의 참가 및 유럽4국 방문과 유네스코본부, 유엔본부 방문시의 연설』, 인민출판사, 2014, 15면.

25   시진핑: 「서로 손 잡고 협력상생의 새로운 동반자관계를 구축하고 한마음으로 인류운명공동체를 건설하자-제70회 유엔총회 일반토론에서 한 연설」(2015년 9월 28일), 『시진핑이 유엔설립70주년 시리즈 서밋에서 한 연설(習近平在聯合國成立70周年系列峰會上的講話)』, 인민출판사, 2015, 18면.

네스코와 유엔의 세계 문화와 발전위원회는 『문화 다양성과 인류의 전면적 발전-세계 문화와 발전위원회 보고서』에서 포용은 그 자체가 곧 건설적이고 적극적인 태도라고 지적했다. "존중은 용인을 뜻할뿐더러 타인에 대한 보다 적극적인 태도 즉 나와는 다른 타인의 생활방식, 창조적인 다양성을 향해 격려와 박수를 보내는 태도를 내포하고 있다."[26] 다양한 문명은 다양한 민족의 지혜와 기여를 응축하고 있고 높고 낮음과 우열의 구분이 없다. 다양한 문명이 공존하고 있는 세계에서 포용의 배포가 클 수록 장족의 발전과 진보를 가져올 수 있다.

중화 문명이 형성된 역사는 문화 포용, 문화 융합의 역사이다. 중화 문화는 외래 문명과 충돌하고 배척하는 경우가 매우 드물며 항상 포용의 자세를 보였고 유익한 부분은 자국 문화의 토양 속에 옮겨 심었다. 이와 같이 온갖 하천을 받아들이는 '해납백천(海納百川)'같은 포용의 자세는 깊이 있고 위대한 중화 문명을 조성했고 '오색이 서로 비추어 빛나고 서로를 돋보이게 한다. 여덟 가지 악기가 합주하나 조화롭고 잔잔하다'는 문화 구도를 형성했다. 중국의 문명이 창도하는 '화이부동'의 이념, 구동존이(求同存異)의 문화 책략은 인류문명이 공존하고 서로 귀감이 되는 길을 넓혀주었다.

(다) 서로를 존중하고 상호 귀감이 되어야 한다 인류 역사에서 각자의 문명은 인류 진보를 위해 본연의 노력을 다 했으므로 각종 문화는 응당 서로를 존중해야 한다. 서로를 존중해야 문화 교류 속에서 서로에게 귀감

---

26   유네스코 세계 문화와 발전 위원회 편집: 『문화 다양성과 인류의 전면적 발전-세계 문화와 발전위원회 보고서(文化多樣性與人類全面發展-世界文化與發展委員會報告)』, 장위궈(張玉國) 번역, 광둥인민출판사, 2006, 1면.

이 되며 장점을 취하여 단점을 보완할 수 있다. 서로를 존중해야 문화의 교류 속에서 창조적 전환과 혁신적 발전을 가져올 수 있으며 인류의 공동 진보를 위해 지혜의 원천을 제공할 수 있다.

시진핑 총서기는 다음과 같이 말한 바 있다. "문명이 함께 공존하려면 화이 부동의 정신이 필요하다. 다양성 중에서 서로 존중하고 서로의 귀감이 되며 화합하고 공존해야 풍부하고 다채로우며 생기발랄하게 성장할 수 있다. 다양한 민족은 다양한 민족의 지혜와 기여가 응축되어 있고 높고 낮음과 우열의 구분이 없다. 문명과 문명은 배척이 아닌 대화를 해야 하고 대체가 아닌 교류를 해야 하다. 인류 역사는 다양한 문명이 서로 교류하고 귀감이 되며 융합하는 웅장한 그림이다. 우리는 각자의 문명을 존중하고 평등하게 대하며 서로 배우고 귀감이 되며 수용하고 축적이 되면서 인류 문명의 창조적 발전을 추진해야 한다."[27]

존중은 각종 문명이 존재하는 가치에 대한 인식을 기반으로 하고 '타인과 나의 관계'에 대한 변증적 분석을 기반으로 한다. 시진핑 총서기는 각 민족의 문명을 존중해야 한다고 지적했다. 본 국가 본 민족은 스스로의 사상문화를 아끼고 지켜야 하는 동시에 타국과 타민족의 사상문화를 승인하고 존중해야 한다. 모든 국가와 나의 민족은 강함과 약함, 크고 작음의 구분이 없고 그의 사상 문화는 승인과 존중을 받아야 한다.[28]

---

27 시진핑: 「서로 손 잡고 협력상생의 새로운 동반자관계를 구축하고 한마음으로 인류운명공동체를 건설하자-제70회 유엔총회 일반토론에서 한 연설(携手構建合作共贏新伙伴, 同心打造人類命運共同體-在第七十屆聯合國大會一般性辯論時的講話)」(2015년 9월 28일), 『시진핑이 유엔설립70주년 시리즈 서밋에서 한 연설(習近平在聯合國成立70周年系列峰會上的講話)』, 인민출판사, 2015, 18면.

28 시진핑: 『공자 탄신 2565주년 기념 국제학술세미나 및 국제유학연합회 제5회 회원대회

존중은 문화 교류의 기본적 전제의 하나이다. 문화교류 과정에서 존중의 마음을 갖고 있어야만 길고 짧음을 알 수 있고 선과 악을 선택할 수 있으며 여러 장점을 널리 받아들여 유용하게 쓸 수 있다. 존중의 마음이 없으면 인류 문명 발전의 길은 협소한 처지에 빠질 수 있다.

각종 문명 간의 상호존중을 실현하는 것은 인류 문명의 미래를 관심하는 사상가들의 공동 인식이다. 슝스리(熊十力)는 "미래의 대동 세계는 각종 문화 시스템에 더욱 의지하게 된다. 서로의 장점을 보여주고 서로 비교하고 배우며 취하고 버리며 융합해야만 대동의 행복을 누릴 수 있다. 그렇지 않을 경우 인류 정신은 퇴폐의 우려가 있다."[29]라고 한 바 있다. 첸무(錢穆)선생은 인류가 미래사회에서 이상적인 세계문화를 구축하려면 서로 다른 문명 간에 서로 존중하고 상호보완하는 것을 전제로 해야 한다고 보았다. 첸무선생은 "세계문화 창건은 우선 인류 역사 속의 다채로운 문화 전통에 대하여 각자 그의 존재를 평등하게 대해야 한다. 다음, 서로의 다름 속에서 같음을 찾고 같음 속에서 다름을 보아야 하며 모두의 다름 속에서 같음을 볼 수 있고 세계 각 민족의 서로 다른 장점을 취해 화합하고 소통하면서 이상적인 세계 문화를 만들어야 한다."[30] 두워이밍(杜維明)은 멀지 않은 장래에 반드시 실현하게 될 공동체 속에서 "다양성을 진정으로 수용함으로써 진심 어린 관용에서 서로 간의 존중으로 향하며 결과적으로는

개회식에서의 연설』(2014년 9월 24일), 인민출판사, 2014, 9면.

29   슝스리: 「중국학술사상의 자립의 길(中國學術思想的自立之道)」, 『중국현대학술의 경전·슝스리편(中國現代學術經典·熊十力卷)』, 허베이교육출판사, 1996, 533면.

30   첸무: 『중국역사연구법(中國歷史研究法)』, 대북동대도서회사, 1988, 126면.

서로 기꺼이 인정해 줄 수 있다."[31] 페이샤오퉁이 제기한 "각자의 아름다움으로 그 아름다움을 이해하고, 아름다움과 아름다움이 함께 어울리면 세상은 하나가 된다(各美其美, 美人之美, 美美與共, 天下大同)"[32]는 16자 잠언은 중국 전통 지혜가 당대 문화교류에 대한 계발을 충분히 보여주었고 문명 간의 상호존중은 세상이 하나가 된다는 '천하대동(天下大同)' 사상의 이론적 기초이다.

(라) 문명의 대화와 교류를 펼친다 문명 대화는 문명의 교류와 배움의 중요한 경로이다. 2013년 6월, 시진핑 총서기는 멕시코 참의원을 방문하면서 중국과 라틴아메리카는 문명 대화와 교류를 강화하는 것이 필요하고 '각자의 아름다움' 뿐만 아니라 '그 아름다움을 이해하고 아름다움과 아름다움이 함께 어울리면서' 다양한 문명이 조화롭게 어울리고 서로를 밀어주는 모범으로 될 수 있다고 말했다.[33] 2014년 2월 시진핑 총서기는 러시아 소치에서 파풀리아스 그리스 대통령과의 만남에서 중국과 그리스는 모두 문명고국으로 높은 흡인력을 갖고 있다면서 쌍방은 인문 교류를 강화하고 문명의 대화와 배움을 촉진해야 한다고 제기했다.[34] 2014년 3월 유네스코 본사에서 한 연설, 2015년 3월 보아오 아세아 포럼 연례회의 개회

---

31   [미국] 두워이밍: 『유가의 전통과 문명의 대화』, 펑궈샹(彭國翔) 번역, 인민출판사, 2010, 89면.

32   페이샤오퉁: 『문화와 문화의 자각(文化與文化自覺)』, 군언출판사, 2016, 448면.

33   시진핑: 「중국과 라틴아메리카 관계를 추진하여 보다 큰 발전을 실현(推動中拉關係實現新的更大發展)」, 『시진핑 국정운영을 논함』, 외문출판사, 2014, 311-312면.

34   「시진핑 총서기가 파풀리아스 그리스 대통령을 회견(習近平會見希臘總統帕普利亞斯)」, 『인민일보』, 2014년 2월 8일, 1면.

식의 기조연설, 2018년 보아오 아세안 포럼 연례회의 개회식의 기조연설에서 시진핑 총서기는 서로 다른 문명은 우열의 구분이 없고 특색의 구분만 있을 뿐이라고 거듭 지적했다. '서로 다른 문명의 서로 다른 발전 패턴으로 교류하고 대화하는 것을 촉진하고 경쟁과 비교 속에서 장점을 취하고 단점을 취하며 교류와 배움 속에서 함께 발전하며, 문명 교류와 배움이 각 국 국민들의 우의를 증진하는 교량, 사회 진보를 촉진하는 동력, 지역과 세계 평화를 지키는 기제가 되어야 한다'라고 강조했다.[35]

문명 간 대화는 인류가 서로의 문명과 교류하고 배워 가는 중요한 방식이다. 서로 다른 문명이 서로를 이해하고 포용하면서 공동의 인식을 찾아가고 문명의 교류를 촉진하며 인류의 평화를 지켜낸다. 20세기 90년대 이후 글로벌 지식계는 문명 대화를 위해 목표성 이슈 이를테면 서로 다른 종교를 뛰어넘는 보편적 윤리, 문명 간 중첩적 합의 (Overlapping consensus), 상이한 문명의 가치 영역에서의 최대공약수, 문명 간 공유가치 혹은 공유가 가능한 가치 등을 제기했다. 아울러 유엔은『문화적 표현의 다양성 보호와 촉진을 위한 협약』을 출범시켰다.

유네스코는 글로벌 문명 간 대화의 중요한 창도자와 산파이다. 문화의 다양성을 기반으로 한 문명 간의 대화를 제창한다. 1998년 유엔이 통과

---

35 시진핑:『제3회 핵안보정상회의 참가 및 유럽4국 방문과 유네스코본부, 유엔본부 방문시의 연설(出席第三屆核安全峰會并訪問歐州四國和聯合國科教文組織總部, 歐盟總部時的演講)』, 인민출판사, 2014, 15면;「운명공동체를 향해 매진하고 아시아의 새로운 미래를 개척하자-보아오아시아포럼2015년 연례회의개회식에서 한 기조연설(邁向命運共同體開創亞洲未來-在博鰲亞州論壇2015年年會開幕式上的主旨演講)」,『인민일보』, 2015년 3월 29일 1면;「개방으로 함께 번영을 창조하고 혁신으로 미래를 선도-보아오아주포럼2018년연례회의 개막식에서 한 기조연설(開放共創繁榮創新引領未來-在博鰲亞州論壇2015年年會開幕式上的主旨演講)」, 인민출판사, 2018, 8면.

시킨 53/22호 결의는 2001년을 'UN문명 간 대화의 해'로 확정했다. 2000년 9월 유네스코는 우즈베키스탄 타슈켄트 지역에서 종교 간 대화에 대한 국제회의를 소집하고 이슬람 문명과 기독교 문명 간의 대화와 이해를 집중하여 토론했다. 2001년 4월 유네스코는 리투아니아 빌니우스에서 '문명 간 대화의 국제회의'를 소집했다. 회의는 세계문화의 다양성과 각종 문화의 평등 및 존엄 등과 관련하여 공동 인식을 도출했다. 2001년 11월 9일, 유네스코 제31회 회의는『세계문화 다양성 선언』을 통과시켰다. 2002년 12월 20일, 유네스코는 2003년부터 5월 21일을 '발전과 대화를 위한 세계 문화 다양성의 날'로 정한다고 발표하고 문화 다양성과 문명 대화 간에는 긴밀한 연계가 존재함을 확인했다. 2003년 9월, 카자흐스탄 수도 아스타나에서 소집된 제1회 세계종교대회에서 중국 대표단은 종교가 국제사회에서 평화 증진의 역할을 함에 있어서 반드시 지켜야 하는 5가지 원칙 즉 '겸용·교류·대화·공존·발전'을 제기했다. 2004년부터 유네스코는 '세계문화포럼'을 개최하여 문화 다양성을 포함한 문화 문제를 토론하기 시작했다. 2004년 2월, 유네스코는 예멘의 사나에서 '문화와 문명 간의 대화' 세미나를 소집하고 아랍 문화의 타 문화에 대한 기여, 동서 문화의 대화 등을 토론했다. 2004년 12월 유네스코는 베트남 하노이에서 아태지역 '평화와 지속적 발전'을 주제로 한 문화와 문명의 대화에 대한 대회를 소집했다. 2005년 10월 유네스코는『문화적 표현의 다양성 보호와 증진 협약』을 통과시켰고 해당 협약은 2007년 3월 18일부터 발효되었다. 2007년 10월 마케도니아공화국 문화부와 유네스코가 공동으로 '세계 종교와 문명의 대화회의'를 개최하고 '종교와 문화의 평화에 대한 기여, 상호 존경과 공존'을 주제로 했다. 2009년 9월, 유네스코 제35회 대회 제 34C/4호 문건은 문명 간 대화와 문화 다양성을 추진할 데 대한 행동 강령을 계속하여 명확히 했다.

중국은 세계 문명 간 대화의 적극적인 참여자와 창도자이다. '니산 세계문명포럼'은 중국 고대의 위대한 사상가, 교육가인 공자의 탄생지 니산(尼山)의 이름에서 나왔다. 대회는 유네스코가 창도하는 세계의 서로 다른 문명간 대화를 주제로 하고 세계문화의 다양성을 지키고 다양한 문화 간 교류를 촉진하며 조화로운 세계의 건설을 추진하는 것을 목적으로 했다. 대회는 국제적, 개방적인 행사로서 학술성과 민간성을 결합하여 글로벌 문명 간의 대화와 교류를 적극 추진했다.

타이후(太湖) 세계문화포럼은 중국이 창립한 고품격, 비공식적인 국제문화포럼이다. 타이후 세계문화포럼은 세계문명의 대화 및 지역 문명의 연대를 추진하는 데 주력하여 영구적이고 개방적이며 다원화와 포용적인 고품격의 대화 플랫폼을 조성하는 것을 취지로 했다. 이 포럼은 화이부동, 구동존이의 가치 이념을 창도하고 서로 다른 문명이 평등하게 대하고 대화와 협력을 강화하며 세계의 화합과 발전을 촉진했다.

국가 차원에서 중국 정부는 중국-라틴아메리카·카리브 국가 공동체 포럼, 중국 아프리카 협력 포럼, 중국-유럽 포럼, 중국-아랍국가 협력포럼, '일대일로' 국제협력 정상회의 등 다수 국가와 협력과 교류하는 대화의 장을 만들고 중국과 세계의 협력 혹은 중국과 세계 각 국 문명 간 대화를 추진하는 데 지대한 역할을 했으며 중국이 세계문명 대화를 추진하는 책임감과 탁월한 기여를 보여주었다.

문명 간의 대화는 세계평화를 촉진하고 문명의 공유와 상호 배움에 중요한 역할을 하고 있다. 당의 19차 대표대회보고는 '세계문명의 다양성을 존중하고 문명의 교류로 문명의 장벽을 넘어서고 문명의 상호 배움으로 문명의 충돌을 헤쳐가고 문명의 공존으로 문명의 우월을 초월해야 한다'[36]라고 지적했다. 발전하는 세계 문명 간 대화는 각국 민족이 융합되고 서로 귀감이 되는 것을 추진할 수 있고 풍성한 성과를 취득하게 될 것이다. 시진핑 총서기의 문명의 대화를 추진할 데 대한 중요한 논술을 심도 깊게 이해하고 자각적으로 따르는 것은 중국과 세계 각국, 각 문명 간 교류와 융합을 추진하고 서로의 귀감으로 되고 민심의 소통을 이루며 국가의 문화 소프트파워를 향상시키는데 중요한 의미가 있다.

3. 인류운명공동체를 구축

최근 시진핑 총서기가 누차 언급했던 '운명공동체'에는 나라 간의 운명공동체, 지역간의 운명공동체, 사이버공간의 운명공동체와 인류운명공동체를 포함하며, 구체적으로는 '중국-아시아 운명공동체', '중국-아프리카 운명공동체', '중국-아랍 이익공동체와 운명공동체', '중국-라틴아메리카 운명공동체' 등을 포함한다. '운명공동체' 이니셔티브는 중국 공산당원이 글로벌화와 사이버공간의 배경하에 인류의 공동 이익과 공동 운명에 대한 심도 있는 파악 그리고 평화적 발전과 협력·상생을 지향하는 시대적 이념을 반영했다.

2013년 3월, 시진핑 총서기는 모스크바 국제관계학원에서 한 연설에

---

36 시진핑: 『샤오캉사회 건설의 전면적 승리, 신시대 중국 특색 사회주의의 위대한 승리를 이룩하자–중국공산당 제19차 전국대표대회에서의 보고』(2017년 10월 18일), 인민출판사, 2017, 59면.

서 인류의 운명공동체 개념을 처음으로 제기했다. "작금 세계에서 나라와 나라 사이의 상호연결, 상호의존 정도는 전례없이 깊어졌다. 인류는 하나의 지구촌에서 살고 있고 역사와 현실이 교류되는 동일한 시간과 공간 속에 살고 있으면서 불가분의 운명공동체로 결집되고 있다."[37] 2015년 9월, 제70회 유엔 대회 일반토론에서 시진핑 총서기는 "우리는 유엔 헌장의 취지와 원칙을 계승하고 협력·상생을 핵심으로 하는 신형국제관계를 구축하며 인류운명공동체를 구축한다."[38] 2017년 1월 17일, 18일에 시진핑 총서기는 스위스에서 열린 세계경제포럼 2017년 연례회의, '인류운명공동체를 함께 논의하고 구축하는' 고위급 회의기간에 연이어 두 차례의 기조연설을 했고 '인류운명공동체 의식을 확고히 수립' 하는 것에 대한 중국의 주장과 '인류운명공동체를 구축하고 상생과 공유를 실현'[39]하는데 중국의 해법을 제기했다. 2017년 1월 19일, 시진핑 총서기는 『인류 운명공동체를 함께 구축하자』를 제목으로 연설했다. 연설은 인류의 운명과 미래와 관계되는 중요한 문제를 두고 역사와 현실에 입각하여 전면적이고 체계적으로

---

37 시진핑: 「시대전진의 조류에 부응하여 세계평화와 발전을 촉진하자-모스크바국제관계대학교에서 한 강연(順應時代前進潮流, 促進世界和平發展-在莫斯科國際關係學院的演講)」, 『시진핑 국정운영을 논함』, 외문출판사, 2014, 272면.

38 시진핑: 「서로 손 잡고 협력상생의 새로운 동반자관계를 구축하고 한마음으로 인류운명공동체를 건설하자-제70회 유엔총회 일반토론에서 한 연설(携手構建合作共贏新伙伴, 同心打造人類命運共同體-在第七十屆聯合國大會一般性辯論時的講話)」(2015년 9월 28일), 『시진핑이 유엔 설립70주년 시리즈 서밋에서 한 연설(習近平在聯合國成立70周年系列峰會上的講話)」, 인민출판사, 2015, 15면.

39 「시진핑, '인류 운명공동체를 함께 상의하고 구축' 정상회의에 참가하고 기조연설을 발표(習近平出席'共商共築人類命運共同體'高級別會議併發表主旨演講)」, 『인민일보』, 2017년 1월 20일, 1면.

인류운명공동체를 구축하는 필요성과 절박성을 설명했다.

인류의 운명공동체를 구축하는 기본적 출발점은 작금의 세계에서 인류가 발전하면서 직면하고 있는 역사적 환경이다. 인류는 현재 새로운 과학 기술이 몰고 온 거대한 발전, 거대한 변혁, 거대한 조정 과정에 있고 세계 각국의 명운은 긴밀하게 연결되어 있다. "인류는 지금 거대한 발전, 거대한 변혁, 거대한 조정의 시기에 처해 있다. 세계의 다극화, 경제의 글로벌화가 깊이 발전하고 사회의 정보화, 문화의 다양화가 지속적으로 추진되며 새로운 과학기술 혁명과 산업혁명이 바야흐로 일어나고 있고 각국은 서로 연계되고 서로 의존하고 있으며 전세계는 운명을 같이 하고 있다. 또한 날로 승화되고 있는 평화의 힘이 전쟁 요소를 훨씬 능가하여 평화 발전, 협력, 상생의 시대적 흐름에 거대한 힘을 실어 주었다."[40] 다른 한편으로, 인류는 새로운 도전, 새로운 위기를 수없이 함께 직면하고 함께 짊어져야 한다. "현재 인류는 도전이 끊이지 않고 위험이 갈수록 많아지는 시대에 놓여 있다. 세계 경제성장의 동력이 부족하고 금융위기의 먹구름이 가시지 않고 있으며 발전 격차가 갈수록 두드러지고 국부 전쟁이 종종 일어나고 있으며 냉전 사유와 강권 정치의 악영향이 사라지지 않고 테러리즘, 난민 위기, 중대 전염병, 기후변화 등 안전을 위협하는 비전통적 요소가 계속 만연하고 있다."[41] 세계는 거대한 발전, 거대한 변혁, 거대한 조정 속에 처해 있다. "인류가 직면하고 있는 여러 가지 도전을 혼자서 대처할 수 있는

---

40   시진핑: 『시진핑 국정운영을 논함』 제2권, 외문출판사, 2017, 538면.

41   위와 같음.

신시대 사회주의 문화강국 건설

나라는 없고, 스스로를 외딴 섬으로 고립시킬 수 있는 나라도 없다"[42] 인류의 운명공동체를 구축하는 것은 시진핑 신시대 중국 특색 사회주의 사상이 글로벌 세상에서 영구적 평화와 지속적 발전을 실현하기 위해 기여한 중국만의 지혜와 중국만의 해법이다. 글로벌 거버넌스 체계와 국제질서를 보다 공정하고 보다 합리적인 방향으로 추진하고 전쟁과 대항을 피하고 다양한 국가 간 발전 수준의 갭을 줄여가며 보다 조화롭고 공정한 인류사회를 실현하는 것을 추진하는 중요한 현실적 작용과 역사적 의의가 있다.

인류운명공동체를 공동으로 구축하려면 인류문명의 중요한 가치적 합의를 존중하고 개방과 포용의 이념으로 글로벌 거버넌스 체계를 혁신해야 한다. 우선 인류운명공동체를 구축하려면 인류문명의 중요한 가치적 합의와 역사적 실천을 존중해야 한다. 시진핑 총서기는 "근대 이후 역사를 보면 공정하고 합리적인 국제질서를 확립하는 것은 인류가 꾸준히 추구해온 목표이다. 360여 년 전 〈웨스트팔리아조약〉에서 확립한 평등 주권 원칙에서부터 150여 년 전 제네바공약에서 확립한 국제인도주의 정신에 이르기까지 70여 년 전 유엔헌장에서 명확히 제시한 4대 취지와 7대 원칙에서부터 60여 년 전 반둥회의에서 창도한 평화공존 5개 원칙에 이르기까지 국제관계의 변화 속에서 모두가 공인하는 일련의 원칙을 축적했다. 이와 같은 원칙들은 인류운명공동체 구축에서 따라야 하는 기본 준칙이 되어야 한다"[43]라고 한 바 있다. 시진핑 총서기는 주권 평등은 수백 년 간 나

---

42   시진핑: 『샤오캉사회 건설의 전면적 승리, 신시대 중국 특색 사회주의의 위대한 승리를 이룩하자–중국공산당 제19차 전국대표대회에서의 보고』(2017년 10월 18일), 인민출판사, 2017, 58면.

43   시진핑: 『시진핑 국정운영을 논함』 제2권, 외문출판사, 2017, 539면.

라와 나라 사이의 관계를 규범화한 중요한 준칙이고 유엔 및 모든 기구, 조직이 공동으로 지키는 가장 중요한 원칙이다. 새로운 형세 하에서 우리는 주권 평등을 견지하고 각국의 권리 평등, 기회 평등, 규칙 평등을 추진해야 한다.[44] 인류 운명공동체를 구축하는 것은 인류 역사적으로 전례 없던 위대한 실천으로 개방적이고 인류의 아름다운 미래를 지향하는 탐색의 과정이다. 이 과정은 세계각국이 전체 인류의 가치적 합의와 공통 가치를 탐색하고 끊임없이 확대하는 실천의 과정이다. 다음, 인류운명공동체를 구축하려면 글로벌 거버넌스 체계를 혁신해야 한다. 우선, 국제조직이 글로벌 거버넌스 속에서 중요한 역할을 충분히 수행해야 한다. 이를테면 유엔, 세계무역기구, 세계보건기구, 세계지적재산권기구, 세계기상기구, 국제전기통신연합, 만국우편동맹, 국제이주기구, 국제노동기구등 기구의 역할을 충분히 동원해야 한다. 둘째, 대화와 협상, 공동 건설과 공동 공유, 협력과 상생, 교류와 배움, '녹색과 저탄소'의 원칙을 견지하고, 항구적인 평화, 보편적인 안전, 공영, 개방과 포용, 깨끗하고 아름다운 세계를 건설해야 한다.[45] 셋째, 글로벌 거버넌스에서 네 가지 방식을 견지해야 한다. 혁신을 원동력으로 하는 생기가 넘치는 성장 방식을 이끌어 한다. 협동과 연동으로 개방 상생의 협력 방식을 이끌어 가야 한다. 시대와 함께 발전하고 공정·합리한 거버넌스 방식을 이끌어 가야 한다. 공평하고 포용적으로 평형과 보편적 혜택을 도모하는 발전의 방식을 이끌어 가야 한다.[46]

---

44   시진핑: 『시진핑 국정운영을 논함』 제2권, 외문출판사, 2017, 539면.

45   시진핑의 『시진핑 국정운영을 논함』 제2권 참조, 외문출판사, 2017, 541-544면.

46   시진핑: 『시대적 책임감을 지니고 글로벌 발전을 함께 추진하자-세계경제포럼 2017년 연차회의 개회식의 기조연설(共擔時代責任共促全球發展-在世界經濟論壇2017年年會開幕式上的主旨

신시대 사회주의 문화강국 건설

2017년 10월, 시진핑 총서기는 공산당 19차 당 대표대회 보고에서 인류운명공동체 구축을 견지하는 것을 신시대 중국 특색 사회주의를 견지하고 발전시키는 기본 계획과 책략으로 포함시켰다. 공산당 19차 당 대표대회는 "중국 인민의 꿈은 각 국 인민의 꿈과 긴밀히 연결되어 있고 중국몽을 이루는 것은 평화로운 국제환경과 안정된 국제질서를 떠날 수 없다. 반드시 국내와 국제라는 두개의 대국을 총괄적으로 관리하면서 흔들림없이 평화로운 발전의 길을 걷고 호혜와 상생의 개방적 전략을 지키며 정확한 의리관을 견지하고 협력하고 지속적이며 복합적이고 공동의 새로운 보안관을 수립하고 개방과 혁신, 포용과 호혜적인 발전의 비전을 도모하고, 화이부동과 전부를 받아들이는 문명의 교류를 촉진하고 자연을 숭상하고 친환경적 발전 생태계를 구축하며, 세계평화의 건설자, 글로벌 발전의 기여자, 국제질서의 지킴이로 시종일관 자리매김 해야 한다."라고 강조했다.[47] 이는 인류운명공동체 구축을 추진하는 것은 중국공산당이 영도하는 전체 인민의 공동 목표가 되었음을 나타낸다.

'일대일로' 이니셔티브는 인류의 운명공동체를 구축하는 중요한 실천이다. 2013년 9월 카자흐스탄의 나자르바예프 대학에서 한 연설에서 시진핑 총서기는 '실크로드 경제벨트' 이니셔티브를 제기했다. 2013년 10월 3일, 시진핑 총서기는 인도네시아 국회 연설에서 처음으로 21세기 '해상실크

演講)」(2017년 1월 17일), 『시진핑 국정운영을 논함』 제2권, 외문출판사, 2017, 480-482면.

47   시진핑: 『샤오캉사회 건설의 전면적 승리, 신시대 중국 특색 사회주의의 위대한 승리를 이룩하자-중국공산당 제19차 전국대표대회에서의 보고(決勝全面建成小康社會 奪取新時代中國特色社會主義偉大勝利-在中國共産黨第十次全國代表大會的 報告)」(2017년 10월 18일), 인민출판사, 2017, 25면.

로드'를 함께 건설하는 것에 대한 이니셔티브를 제가했다. '일대일로' 이니셔티브는 제기된 4년 간 이미 100여 개 국가와 국제조직의 참여를 이끌어냈고 40여 개 국가와 국제기구가 중국과 협력 협의서를 체결했다. 관련 지역의 인구는 44억으로 전 세계 인구의 63%를 차지하며 참여자의 생산 총액은 23조 달러로 글로벌 생산 총액의 29%를 차지한다. '일대일로' 이니셔티브는 제기된 이래 세계 최대의 공동 발전 이니셔티브가 되었다.

2015년 3월, 중국 정부는 보아오 아시아 포럼 2015년 연례회의 기간 중에 『실크로드 경제벨트와 21세기 해상실크로드 공동건설 추진의 비전과 행동』을 발표하고 '정책 소통, 시설 연결, 무역 원활, 자금 융통, 민심 상통'을 주요 내용으로 '일대일로' 연선 국가와 정치적으로 상호 신뢰, 경제적으로 융합, 문화적으로 상호 포용하는 이익공동체, 책임공동체와 운명공동체를 구축할 것을 제기했다. '일대일로' 이니셔티브가 지향하는 `5통'의 목표와 `5로' 즉 평화의 길, 번영의 길, 개방의 길, 혁신의 길, 문명의 길 비전은 평화와 협력, 개방과 포용, 학습과 배움, 호혜와 상생을 핵심으로 하는 실크로드 정신을 충분히 보여주었다.

'일대일로' 이니셔티브는 혁신, 화합, 녹색, 개방, 공유의 중국 이념과 세계 발전을 긴밀하게 융합시켰고 시진핑 총서기를 중심으로 한 공산당 중앙의 이론적 자신감과 인류의 미래와 명운에 대한 깊은 관심을 보여주었다. 정치적으로, '일대일로' 국제협력은 민심 상통, 평화 발전, 공평과 정의를 시행한다. 경제 분야에서 '일대일로' 국제협력은 큰 범위에서 시설의 연결, 경제적인 융합, 발전의 연동, 성과의 공유를 실천하며 발전의 불균형 문제, 거버넌스 난국, 디지털 갭, 분배 격차 등 문제 해결에 진력하며 개방적이고 포용적이며 보편적인 혜택과 평형 그리고 상생하는 경제 글로벌화

　　　　　　　　　　　　　　　　신시대 사회주의 문화강국 건설

를 건설해 간다. 문화 분야에서 '일대일로' 국제협력은 각 국 간 서로 이해하고 존중하며 서로 신뢰하고 문명 교류로 문명 장벽을 넘어서고 문명의 상호 배움으로 문명 충돌을 헤쳐가고 문명 공존으로 문명의 우월을 초월해야 한다.[48] 이와 같은 실천과 가치 취향에서 '일대일로' 이니셔티브는 중국이 창도하고 추진하고 있는 '인류운명공동체'의 중요한 실천 플랫폼 임을 알 수 있다.

문명 교류와 상호 배움은 인류운명공동체를 구축하는 중요한 방식이다. 문화적 존중과 이해는 인류운명공동체를 구축하는 심리적 기초이다. 이와 같은 심리적 기초에서 인류운명공동체의 가치적 합의 혹은 글로벌 이론적 의의에서 보는 '최대 공약수'를 지속적으로 구축하고 확대하는 것은 문명 교류와 배움의 중요한 사명임이 분명하다. 시진핑 총서기가 제기한 '모든 문명은 모두 독특한 매력과 탄탄한 기반을 갖고 있고 인류의 정신적 보물이다. 다양한 문명이 서로 장점을 취해 단점을 보완하면서 함께 성장하는 것은 문명의 교류와 배움이 인류사회의 발전을 추진하는 동력과 세계 평화를 지키는 기제가 되도록 하였다.'[49]

오늘날 세계는 전례 없이 긴밀하게 연결되어 있다. 자연환경에서 경제발전, 정치와 외교에서 문화생활에 이르기까지 복잡한 네트워크가 만들

---

48 시진핑: 「'일대일로'를 함께 건설하자-'일대일로'국제협력서밋 개회식에서 한 연설(携手推進"一帶一路"建設-"一帶一路"國際合作高峰論壇開幕式上的演講)」, 『인민일보』, 2017년 5월 15일, 3면.

49 시진핑: 『인류운명공동체를 함께 구축-유엔제네바본사에서 한 연설(共同構建人類命運共同體-在聯合國日內瓦總部的演講)』(2017년 1월 18일), 『시진핑 총서기가 세계경제포럼 2017년 연례회의와 유엔제네바본사 방문시의 연설(習近平在出席世界經濟論壇2017年年會和訪問聯合國日內瓦總部時的演講)』, 인민출판사, 2017, 29면.

어져 있다. 타국을 철저히 이탈한 채 혼자만의 발전을 가져올 수 있는 나라는 없다. 인류의 운명공동체를 구축하는 중국의 해법은 상호의존, 이익의 조화, 고락을 함께 함을 근거로 하고 평화적 발전, 협력과 상생을 목표로 한다. 개방과 포용, 교류와 배움을 준칙으로 국제관계의 새로운 전략을 개척했다. '인류의 운명공동체' 해법은 민족, 국가와 이념의 한계선을 넘어서 대국의 경지와 책임감을 보여주었다. 이는 중화민족의 인류의 진보에 대한 중요한 이론적 기여이다.

시진핑 총서기는 중화문화와 중화민족 발전의 앞날에 입각하고, 인류문명 역사와 미래 세계 발전방향에 입각하여, 문화와 발전의 관계, 문화와 인류 평화의 관계, 문화와 인류운명공동체의 관계를 새로운 경지로 끌어 올렸다. 이는 마르크스주의 역사유물론과 변증법적 유물론 철학관의 구체적 체현이며 중화 문명에 대한 개방과 포용, 사랑과 전통의 창조적 전환과 혁신적 발전이며 인류 문명과 발전 추세를 높은 곳에서 멀리 내다 본 것이다. '일대일로' 이니셔티브의 추진과 더불어 문명의 교류와 배움이 보다 넓은 세계무대에서 펼쳐질 것이며 중화민족의 위대한 부흥 역시 인류운명공동체를 구축하는 위대한 실천 속에서 실현되어 갈 것이다.

마르크스주의 고전 저서 및 중국 국가 지도자 저서

『마르크스엥겔스선집(馬克思恩格思選集)』제1권, 인민출판사, 1995.

『마르크스엥겔스선집(馬克思恩格思選集)』제2권, 인민출판사, 1995.

『마르크스엥겔스선집(馬克思恩格思選集)』제3권, 인민출판사, 1995.

『마르크스엥겔스문집(馬克思恩格思文集)』제1권, 인민출판사, 2009.

『마르크스엥겔스문집(馬克思恩格思文集)』제2권, 인민출판사, 2009.

《마오쩌둥선집(毛澤東選集)》제2권, 인민출판사, 1991.

『마오쩌둥문집(毛澤東文集)』제3권, 인민출판사, 1996.

『마오쩌둥문집(毛澤東文集)』제5권, 인민출판사, 1996.

『덩샤오핑선집(鄧小平文選)』제2권, 인민출판사, 1994.

『덩샤오핑선집(鄧小平文選)』제3권, 인민출판사, 1993.

『덩샤오핑연보(鄧小平年譜, 1975-1997)』(하), 중앙문헌출판사, 2004.

시진핑(習近平): 『빈곤을 벗어나(擺脫貧困)』, 푸젠인민출판사, 199.2.

시진핑(習近平): 『지강신어(之江新語)』, 저장인민출판사, 2013.

시진핑(習近平): 『내실 있게 앞장서 추진-저장성의 새로운 발전의 추진에 대한 사고와 실천(干在實處走在前列-推進浙江新發展的思考與實踐)』, 중공중앙당교출판사, 2013.

시진핑(習近平): 『마오쩌둥 탄신 120주년 좌담회에서 한 연설(在紀念毛澤東同志誕辰120周年座談會上的講話)』(2013년 12월 26일), 인민출판사, 2013.

신시대 사회주의 문화강국 건설

시진핑(習近平): 『제3회 핵안보정상회의 참가 및 유럽4국 방문과 유네스코본부, 유엔본부 방문시의 연설(出席第三屆核安全峰會幷訪問歐州四國和聯合國科敎文組織總部, 歐盟總部時的演講)』, 인민출판사, 2014.

시진핑(習近平): 『청년들은 사회주의 핵심가치관을 자각적으로 실천해야 한다-베이징 대학 교사와 학생 좌담회에서의 연설(靑年要自覺踐行社會主義核心價値觀-在北京大學師生座談會上的講話)』(2014년 5월 4일), 인민출판사, 2014.

시진핑(習近平): 『시진핑 국정운영을 논함(習近平談治國理政)』, 외문출판사, 2014.

시진핑(習近平): 『공자 탄신2565주년기념국제학술세미나 및 국제유학연합회 제5회회원대회 개회식에서의 연설(在紀念孔子誕辰2565周年國際學術硏討會暨國際儒學聯合會第五屆國際儒学联合会第五屆會員大會開幕會上的講話)』(2014년 9월 24일), 인민출판사, 2014.

시진핑(習近平): 『시진핑이 유엔설립70주년 시리즈 서밋에서 한 연설(習近平在聯合國成立70周年系列峰會上的講話)』, 인민출판사, 2015.

시진핑(習近平): 『문예사업좌담회에서의 연설(在文藝工作座談會上的講話)』(2014년 10월 15일), 인민출판사, 2015.

시진핑(習近平): 『철학사회과학실무좌담회에서의 연설(在哲學社會科學工作座談會上的 講話)』(2016년 5월 17일), 인민출판사, 2016.

시진핑(習近平): 『전국 당학교 업무회의에서의 연설(在全國黨校工作會義上的講話)』(2015년 12월 11일), 인민출판사, 2016.

시진핑(習近平): 『중국공산당 창당95주년 대회에서 한 연설(在慶祝中國共産黨成立95周年大會上的講話)』(2016년 7월 1일), 인민출판사, 2016.

시진핑(習近平): 『홍군 대장정 승리 80주년 기념대회에서의 연설(在紀念紅軍長征勝利80周年大會上的講話)』(2016년 10월 21일), 인민출판사, 2016년 출판.

시진핑(習近平): 『중국문학예술계연합회 제10차전국대표대회, 중국작가협회 제9차전국대표대회 개회식에서의 연설(在中國文聯十大, 中國作協九大開幕式上的講話)』(2016년 11월 30일), 인민출판사, 2016.

시진핑(習近平): 『샤오캉사회 건설의 전면적 승리, 신시대 중국 특색 사회주의의 위대한 승리를 이룩하자-중국공산당 제19차 전국대표대회에서의 보고(決勝全面建成小康社會 奪取新時代中國特色社會主義偉大勝利-在中國共産黨第十次全國代表大會

的 報告)』(2017년 10월 18일), 인민출판사, 2017.

시진핑(習近平): 『시진핑 국정운영을 논함(習近平 談治國理政)』 제2권, 외문출판사, 2017.

시진핑(習近平): 『시진핑 총서기가 세계경제포럼 2017년 연례회의와 유엔제네바본사 방문시의 연설(習近平在出席世界經濟論壇2017年年會和訪問聯合國日內瓦總部時的 演講)』, 인민출판사, 2017.

저서, 문집

(청)초순(焦循): 『맹자정의(孟子正義)』(상), 화서국, 1987.

(청)송빈(宋彬) 편찬: 『예기훈찬(禮記訓纂)』, 요흠농(饒欽農)교열, 중화서국, 1996.

이 책의 편찬팀: 『중국의 꿈을 떠받들자-시진핑동지가 제12기 전국인대1차회의에서 한 연설을 학습(托起中國夢-學習習近平同志在十二屆全國人大一次會義上的講話)』, 신 화출판사, 2013.

천라이(陳來): 『중화문명의 핵심가치-국학의 발전 변화와 전통가치관(中華文明的核心價 值-國學流變與傳統價值觀中华文明的核心价值——国学流变与传统价值观)』, 생활·독 서·신지 삼련서점, 2016년 출판.

『문화와 문화 자각을 논하여(論文化與文化自覺)』, 군언출판사, 2005.

리쉐친(李學勤)이 책임편집한 『십삼경주소·맹자 주소(十三經注疏·孟子主疏)』, 베이징대 학 출판사, 1999.

유네스코 세계 문화와 발전 위원회 편집: 『문화 다양성과 인류의 전면적 발전-세계 문 화와 발전위원회 보고서(文化多樣性與人類全面發展-世界文化與發展委員會報 告)』, 장위궈(張玉國) 번역, 광둥인민출판사, 2006.

류멍시(劉夢溪)책임편집: 『중국현대학술의 경전·슝스리편(中國現代學術經典·熊十力卷)』, 허베이교육출판사, 1996.

첸무(錢穆): 『중국역사연구법(中國歷史研究法)』, 대북동대도서회사, 1988.

중공중앙문헌 연구실 편찬: 『시진핑 개혁을 전면심화할 데 대한 논술 발췌(習近平關於 全面深化改革論述摘編)』, 중앙문헌출판사, 2014.

중공중앙문헌 연구실 편찬: 『시진핑 샤오캉사회 전면건설 논술 발췌(習近平关于全面建

成小康社会论述摘编)』, 중앙문헌출판사, 2016.

중공중앙문헌 연구실 편찬:『시진핑의 사회주의문화건설에 대한 논술발췌(習近平關於
社會主義文化建設論述摘編)』, 중앙문헌출판사, 2017.

중공중앙문헌 연구실 편찬:『시진핑총서기의 중요한 연설 선집(習近平總書記重要講話文
章選編)』, 중앙문헌출판사당건독물출판사, 2016.

중공중앙선전부 편찬:『시진핑 총서기의 중요한 연설 시리즈(習近平總書記系列重要講話
讀本)』, 학습출판사, 인민출판사, 2016.

[미국] 두워이밍(杜維明):『유가의 전통과 문명의 대화(儒家傳統與文明對話)』, 펑궈샹(彭
國翔) 번역, 인민출판사, 2010.

[일본] 이케다 다이사쿠, [영국] 아널드 토인비:『21세기 전망-토인비와 이케다 다이사
쿠 대화록(展望21世紀——湯因比, 池田大作對話錄)』, 국제문화출판사, 1997.

[영국]아널드 토인비:『역사연구(歷史研究)』, 류베이청(劉北成), 귀샤오링(郭小凌)번역, 세
기출판그룹, 상하이인민출판사, 2005.

[영국]러셀(Russell):『서방철학사(西方哲學史)』(상), 허짜오우(何兆武), 조섭.리(李约瑟)번역,
상무인서관, 1991.

정기 간행물

시진핑(習近平):「변증법적 유물론은 중국공산당 당원의 세계관과 방법론이다(辨證唯物
主義是中國共産黨人的世界觀和方法論)」,『구시(求是)』, 2019, 제1기.

유원산(劉雲山):「사회주의 핵심가치관의 양성과 실천에 진력(着力培育和踐行社會主義核
心價値觀)」를 참조,『구시(求是)』, 2014, 제2기.

첸무(錢穆):「중국문화가 인류의 미래를 위해 할 수 있는 기여(中國文化對人類未來可有的
貢獻)」,『중국문화(中國文化)』, 1991, 제1기.

쑨이(孫奕) 정리:「중국의 이익은 세계의 이익-라파랑 프랑스 전 총리가 외교학원에서
한 연설 요약(中國的利益中国的利益就是世界的利益——法国前总理拉法兰外交学
院演讲摘录)」,『시야(視野)』, 2006, 제7기.

「토인비의 예언: 중국문명은 21세기를 비추어 줄 것이다(湯因比的預言: 中國文明將照亮21
世紀)」,『사회관찰(社會觀察)』, 2013년 제3기.

윈싸(雲杉), 「문화 자각, 문화자신감, 문화자강(文化自覺 文化自信 文化自强)」, 『홍기문고(紅旗文稿)』, 2010, 제15기.

신문

시진핑(習近平): 「간부들은 역사를 읽어야 한다-중앙당교2011년 추계 개학식에서의 연설(領導幹部要讀点歷史-在中央黨校2011年秋季學期開學典禮上的講話)」(2011년9월1日), 『학습시보(學習時報)』, 2011년 9월 5일, 1면.

시진핑(習近平): 「중앙당교 건교80주년 경축대회 및 2013년 춘계학기 개학식에서의 연설(在中央黨校建校80周年慶祝大會暨2013年春季學期開學典禮上的講話)」(2013년 3월 1일), 『인민일보』, 2013년 3월 3일, 2면.

시진핑(習近平): 「중한협력의 미래를 창조하고 아시아의 진흥과 번영에 일조하자-한국 국립서울대학에서 한 연설(共創中韓合作未來 同襄亞洲振興繁榮-在韓國國立首爾大學的演講))」(2014년 7월 4일), 『인민일보』, 2014년 7월 5일, 2면.

시진핑(習近平): 「제18회 중앙정치국 제18차 집단학습에서의 연설(在18屆中央政治局際18次集體學習時的講話)」(2014년10월13일), 『인민일보』, 2014년 10월 14일, 1면.

천전카이(陳振凱), 레이궁밍(雷龔鳴), 허메이화(何美樺) 「시진핑의 문화자신감을 논함(習近平談文化自信)」, 『인민일보(人民日報)』(해외판), 2016년 7월 13일, 12면.

「국가 문화의 소프트 파워 뿌리를 다져야(夯實國家文化軟實力根基)」, 『신화일보(新華日報)』, 2014년 1월 1일, 1면.

「인민중심의 창작 방향을 견지하고 시대에 부끄럽지 않은 우수한 작품을 창작하자(堅持以人民爲中心的創作導向 創作更多無愧於時代的優秀作品)」, 『인민일보』, 2014년 10월 14일, 1면.

「사회주의 문화강국을 건설하고 나라의 문화 소프트파워 향상에 진력(建設社會主義文化强國 着力提高國家文化軟實力)」, 『인민일보』, 2014년 1월 1일, 1면.

「공산당 18기 3중전회의 정신을 성실히 관철하고, 개혁의 전면적 심화하는 강대한긍정적 에너지를 집결(認眞貫徹黨的十八屆三中全會精神 准聚起全面深化改革的强大正能量)」, 『인민일보』, 2013년 11월 29일, 1면.

완췬(萬群), 자오궈량(趙國梁): 『발전과 생태 두 가지 보텀라인을 지키고 경제효과와 사회효과의 동기적 향상을 확실히 실현한다-시진핑 총서기가 구이저우 대표단

심사에 참여한 뒷이야기(堅持發展和生態兩條底線 切實做到經濟效益社會效益同步 提昇-習近平總書記參加貴州代表團審議側記)」, 『贵州日报』, 2014년 3월 10일, 1면.

왕멍(王蒙):「문화 자신감의 역사경험과 책임(文化自信的歷史經驗與責任)」, 『광명일보(光 明日報)』, 2016년 9월 22일, 11면.

「전반 국면을 고려하고 대세를 파악하여 대사에 집중하며 선전사상업무를 적극 추 진한다(胸懷大局把握大勢着眼大事 努力把宣傳思想工作做得更好)」, 『인민일보』, 2013년 8월 21일, 1면.

중공중앙판공청, 국무원 판공청:『중화의 우수한 전통문화 전승과 발전사업에 대한 의 견(關於實施中華優秀傳統文化傳承發展工程的意見)』, 『인민일보』, 2017년 1월 26 일, 6면.

　　중국공산당 제18차 당 대표대회 이후 시진핑 총
서기는 신시대에 착안한 중국 특색 사회주의를 견지
하며 발전시키고 공산당과 국가의 전반적 발전에 입
각한 역사와 현실, 그리고 국제와 국내 등 다양한 시
각에서 문화, 특히 문화적 자신감과 문화강국을 건설
하는 등과 관련된 깊고도 예리한 설명과 논술을 제기
하여 문화의 중국공산당 국정운영과 이론 혁신에 대
한 중요 지위를 한층 더 부각시켰다. 이와 같이 핵심
을 찌르는 해석과 치밀한 논술은 중국 공산당의 높은
문화적 자각의식을 충분히 보여줌과 동시에 문화에
대한 공산당의 입장을 분명히 밝혔고 중국 특색 사회
주의의 문화적 뿌리와 본질, 그리고 꿈을 부각시켰으
며 아울러 중국공산당으로 하여금 문화의 지위적 역
할과 문화 발전 법칙에 대한 인식을 새로운 경지로 끌
어 올린 것으로 시진핑의 신시대 중국 특색 사회주의
사상의 유기적인 부분이자 당대 중국 마르크스주의의
혁신과 풍부함, 그리고 발전이기도 하다.

　　『신시대 사회주의 문화강국 건설(建設新時代社
會主義文化强國)』은 국가사회과학기금의 18차 당 대표
대회 이후 중국공산당 중앙의 국정운영에 대한 새로
운 이념과 사상, 그리고 전략연구에 관한 전문 프로젝
트인 '시진핑 국정운영의 새로운 사상 연구'(허가번호:

16ZZD001) 성과물의 하나로, 중국사회과학원 당 조직이 일임하고 중국사회과학원의 전 부원장인 장장(張江) 교수가 과제를 맡아 편집과 심의, 그리고 최종 마무리를 주재했다.

연구 임무가 하달된 후, 중국사회과학원 문화연구센터의 연구자를 중심으로 과제팀이 꾸려졌고 전문 과제 연구와 초고 작성에 대한 업무 분담이 이루어졌다. 과제팀은 중국공산당 19차 당 대표대회 이후 관련 상급 기관의 심사 의견에 따라 초고 틀과 내용에 대한 대폭적 수정을 거쳐 새로운 초고를 내놓았다. 이중 자오페이제(趙培杰)가 제1장, 제2장, 제4장을 집필하고 후이밍(惠鳴)이 제7장을 맡았다. 쭈춘밍(祖春明)이 3장과 6장을, 리허우이(李厚羿)가 제5장을 집필하고 후이밍은 수정을 도왔다. 이후 자오페이제가 전체 원고를 점검했고 장장이 심사 후 결정했다.

과제팀은 초고 및 원고 작성 과정에서 수 차례 집단토론과 수정을 진행했다. 또한 동 기간 동안 중국사회과학원 학자들이 참여하여 가치 있는 의견과 제안을 해 주었다. 자오젠잉(趙劍英) 중국사회과학출판사 사장, 왕인(王茵) 중국사회과학출판사 편집장 보조, 쑨핑(孫萍) 중국사회과학출판사 핵심 프로젝트 출판센터의 주임보조 등이 초고의 작성과 수정, 그리고 출판 등에 관해 시종일관 열정적인 도움과 지도를 해 주었다. 이들 모두의 노고에 진심으로 감사 드린다.

시진핑 총서기의 문화에 대한 문제, 특히 사회주의 문화건설에 대한 중요한 논술은 함축성이 풍부하고 깊이가 있으며 사상적 학식이 넓고 심오하지만 아직까지 우리의 학습과 연구는 초보적인 수준에 머물러 있다. 이에 전체적인 틀과 내용의 선정, 그리고 언어의 표현과 문헌의 인증 등 부분에 반드시 적지 않은 부족함이 있는 바, 향후 학계 동료와 간부, 그리고 독자의 비평과 지적을 기대한다.

엮은이

2019년 2월

지은이 소개

장장(張江)   철학 박사, 교수, 박사 지도교수. 중국사회과학원 전임 부원장, 중국사회과학원대학 학술위원회 위원, 중국사회과학원 마르크스주의 문학이론 건설과 문학비평 프로젝트 지도팀 팀장.『중국 사회과학』편집장,『중국 사회과학』편집위원회 위원,『중국 문학비평』주필,『중국 사회과학 평가』주필, 중국문학비평연구회 회장, 국가 사회과학기금 학과 계획 평가심사팀 팀장 및 전문가, 국무원 국가 교재위원회 위원, 중국사회과학원 제9기, 제10기 문철학부 고급 전문기술자격 평가심사위원회 주임, 선전(深圳)대학 미학및문예비평연구원 원장, 중국인민대학 등 대학교 겸직 혹은 초빙교수 역임.
주요 연구 방향: 문예이론과 문학비평 연구 등.

옮긴이 소개

최경화(崔京花)   중국번역가협회 전문가 회원

감수자 소개

정용준   통지대학교 외교학과 조교수

시진핑 신시대 중국 특색 사회주의 사상 학습 총서

신시대 사회주의 문화강국 건설
建設新時代社會主義文化強國

초판1쇄 인쇄 2022년 4월 22일
초판1쇄 발행 2022년 5월 12일

지은이 　장장張江
옮긴이 　최경화崔京花
감수 　정용준
펴낸이 　이대현
편집 　이태곤 권분옥 문선희 임애정 강윤경
디자인 　안혜진 최선주 이경진
마케팅 　박태훈 안현진

펴낸곳 　도서출판 역락
출판등록 　1999년 4월 19일 제303-2002-000014호
주소 　서울시 서초구 동광로 46길 6-6 문창빌딩 2층 (우06589)
전화 　02-3409-2060
팩스 　02-3409-2059
홈페이지 　www.youkrackbooks.com
이메일 　youkrack@hanmail.net

ISBN 979-11-6742-043-5 94300
ISBN 979-11-6742-041-1 94300(세트)